Marie-Virginie Speller

RÉUSSIR LE TAGE MAGE®

LES CLÉS DU SUCCÈS

DUNOD

Conception de la couverture : Ici et ailleurs

ISBN 978-2-10-057377-6

Table des matières

Partie 1 Résolution des problèmes

Partie 4 Tage Mage blancs

Introduction

1. Qu'est-ce que le TAGE MAGE ?

Le TAGE MAGE est un « test d'aptitude aux études supérieures de gestion ». Ce test est requis par certaines écoles de commerce ou universités pour les filières à dominante gestion.

Il peut être aussi demandé dans le cadre d'admissions parallèles (bac +3 en général). En fonction du cas de figure dans lequel vous vous situez, il vous est exigé un score minimum au TAGE MAGE.

ATTENTION

Vous ne pouvez passer le TAGE MAGE qu'une seule fois par an !

2. Comment l'épreuve se déroule-t-elle ?

Le TAGE MAGE se compose de trois parties, elles-mêmes divisées en deux épreuves :

1. Résolution de problèmes
   - Calcul
   - Conditions minimales
2. Raisonnement logique
   - Logique
   - Raisonnement / argumentation
3. Aptitudes verbales
   - Compréhension d'un texte écrit
   - Expression

Ces tests comportent chacun 15 questions à 5 choix possibles et vous avez 20 minutes pour chacune de ces six épreuves.

Les épreuves de calcul et de conditions minimales évaluent vos compétences pour résoudre des problèmes mathématiques, les épreuves de logique et d'expression/argumentation apprécient vos capacités de raisonnement logique et enfin les épreuves de compréhension d'un texte écrit et d'expression mesurent vos aptitudes verbales.

Le TAGE MAGE est noté sur 600 points. Votre note est calculée de la manière suivante :

Épreuves	Questions	Durée	Nombre de points	Note finale
Résolution de problèmes mathématiques – calcul – conditions minimales	15 questions à 5 choix possibles pour chacune des épreuves. Soit 30 questions pour l'ensemble de la partie « résolution de Problèmes mathématiques »	20 minutes par épreuve soit 40 minutes pour l'ensemble de la partie « résolution de Problèmes mathématiques »	60 pour l'ensemble de la partie « résolution de Problèmes mathématiques »	(Moyenne des trois parties × 10 = note sur 600
Raisonnement logique – logique – raisonnement argumentation	15 questions à 5 choix possibles pour chacune des épreuves. Soit 30 questions pour l'ensemble de la partie « raisonnement logique »	20 minutes par épreuve soit 40 minutes pour l'ensemble de la partie « raisonnement logique »	60 pour l'ensemble de la partie « raisonnement logique »	
Aptitudes verbales – compréhension d'un texte écrit – expression	15 questions à 5 choix possibles pour chacune des épreuves. Soit 30 questions pour l'ensemble de la partie « aptitudes verbales »	20 minutes par épreuve soit 40 minutes pour l'ensemble de la partie « aptitudes verbales »	60 pour l'ensemble de la partie « aptitudes verbales »	

ATTENTION

Vous êtes pénalisé si vous ne répondez pas correctement à une question ! Vous perdez des points. Si vous hésitez sur un énoncé, passez au suivant car l'absence de réponse ne vous enlève pas de point. Ne faites pas confiance au hasard, c'est trop risqué !

3. Comment préparer le TAGE MAGE ?

Le TAGE MAGE est un examen qui nécessite une préparation soutenue. C'est une épreuve difficile dans la mesure où il faut être très rapide. La partie « résolution de problèmes » nécessite une parfaite maîtrise du programme de mathématiques du collège et plus précisément des classes de 4e et 3e. Vous allez donc devoir vous repencher sur les théorèmes de Pythagore ou de Thalès, résoudre à nouveau des équations, des problèmes, etc. Que de bons (ou mauvais) souvenirs ! Pas d'inquiétude : il s'agit d'un QCM, donc on ne vous demande pas de démontrer vos résultats !

Les autres parties font appel au « bon sens ». Elles n'exigent pas de notions particulières mais demandent tout de même une préparation assez intensive. Vous devez avoir traité plusieurs QCM du même type afin d'être capable de réussir le test. Si vous n'avez jamais fait de test de logique par exemple, il est très difficile d'en comprendre le fonctionnement du premier coup et surtout en temps limité.

Alors mettez toutes les chances de votre côté pour réussir !

Quelle préparation pour quel profil ?

Vous pouvez préparer seul(e) le TAGE MAGE ou bien avec l'aide d'organismes de soutien scolaire (cours particulier à domicile ou bien stage de préparation intensif). Cela dépend de votre niveau, du temps dont vous disposez pour vous préparer, etc.

Vous travaillez seul(e)

Procurez-vous un manuel de QCM corrigés. Exercez-vous en commençant par des exercices simples. Il faut débuter par des applications directes du cours. Cela vous permet d'intégrer et de mémoriser les notions importantes à l'aide d'exemples. Une fois que vous maîtrisez parfaitement ces exercices, continuez avec des problèmes plus compliqués. Terminez par des annales en vous mettant dans les conditions de l'épreuve. Contrôlez vos résultats à l'aide des corrigés. Mais ne consultez pas trop vite les réponses car c'est en restant bloqué sur une question que l'on retient durablement les méthodes de résolution.

Vous optez pour de l'aide extérieure

Si vous avez des difficultés à travailler seul(e), vous pouvez toujours faire appel à des organismes de cours particuliers à domicile ou bien suivre un stage intensif de préparation au TAGE MAGE. Si vous optez pour des cours particuliers, préparez des questions avant l'arrivée de votre professeur. Vous gagnerez du temps car une séance de deux heures de cours passe très vite. Cherchez des exercices pour la séance suivante et surtout n'attendez pas de votre professeur qu'il apprenne votre cours ou fasse vos exercices à votre place. Ce n'est pas lui qui passe l'examen ! Si vous optez pour un stage intensif, votre attitude doit être similaire, vous devez préparer chaque cours.

Cours particuliers	Stage intensif
Avantages : • Flexibilité des horaires, pas de déplacement • Vous avez plus de temps pour appréhender les notions du programme • Vous posez vos questions en dehors du regard des autres	**Avantages :** • Les questions des uns peuvent aider les autres • Vous adoptez plusieurs points de vue de résolution des exercices par le biais des autres élèves • Vous rencontrez des personnes qui passent le même concours que vous et cela peut avoir un effet rassurant.
Inconvénients : • Vous êtes seul et ne rencontrez pas d'autres élèves qui passent le concours	**Inconvénients :** • Horaires et déplacements moins flexibles • Le professeur est moins disponible que dans le cas d'un cours particulier
Conclusion : • Le cours particulier permet d'approfondir les notions du cours, d'avancer rapidement dans la théorie et la pratique d'exercices. Mais vous restez assez « seul » fasse au concours. • Choisissez cette option si vous devez acquérir les notions du programme en peu de temps.	**Conclusion :** • Le stage intensif vous confronte aux réalités du concours en rencontrant d'autres personnes dans les mêmes conditions que vous. • Si vous choisissez cette option, vous devez maîtriser un minimum les notions du programme car le professeur n'est pas aussi disponible que dans le cas d'un cours particulier.

Attitude à adopter avant et après le TAGE MAGE

La veille

- Repérer le lieu exact de l'examen (station de métro, numéro de salle, étage, etc.)
- Préparer votre convocation, pièce d'identité et autres papiers que l'on peut vous demander, etc.
- N'oubliez pas de régler votre réveil ! Ne pas se réveiller le jour J serait plus que rageant !
- Couchez-vous tôt ! Cette épreuve demande une grande concentration. En étant fatigué(e), vous allez perdre vos moyens et faire des erreurs d'inattention !

Le jour J

- Habillez-vous de manière sobre et correcte. Mais surtout choisissez des vêtements dans lesquels vous vous sentez bien !
- Mangez bien au petit-déjeuner ! Ne partez pas le ventre vide !
- Prévoyez d'arriver en avance afin d'éviter tout stress en cas de problème (embouteillages, retard dans les transports en commun, etc.).
- Une fois devant votre copie faites du mieux que vous pouvez. Et surtout si vous ne savez pas répondre à une question passez à la suivante !

Les résultats

- Vous avez réussi : BRAVO !
- Vous avez échoué : ce n'est pas grave, vous pouvez repasser le TAGE MAGE l'année suivante. Et vous serez d'autant mieux préparé(e) car vous saurez à quoi vous attendre.
- Tentez de repérer les points qui vous ont posé des problèmes et accentuez vos prochaines révisions sur ces différents thèmes. Bon courage !

4. Comment est construit cet ouvrage

Cet ouvrage est construit en quatre grandes parties :

1re partie : Résolution de problèmes

Les différents rappels de cours sont tournés principalement sur les points de mathématiques traités au collège, notions essentielles à la réussite des épreuves de calcul et de conditions minimales. Par exemple le théorème de Pythagore, le théorème de Thalès vous rappellent-ils des souvenirs ? Ou vous sont-ils parfaitement inconnus ?

2e partie : Raisonnement logique

Certains concepts de probabilités (traités en première partie) peuvent également vous être utiles pour la sous-partie Raisonnement / Argumentation.

La logique traitée dans ce deuxième chapitre a elle aussi son importance. Vous n'avez que très rarement (voire pas du tout) eu l'occasion de rencontrer des exercices de logique au cours de votre scolarité. Les nombreux exemples et applications vous permettront de comprendre leur fonctionnement.

3e partie : Aptitudes verbales

La partie Aptitudes Verbales est traitée dans cette partie. Vous y trouverez des méthodes pour lire un texte rapidement et en dégager les thèmes principaux rapidement. Des rappels de français pourront également vous être d'un grand secours pour la sous-partie Expression.

Les sous-parties Compréhension d'un texte et Expression sont basées sur des connaissances d'ordre plus général. Elles nécessitent une lecture régulière d'ouvrages classiques et contemporains, une lecture assidue de l'actualité pour maîtriser un certain niveau de vocabulaire, de grammaire et d'orthographe. Elles exigent également un entraînement dans le déchiffrage de textes afin d'en connaître les idées essentielles en un minimum de temps.

4e partie : Tage Mage blancs

En fin d'ouvrage, vous trouverez enfin cinq concours blancs afin de vous entraîner et vous rendre compte de votre niveau ! Dans la mesure du possible, essayez de faire ces tests blancs en temps limité, afin d'être dans les conditions d'examen.

Un dernier mot avant de consulter ces quelques pages: BONNE CHANCE !

Partie

1 Résolution des problèmes

Présentation et méthodologie des épreuves

1.1

Sous-partie

1 L'épreuve de calcul

La partie calcul porte sur le programme de collège et lycée en Mathématiques. Les questions regroupent les chapitres portant sur les équations, les systèmes, la géométrie, le calcul algébrique, etc. Vous êtes à priori au point au niveau des connaissances. Mais comme ce sont des notions que vous avez apprises au collège, il y a peut être quelques points à revoir. Pythagore ou Thalès vous rappellent-t-ils des souvenirs ? Et la règle de trois ?

Cette partie comporte quinze petits problèmes sous forme d'énigmes à résoudre. Ce ne sont pas des exercices difficiles, mais vous ne disposez que de très peu de temps pour l'ensemble de l'épreuve. Et cela passe très vite. C'est pourquoi un entraînement peut s'avérer vraiment très utile ! Courage voici quelques clefs pour réussir !

Quelques conseils de méthodologie :

- Il faut réapprendre vos formules de géométrie. Même si vous êtes capables de les restituer, il est préférable de les connaître par cœur, car vous êtes face à une épreuve de rapidité. Cela vous évite de refaire des calculs (parfois longs et fastidieux) pour retrouver la formule exacte et de perdre du temps. Sans compter que vous risquez de faire des erreurs et là ce serait dommage ! Alors un peu de courage, apprenez vos différentes formules par cœur !
- Entraînez-vous ! Même si vous connaissez bien le programme de maths et que vous étiez plutôt bon élève au collège, ce n'est pas une raison pour ne pas s'exercer ! Ne découvrez pas l'épreuve de calcul le jour du test ! Vous allez être déstabilisé et risquez de faire des erreurs de calcul ou d'inattention. Certains énoncés doivent être résolus par automatisme. Donc rien de tel que des petits exercices et des tests blancs que l'on vous propose dans cet ouvrage !
- Ne vous précipitez pas ! Lisez l'ensemble des questions et commencez par celles qui vous semblent les plus abordables. Si vous ne savez pas répondre à un énoncé, ne dramatisez pas, et passez à l'exercice suivant. Il ne faut surtout pas rester bloqué sur une difficulté, c'est le meilleur moyen de perdre votre temps. Essayez plutôt d'économiser quelques minutes avant la fin pour vous relire !

Erreurs à éviter :

- Lire trop rapidement le sujet et se précipiter sans réfléchir n'est pas recommandé. Vous risquez de répondre à côté de la question et de commettre des erreurs d'inattention !
- Le rayon intervient le plus souvent dans les formules de géométrie. Attention car souvent on vous donne le diamètre et l'erreur classique est de considérer le diamètre à la place du rayon ! Alors vérifiez bien avant d'effectuer le moindre calcul. Car là ce sont des points perdus vraiment bêtement !
- Erreurs de calculs les plus fréquentes :

  $\sqrt{a}+\sqrt{b}\neq\sqrt{a+b}$

  $\sqrt{a}-\sqrt{b}\neq\sqrt{a-b}$

  $\dfrac{\frac{a}{b}}{\frac{c}{d}}=\dfrac{a}{b}\times\dfrac{d}{c}$ et surtout pas $\dfrac{a}{b}\times\dfrac{c}{d}$

- Vérifiez enfin que vous avez sélectionné la lettre de la proposition qui correspond bien à votre réponse. Ce serait vraiment dommage de reporter une faute ! N'oubliez pas que toute réponse incorrecte est pénalisante !

Exemple

Il y a deux ans, Françoise avait trois fois l'âge de son neveu. Son neveu a aujourd'hui le double de la somme des chiffres du nombre 2012. Quel est l'âge de Françoise ?

A. 24 ans
B. 25 ans
C. 26 ans
D. 27 ans
E. 28 ans
Bonne réponse **C.**

La somme des chiffres de 2012 est égale à $2 + 0 + 1 + 2 = 5$. Et le double de 5 est égal à $5 \times 2 = 10$. Le neveu de Françoise a donc 10 ans. Il y a deux ans, il avait donc $10 - 2 = 8$ ans et Françoise $8 \times 3 = 24$ ans. Aujourd'hui elle a donc $24 + 2 = 26$ ans. Et la bonne réponse est **C.**

2 L'épreuve de conditions minimales

La partie « conditions minimales » est un exercice difficile car il s'agit de questions que vous n'avez jamais traitées précédemment. Vous devez déterminer quelle(s) information(s) est (sont) susceptible(s) d'aboutir au bon résultat.

Les problèmes posés reprennent le programme de collège et de lycée en mathématiques. Les énoncés sont très similaires à la partie « calcul ». Cependant ce que l'on vous demande est très différent. Vous ne devez pas résoudre le problème mais déterminer si les deux informations (1) et/ou (2) proposées vous permettent d'arriver ou non à la solution. Vous avez alors le choix parmi cinq propositions, dont une seule est correcte.

A) Si l'information (1) permet à elle seule de répondre à la question, et si l'information (2) à elle seule ne permet pas de répondre à la question.

B) Si l'information (2) permet à elle seule de répondre à la question, et si l'information (1) à elle seule ne permet pas de répondre à la question.

C) Si les deux informations (1) et (2) ensemble permettent de répondre à la question, et aucune séparément ne le peut.

D) Si chaque information permet séparément de répondre à la question.

E) Si les deux informations ensemble ne permettent pas de répondre à la question.

Quelques conseils et erreurs à éviter :

- Apprenez par cœur ces cinq réponses possibles et de optez directement pour celle qui vous semble la plus appropriée. Cela vous évitera de les relire à chaque fois. Et vous serez plus rapide !
- Lisez l'ensemble des problèmes afin de déterminer ceux que vous pourrez résoudre plus facilement. Là encore privilégiez ce que vous maîtrisez le mieux !
- Testez bien séparément ou ensemble les informations (1) et (2) et n'en oubliez pas une. Car si une des deux permet de répondre à la question, peut-être que la seconde le peut aussi. Parfois il arrive aussi qu'aucune d'entre elles ne parvienne à la solution. Dans ce cas vous choisissez la réponse **(E)**. Et oui cela arrive ! Vous ne vous êtes pas forcément trompés !
- Ne confondez pas le rayon et le diamètre, c'est une erreur classique !
- Tentez de garder cinq à dix minutes pour relire vos réponses et surtout vérifiez que vous avez coché la bonne proposition. On vous rappelle encore que toute réponse erronée vous fait perdre des points.

Exemple

Quel est l'aire d'un cercle défini par :

(1) Le rayon du cercle est de 2 cm.

(2) Ce cercle a pour circonférence 4π cm.

A) Si l'information (1) permet à elle seule de répondre à la question, et si l'information (2) à elle seule ne permet pas de répondre à la question.

B) Si l'information (2) permet à elle seule de répondre à la question, et si l'information (1) à elle seule ne permet pas de répondre à la question.

C) Si les deux informations (1) et (2) ensemble permettent de répondre à la question, et aucune séparément ne le peut.

D) Si chaque information permet séparément de répondre à la question.

E) Si les deux informations ensemble ne permettent pas de répondre à la question.

Solution :

Réponse D).

Vous pouvez calculer l'aire d'un cercle de rayon 2 cm. Elle est en effet égale à 4π cm^2. Donc (1) à elle seule permet de répondre à la question.

Vous pouvez déterminer le rayon (et donc l'aire) d'un cercle de périmètre 4π cm. Il s'agit d'un cercle de rayon 2 cm. Et son aire est donc 4π cm^2. Donc (2) à elle seule permet aussi de répondre à la question.

Donc D) est la bonne réponse.

Rappels de cours
Algèbre

1.2

Sous-partie

3 Calcul mental (carrés, cubes, etc.)

Essayez de connaître par cœur un maximum des résultats des deux tableaux suivants, cela vous fera gagner un temps précieux le jour du concours !

1. Les vingt premiers carrés

1	**2**	**3**	**4**	**5**	**6**	**7**	**8**	**9**	**10**
1	4	9	16	25	36	49	64	81	100
11	**12**	**13**	**14**	**15**	**16**	**17**	**18**	**19**	**20**
121	144	169	196	225	256	289	324	361	400

2. Les vingt premiers cubes

1	**2**	**3**	**4**	**5**	**6**	**7**	**8**	**9**	**10**
1	8	27	64	125	216	343	512	729	1 000
11	**12**	**13**	**14**	**15**	**16**	**17**	**18**	**19**	**20**
1 331	1 728	2 197	2 744	3 375	4 096	4 913	5 832	6 859	8 000

3. Comment reconnaître un nombre divisible par un certain chiffre ?

Par 2 : Un nombre est divisible par 2 si et seulement s'il est pair. C'est-à-dire si et seulement s'il se termine par 0, 2, 4, 6 ou 8.

Par 3 : Un nombre est divisible par 3 si et seulement si la somme de ses chiffres est un multiple de 3.

Exemple

321 est divisible par 3, en effet : $3 + 2 + 1 = 6$ et $6 = 2 \times 3$.

Par 6 : Un nombre est divisible par 6 si et seulement s'il est divisible à la fois par 2 et par 3.

Par 9 : Un nombre est divisible par 9 si et seulement si la somme de ses chiffres est un multiple de 9.

Exemple

1 845 est divisible par 9, en effet : $1 + 8 + 4 + 5 = 9 + 9 = 18$ et $18 = 9 \times 2$ est bien un multiple de 9. En revanche 145 n'est pas un multiple de 9 car $1 + 4 + 5 = 10$ et 10 n'est pas un multiple de 9.

Par 5 : Un nombre est divisible par 5 si et seulement s'il se termine par 0 ou 5.

Par 10 : Un nombre est divisible par 10 si et seulement s'il se termine par 0.

Fractions

4

1. Simplification de fractions

Une fractions est soit sous forme irréductible (qu'on ne peut simplifier), soit sous forme réductible.

$\frac{2}{3}$ est une fraction sous forme irréductible car 2 et 3 n'ont pas de diviseur commun à part 1.

La fraction $\frac{4}{6}$ n'est pas sous forme irréductible car 4 et 6 ont en plus de 1 le nombre 2 comme diviseur commun. Cette fraction est donc simplifiable et on a :

$\frac{4}{6} = \frac{2 \times 2}{2 \times 3} = \frac{2}{3}$ en simplifiant par 2 en haut et en bas.

2. Addition et soustraction de fractions

Pour additionner ou soustraire des fractions, il faut qu'elles aient le même dénominateur. Si ce n'est pas le cas, il est impératif de les réduire au même dénominateur.

Exemples

$$\frac{2}{3} + \frac{1}{2} = \frac{2 \times 2}{3 \times 2} + \frac{1 \times 3}{2 \times 3} = \frac{4}{6} + \frac{3}{6} = \frac{7}{6}$$

$$\frac{2}{5} + \frac{5}{7} = \frac{2 \times 7}{5 \times 7} + \frac{5 \times 5}{5 \times 7} = \frac{14}{35} + \frac{25}{35} = \frac{39}{35}$$

3. Multiplication et division de fractions

Pour multiplier des fractions, il suffit d'effectuer les produits au numérateur et au dénominateur sans se soucier du dénominateur commun.

Exemples

$\frac{2}{3} \times \frac{1}{2} = \frac{2 \times 1}{3 \times 2} = \frac{2}{6}$ puis en simplifiant : $\frac{2}{6} = \frac{2 \times 1}{2 \times 3} = \frac{1}{3}$

$$3 \times \frac{1}{2} = \frac{3}{2}$$

Diviser deux fractions revient à multiplier la première par l'inverse de la seconde.

Exemples

$$\frac{2}{3} : \frac{5}{2} = \frac{2}{3} \times \frac{2}{5} = \frac{2 \times 2}{3 \times 5} = \frac{4}{15}$$

$$\frac{7}{2} : \frac{5}{3} = \frac{7}{2} \times \frac{3}{5} = \frac{7 \times 3}{2 \times 5} = \frac{21}{10} = 2,1$$

5 Calculs avec des racines carrées

1. Quelques règles

On ne peut pas calculer la racine d'un nombre négatif :

Exemple

$\sqrt{-2}$ est impossible à calculer !

Une racine carrée est un nombre toujours positif ou nul :

Exemples

$\sqrt{0} = 0$ et $\sqrt{4} = 2$.

ATTENTION

Il est utile de bien connaître ses 20 premiers carrés afin de gagner du temps dans les calculs !

2. Simplification d'une racine

Exemples

$\sqrt{25} = 5$

$\sqrt{75} = \sqrt{25 \times 3} = \sqrt{25} \times \sqrt{3} = 5 \times \sqrt{3} = 5\sqrt{3}$

3. Addition et soustraction de racines

$$\sqrt{a} + \sqrt{b} \neq \sqrt{a+b}$$

$$\sqrt{a} - \sqrt{b} \neq \sqrt{a-b}$$

$$\sqrt{a} + \sqrt{a} = 2\sqrt{a}$$

Pour additionner des racines, il faut qu'il y ait le même nombre sous le radical.

Il est nécessaire de simplifier une des racines pour faire l'addition, comme dans les exemples suivants :

Exemples

$\sqrt{75} + 2\sqrt{3} = 5\sqrt{3} + 2\sqrt{3} = 7\sqrt{3}$

$\sqrt{50} + 3\sqrt{2} = 5\sqrt{2} + 3\sqrt{2} = 8\sqrt{2}$

4. Multiplication et divisions de racines

On peut multiplier des racines même si les nombres sont différents sous le radical :

$$\sqrt{a} \times \sqrt{b} = \sqrt{a \times b}$$

Exemples

$\sqrt{2} \times \sqrt{3} = \sqrt{2 \times 3} = \sqrt{6}$

$\sqrt{5} \times \sqrt{7} = \sqrt{5 \times 7} = \sqrt{35}$

La division, comme la multiplication de racines, n'exigent pas le même nombre sous le radical.

$\frac{\sqrt{a}}{\sqrt{b}} = \sqrt{\frac{a}{b}} = \frac{\sqrt{a} \times \sqrt{b}}{b} = \frac{\sqrt{ab}}{b}$ avec b non nul.

En général, il est préférable de ne pas laisser de radical au dénominateur.

Exemples

$\frac{\sqrt{2}}{\sqrt{3}} = \sqrt{\frac{2}{3}} = \frac{\sqrt{2} \times \sqrt{3}}{3} = \frac{\sqrt{6}}{3}$

$\frac{\sqrt{5}}{\sqrt{10}} = \sqrt{\frac{5}{10}} = \sqrt{\frac{1}{2}} = \frac{\sqrt{1} \times \sqrt{2}}{2} = \frac{\sqrt{2}}{2}$

6 Puissances

$$x^a \times x^b = x^{a+b}$$

$$\frac{x^a}{x^b} = x^{a-b}$$

$$\frac{1}{x^a} = x^{-a}$$

$$(x^a)^b = x^{a \times b} = x^{ab}$$

ATTENTION AUX ERREURS

$x^a + x^b \neq x^{a+b}$

$x^a - x^b \neq x^{a-b}$

Un nombre élevé à la puissance 0 est toujours égal à 1 :

Exemple

$2^0 = 1$

Un nombre élevé à la puissance 1 est toujours égal à lui-même :

Exemple

$3^1 = 3$

REMARQUES

- La fonction exponentielle fonctionne comme une puissance au niveau des calculs.
- La fonction racine renvoie la valeur d'un nombre élevé à la puissance $\frac{1}{2}$: $\sqrt{x} = x^{\frac{1}{2}}$

Exemples

$2^3 \times 2^5 = 2^8$

$\frac{3^5}{3^4} = 3^1 = 3$

$e^4 \times e^8 = e^{12}$ où e^x désigne la fonction exponentielle avec x réel quelconque.

Développement et factorisation 7

1. Les principales règles de développement et de factorisation

a. Associativité

$$(a + b) + c = a + (b + c) = a + b + c$$
$$(a \times b) \times c = a \times (b \times c) = a \times b \times c$$

b. Commutativité

$$a + b = b + a$$
$$a \times b = b \times a$$

c. Distributivité

$$a \times (b + c) = a \times b + a \times c$$
$$(a + b)(c + d) = a \times c + a \times d + b \times c + b \times d$$

2. Identités remarquables

Les principales identités remarquables sont les suivantes.

a. Les carrés

$$(a + b)^2 = a^2 + 2ab + b^2$$
$$(a - b)^2 = a^2 - 2ab + b^2$$
$$(a - b)(a + b) = a^2 - b^2$$

b. Les cubes

$$(a + b)^3 = a^3 + 3a^2b + 3ab^2 + b^3$$
$$(a - b)^3 = a^3 - 3a^2b + 3ab^2 - b^3$$
$$(a - b)(a^2 + ab + b^2) = a^3 - b^3$$

À vous de jouer !

Pour chaque question, effectuez les calculs et cochez la bonne réponse !

1. 387 est divisible par :

❒ a. 3 ❒ b. 5 ❒ c. 7 ❒ d. 2

2. $\frac{22}{5} - \frac{5}{4} \times 5 = ?$

❒ a. $\frac{-37}{20}$ ❒ b. 18,5 ❒ c. − 18,5 ❒ d. $\frac{37}{20}$

3. $\left(\frac{11}{4} \div \frac{88}{5}\right) \times 2 = ?$

❒ a. 48,4 ❒ b. $\frac{484}{5}$ ❒ c. $\frac{5}{16}$ ❒ d. $\frac{5}{4}$

4. $\sqrt{288} + \sqrt{8} - \sqrt{32} = ?$

❒ a. $14\sqrt{2}$ ❒ b. $18\sqrt{2}$ ❒ c. $16\sqrt{2}$ ❒ d. $10\sqrt{2}$

5. $\sqrt{2} \times \sqrt{3} = ?$

❒ a. $\sqrt{5}$ ❒ b. $\sqrt{6}$ ❒ c. $\sqrt{2}$ ❒ d. 6

6. $(a^2b^3)^2 = ?$

❒ a. ab ❒ b. a^4b^6 ❒ c. a^2b^3 ❒ d. ab^2

7. $(\sqrt{a})^2 = ?$

❒ a. $\sqrt{a}$ ❒ b. a ❒ c. a^2 ❒ d. $\frac{1}{a}$

8. $\left(\frac{a}{\sqrt{a}}\right)^2 = ?$

❒ a. a ❒ b. $\sqrt{a}$ ❒ c. $\frac{1}{a}$ ❒ d. a^2

9. $(a + \sqrt{b})^2 = ?$

❒ a. $a^2 + 2ab + b^2$ ❒ b. $a^2 + 2ab + b$

❒ c. $a^2 + 2a\sqrt{b} + b$ ❒ d. $a + 2ab + b^2$

10. $a - b = ?$

❒ a. $(a - b)(a + b)$ ❒ b. $(a - b) \times 2$

❒ c. $a + b$ ❒ d. $(\sqrt{a} - \sqrt{b})(\sqrt{a} + \sqrt{b})$

Corrigés

1. 387 est divisible par 3, en effet : 3 + 8 + 7 = 18 et 1 + 8 = 9 qui est divisible par 3 et la bonne réponse est **a.**

Remarque : 387 est également divisible par 9 car la somme de ses chiffres est égale à 18 qui lui-même a la somme de ses chiffres égale à 9. Et 9 est un multiple de 9. D'où la divisibilité de 387 par 9.

2. $\frac{22}{5} - \frac{5}{4} \times 5 = \frac{22}{5} - \frac{25}{4} = \frac{22 \times 4}{5 \times 4} - \frac{25 \times 5}{4 \times 5} = \frac{88 - 125}{20} = -\frac{37}{2}$ et la bonne réponse est **a.**

3. $\left(\frac{11}{4} \div \frac{88}{5}\right) \times 2 = \frac{11}{4} \times \frac{5}{88} \times 2 = \frac{11 \times 5 \times 2}{4 \times 11 \times 8} = \frac{10}{32} = \frac{5}{16}$ et la bonne réponse est **c.**

4. $\sqrt{288} + \sqrt{8} - \sqrt{32} = \sqrt{2 \times 144} + 2\sqrt{2} - \sqrt{2 \times 16} = 12\sqrt{2} + 2\sqrt{2} - 4\sqrt{2} = 10\sqrt{2}$ et la bonne réponse est **d.**

5. $\sqrt{2} \times \sqrt{3} = \sqrt{2 \times 3} = \sqrt{6}$ et la bonne réponse est **b.**

6. $(a^2b^3)^2 = a^4b^6$ et la bonne réponse est **b.**

7. $(\sqrt{a})^2 = a$ et la bonne réponse est **b.**

8. $\left(\frac{a}{\sqrt{a}}\right)^2 = \frac{a^2}{a} = a$ et la bonne réponse est **a.**

9. $(a + \sqrt{b})^2 = a^2 + 2a\sqrt{b} + (\sqrt{b})^2 = a^2 + 2a\sqrt{b} + b$ et la réponse est **c.**

10. $a - b = (\sqrt{a})^2 - (\sqrt{b})^2 = (\sqrt{a} - \sqrt{b})(\sqrt{a} + \sqrt{b})$ et la réponse est **d.**

Sous-partie

1.3

Équations et inéquations

Équations 8

1. Équations linéaires

a. Équations du type $ax = 0$ avec a réel

Si a est un réel non nul, alors l'unique solution de cette équation est $x = 0$. La notation des solutions est $S = \{0\}$.

Si a est nul, alors l'équation admet une infinité de solutions. La notation des solutions est $S = \mathbb{R}$ où $\mathbb{R}$ est l'ensemble des nombres réels.

b. Équations du type $x + b = 0$ avec b réel

Il s'agit du point d'intersection de la droite d'équation $y = x + b$ avec l'axe des abscisses qui a pour équation $y = 0$.

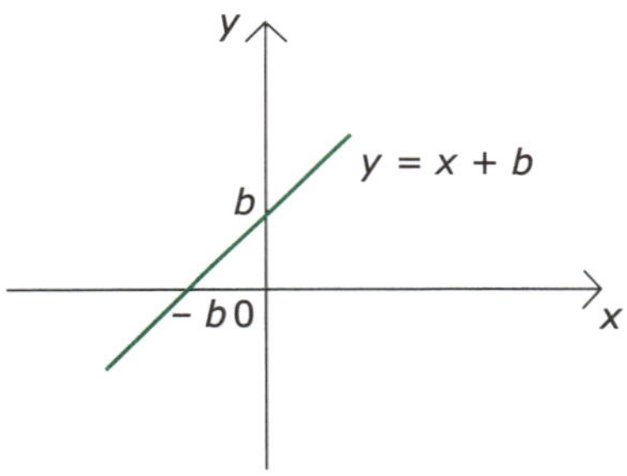

L'unique solution de cette équation est $x = -b$. $S = \{-b\}$.

c. Équations du type $ax + b = 0$

Il s'agit du point d'intersection de la droite d'équation $y = ax + b$ avec l'axe des abscisses qui a pour équation $y = 0$.

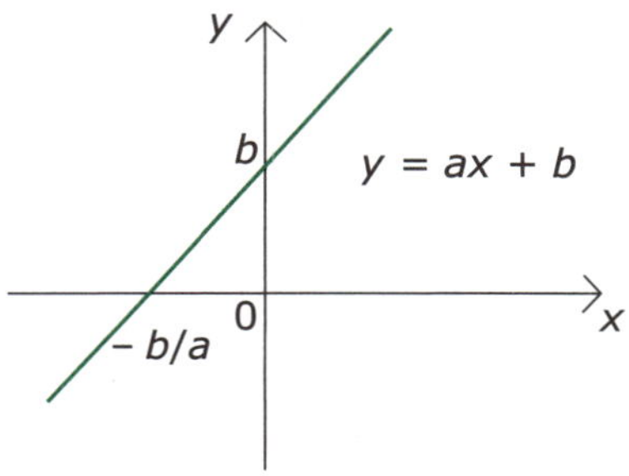

Si a et b sont deux réels non nuls, alors cette équation a pour unique solution $x = -\frac{b}{a}$.

$S = \{-\frac{b}{a}\}$.

Si a est non nul et b égal à 0, alors cette équation admet pour unique solution $x = 0$. $S = \{0\}$.

Si a est nul et b non nul, alors cette équation n'admet aucune solution : $S = \emptyset$ (ensemble vide).

Si a et b sont tous les deux nuls, l'équation admet alors une infinité de solutions : $S = \mathbb{R}$.

d. Équations avec plusieurs termes en « x » et plusieurs termes constants

Pour les équations linéaires, il est en général d'usage de regrouper les termes en « x » d'un côté et les termes constants (sans « x ») de l'autre, afin de se ramener à une équation du type $ax + b = 0$.

Exemples

- $2x + 1 + 3x + 2 = 0$ équivaut à : $(2x + 3x) + (1 + 2) = 0$ en regroupant les différents termes.

  Ce qui équivaut enfin à $5x + 3 = 0$.

  On est en présence d'une équation linéaire du type $ax + b = 0$. On peut donc la résoudre et on obtient $x = -\frac{3}{5}$. $S = \{-\frac{3}{5}\}$.
- $x + 1 - x + 1 = 0$ équivaut à : $2 = 0$ qui est impossible car 2 n'est jamais égal à 0. Donc cette équation n'admet pas de solution et $S = \emptyset$.
- $2x - 3 - 2x + 3 = 0$ équivaut à : $0 = 0$ ce qui est toujours vrai. Donc cette équation admet une infinité de solutions et $S = \mathbb{R}$.

2. Équations sous forme de facteurs

Un produit de facteurs est nul si et seulement si l'un des facteurs au moins est nul.

$A \times B = 0$ équivaut à : $A = 0$ ou $B = 0$.

Exemple

$(x + 1)(x - 1) = 0$ équivaut à : $x + 1 = 0$ ou $x - 1 = 0$ équivaut à : $x = -1$ ou $x = 1$

Ainsi $S = \{-1,1\}$.

À vous de jouer !

Résoudre les équations suivantes :

1. $(x + 1)(x - 2) = 0$

2. $x(x + 3) = 0$

3. $2x(3x + 2) = 0$

4. $(2x - 1)(4x + 3) = 0$

5. $2(x + 1) = 0$

Corrigé

1. $(x + 1)(x - 2) = 0$ équivaut à : $x + 1 = 0$ ou $x - 2 = 0$ équivaut à : $x = -1$ ou $x = 2$. Ainsi $S = \{-1,2\}$.

2. $x(x + 1) = 0$ équivaut à : $x = 0$ ou $x + 1 = 0$ équivaut à : $x = 0$ ou $x = -1$.
Ainsi $S = \{-1{,}0\}$.

3. $2x(3x + 2) = 0$ équivaut à : $2x = 0$ ou $3x + 2 = 0$ équivaut à : $x = 0$ ou $x = -\frac{2}{3}$.

Ainsi $S = \{-\frac{2}{3}, 0\}$.

4. $(2x - 1)(4x + 3) = 0$ équivaut à : $2x - 1 = 0$ ou $4x + 3 = 0$ équivaut à : $x = \frac{1}{2}$ ou $x = -\frac{3}{4}$.
Ainsi $S = \{-\frac{3}{4}, \frac{1}{2}\}$.

5. $2(x + 1) = 0$ équivaut à : $2 = 0$ (impossible) ou $x + 1 = 0$ équivaut à : $x = -1$.
Ainsi $S = \{-1\}$.

Compliquons un peu les choses !

Parfois et même souvent, il arrive que l'équation ne se présente pas sous la forme d'un produit directement factorisé. C'est donc à vous de factoriser l'expression afin d'obtenir un produit de facteurs et pouvoir ainsi résoudre l'équation.

Exemple

$(x - 2)(x + 3) - 2x(x - 2) + (x - 2) = 0$

équivaut à : $(x - 2)[(x + 3) - 2x + 1] = 0$ en factorisant par $(x - 2)$,

équivaut à : $(x - 2)(x + 3 - 2x + 1) = 0$, équivaut à : $(x - 2)(-x + 4) = 0$,

équivaut à : $x - 2 = 0$ ou $-x + 4 = 0$, équivaut à : $x = 2$ ou $x = 4$.

$S = \{2{,}4\}$.

À vous de jouer !

Résoudre les équations suivantes en commençant par factoriser les expressions :

1. $2x(x - 1) + (x - 1) = 0$

2. $2x - 2x(x + 3) = 0$

3. $(x^2 - 1) + x + 1 = 0$

4. $2x + 1 + (-2x - 1) = 0$

5. $x - 3 - (-x + 3)(x + 2) = 0$

Corrigé

1. $2x(x - 1) + (x - 1) = 0$, équivaut à : $(x - 1)(2x + 1) = 0$,

équivaut à : $x - 1 = 0$ ou $2x + 1 = 0$, équivaut à : $x = 1$ ou $x = -\frac{1}{2}$

$S = \{-\frac{1}{2}, 1\}$

2. $2x - 2x(x + 3) = 0$ équivaut à : $2x[1 - (x + 3)] = 0$, équivaut à : $2x(1 - x - 3) = 0$,
équivaut à : $2x(-x - 2) = 0$, équivaut à : $2x = 0$ ou $-x - 2 = 0$,

équivaut à : $x = 0$ ou $x = -2$.

$S = \{-2, 0\}$

3. $(x^2 - 1) + x + 1 = 0$ équivaut à : $(x + 1)(x - 1) + x + 1 = 0$ en reconnaissant l'identité remarquable $x^2 - 1 = (x + 1)(x - 1)$, équivaut à : $(x + 1)[(x - 1) + 1] = 0$, équivaut à : $(x + 1)(x - 1 + 1) = 0$, équivaut à : $(x + 1)(x) = 0$,

équivaut à : $x + 1 = 0$ ou $x = 0$, équivaut à : $x = -1$ ou $x = 0$.

$S = \{-1, 0\}$

4. $2x + 1 + (-2x - 1) = 0$ équivaut à : $2x - 2x + 1 - 1 = 0$, équivaut à : $0 = 0$

$S = \mathbb{R}$, l'équation admet une infinité de solutions.

5. $(x - 3) - (-x + 3)(x + 2) = 0$ équivaut à : $(x - 3) + (x - 3)(x + 2) = 0$,

équivaut à : $(x - 3)[1 + (x + 2)] = 0$, équivaut à : $(x - 3)(x + 1 + 2) = 0$,

équivaut à : $(x - 3)(x + 3) = 0$, équivaut à : $x - 3 = 0$ ou $x + 3 = 0$,

équivaut à : $x = 3$ ou $x = -3$.

$S = \{-3, 3\}$

3. Équations sous forme de quotients

Un quotient est nul si et seulement si son numérateur est nul et son dénominateur est non nul.

$\frac{A}{B} = 0$ équivaut à : $A = 0$ et $B \neq 0$

Exemple

$\frac{x+3}{x-2} = 0$ équivaut à : $\begin{cases} x + 3 = 0 \\ x - 2 \neq 0 \end{cases}$, équivaut à : $\begin{cases} x = -3 \\ x \neq 2 \end{cases}$.

À vous de jouer !

1. $\frac{x+3}{x} = 0$

2. $\frac{x}{2x} = 0$

3. $\frac{x+1}{x-2} - \frac{x+3}{x-4} = 0$

4. $\frac{x+1}{3} + \frac{x}{2} = 0$

5. $\frac{x(x+1) - (x+1)}{2x} = 0$

Corrigé

1. $\frac{x+3}{x} = 0$

$\begin{cases} x + 3 = 0 \\ x \neq 0 \end{cases}$ équivaut à : $\begin{cases} x = -3 \\ x \neq 0 \end{cases}$

$S = \{-3\}$

2. $\frac{x}{2x} = 0$

$\begin{cases} x = 0 \\ x \neq 0 \end{cases}$

$S = \emptyset$

3. $\frac{x+1}{x-2} - \frac{x+3}{x-4} = 0$, équivaut à : $\frac{(x+1)(x-4)}{(x-2)(x-4)} - \frac{(x+3)(x-2)}{(x-2)(x-4)} = 0$,

équivaut à : $\frac{x^2 - 4x + x - 4 - (x^2 - 2x + 3x - 6)}{(x-2)(x-4)} = 0$,

équivaut à : $\frac{x^2 - 4x + x - 4 - x^2 + 2x - 3x + 6}{(x-2)(x-4)} = 0$

équivaut à : $\frac{-3x - x + 2}{(x-2)(x-4)} = 0$, équivaut à : $\frac{-4x + 2}{(x-2)(x-4)} = 0$,

équivaut à : $\begin{cases} -4x + 2 = 0 \\ (x-2)(x-4) \neq 0 \end{cases}$ équivaut à : $\begin{cases} x = \frac{1}{2} \\ x - 2 \neq 0 \text{ et } x - 4 \neq 0 \end{cases}$

équivaut à : $\begin{cases} x = \frac{1}{2} \\ x \neq 2 \text{ et } x \neq 4 \end{cases}$

$S = \left\{\frac{1}{2}\right\}$

4. $\frac{x+1}{3} + \frac{x}{2} = 0$ équivaut à : $\frac{2(x+1)}{6} + \frac{3x}{6} = 0$, équivaut à : $\frac{2x + 2 + 3x}{6} = 0$,

équivaut à : $\frac{5x + 2}{6} = 0$, équivaut à : $\begin{cases} 5x + 2 = 0 \\ 6 \neq 0 \end{cases}$, équivaut à : $x = -\frac{2}{5}$.

$S = \{-\frac{2}{5}\}$

5. $\frac{x(x+1) - (x+1)}{2x} = 0$ équivaut à : $\frac{x^2 + x - x - 1}{2x} = 0$, équivaut à : $\frac{x^2 - 1}{2x} = 0$,

équivaut à : $\frac{(x+1)(x-1)}{2x} = 0$, équivaut à : $\begin{cases} (x+1)(x-1) = 0 \\ 2x \neq 0 \end{cases}$

équivaut à : $\begin{cases} x + 1 = 0 \text{ ou } x - 1 = 0 \\ x \neq 0 \end{cases}$ équivaut à : $\begin{cases} x = -1 \text{ ou } x = 1 \\ x \neq 0 \end{cases}$

S= {- 1,1}

Résolution des problèmes

Raisonnement logique

Aptitudes verbales

Tage Mage blancs

9 Inéquations

1. Inéquations linéaires et tableau de signe

Une inéquation linéaire se présente sous la forme $ax + b > 0$ ou $ax + b < 0$.

Quand $a > 0$, $ax + b > 0$ équivaut à : $x > -\frac{b}{a}$ mais quand $a < 0$ il faut changer le sens de l'inégalité

Quand $a > 0$, $ax + b < 0$ équivaut à : $x < -\frac{b}{a}$ mais quand $a < 0$ il faut changer le sens de l'inégalité

Quand $a > 0$, $ax + b \geq 0$ équivaut à : $x \geq -\frac{b}{a}$ mais quand $a < 0$ il faut changer le sens de l'inégalité

Quand $a > 0$, $ax + b \leq 0$ équivaut à : $x \leq -\frac{b}{a}$ mais quand $a < 0$ il faut changer le sens de l'inégalité

On peut résumer ces résultats à l'aide d'un tableau de signes.

x	$-\infty$		$-\frac{b}{a}$		$+\infty$
$ax - b$		*Signe de* $-a$	0	*signe de* a	

Exemple 1

Le tableau de signes de $2x + 1$ est :

x	$-\infty$		$-\frac{1}{2}$		$+\infty$
$2x + 1$		$-$	0	$+$	

$2x + 1 > 0$, équivaut à : $x > -\frac{1}{2}$.

$S =]-\frac{1}{2}, +\infty[$

Exemple 2

Le tableau de signes de $4x + 8$ est :

x	$-\infty$		-2		$+\infty$
$4x + 8$		$-$	0	$+$	

$4x + 8 < 0$, équivaut à : $x < -\frac{8}{4}$, équivaut à : $x < -2$.

$S =]-\infty, -2[$

Exemple 3

Le tableau de signes de $-x-2$ est :

x	$-\infty$		-2		$+\infty$
$-x-2$		$+$	0	$-$	

$-x-2 \leq 0$, équivaut à : $-x \leq 2$, équivaut à : $x \geq -2$.

$S = [-2, +\infty[$

Exemple 4

Le tableau de signes de $2x-6$ est :

x	$-\infty$		3		$+\infty$
$2x-6$		$-$	0	$+$	

$2x-6 \geq 0$, équivaut à : $x \geq \frac{6}{2}$, équivaut à : $x \geq 3$.

$S = [3, +\infty[$

À vous de jouer !

Résoudre les inéquations suivantes :

1. $3x+2<0$

2. $-x-1>0$

3. $2x+2 \geq 0$

4. $-x-5 \leq 0$

Corrigé

1. Le tableau de signes de $3x+2$ est :

x	$-\infty$		$-\frac{2}{3}$		$+\infty$
$3x+2$		$-$	0	$+$	

$3x+2<0$, équivaut à : $x<-\frac{2}{3}$.

$S =]-\infty, -\frac{2}{3}[$

2. Le tableau de signes de $-x-1$ est :

x	$-\infty$		-1		$+\infty$
$-x-1$		$+$	0	$-$	

$-x-1>0$, équivaut à : $-x>1$, équivaut à : $x<-1$.

$S =]-\infty, -1[$

3. Le tableau de signes de $2x + 2$ est :

x	$-\infty$		-1		$+\infty$
$2x+2$		$-$	0	$+$	

$2x + 2 \geq 0$, équivaut à : $x \geq -1$.

$S = [-1, +\infty[$

4. Le tableau de signes de $-x-5$ est :

x	$-\infty$		-5		$+\infty$
$-x-5$		$+$	0	$-$	

$-x - 5 \leq 0$, équivaut à : $-x \leq 5$, équivaut à : $x \geq -5$.

$S = [-5, +\infty[$

2. Inéquations sous forme de produit et tableau de signes

Un produit de deux facteurs est positif si et seulement si les deux facteurs sont de même signe (tous les deux positifs ou tous les deux négatifs).

Un produit de deux facteurs est négatif si et seulement si les deux facteurs sont de signes contraires (un positif et un négatif).

Signe de $(ax + b)(cx + d)$:

On suppose ici par commodité que le quotient $-\frac{b}{a}$ est plus petit que $-\frac{c}{d}$. Ce choix est parfaitement arbitraire.

X	$-\infty$	$-\frac{b}{a}$		$-\frac{c}{d}$	$+\infty$
$ax+b$	*Signe de* $-a$	0	*signe de a*		*signe de a*
$cx+d$	*Signe de* $-c$		*signe de* $-c$	0	*signe de c*
$P(x)$	*Signe de ac*	0	*signe de* $-ac$	0	*signe de ac*

Exemple

Le signe du produit $(2x + 1)(x - 4)$ est résumé dans le tableau de signes suivant :

x	$-\infty$		$-\frac{1}{2}$		4		$+\infty$
$2x+1$		$-$	0	$+$		$+$	
$x-4$		$-$		$-$	0	$+$	
$P(x)$		$+$	0	$-$	0	$+$	

$(2x + 1)(x - 4) > 0$ équivaut à : $S =]-\infty, -\frac{1}{2}[\cup]4, +\infty[$

$(2x + 1)(x - 4) < 0$ équivaut à : $S =]-\frac{1}{2}, 4[$

$(2x + 1)(x - 4) \geq 0$ équivaut à : $S =]-\infty, -\frac{1}{2}] \cup [4, +\infty[$

$(2x + 1)(x - 4) \leq 0$ équivaut à : $S = [-\frac{1}{2}, 4]$

À vous de jouer !

Déterminer le tableau de signes des produits puis résoudre les inéquations suivantes :

1. $(2x - 4)(-3x + 12) < 0$

2. $x^2 - 4 \leq 0$

3. $x^2 > 0$

4. $x^2 < 0$

5. $(x + 1)^2 \geq 0$

Corrigé

1. Le signe du produit $(2x - 4)(-3x + 12)$ est résumé dans le tableau de signes suivant :

x	$-\infty$		2		4		$+\infty$
$2x - 4$		$-$	0	$+$		$+$	
$-3x + 12$		$+$		$+$	0	$-$	
$P(x)$		$-$	0	$+$	0	$-$	

$(2x - 4)(-3x + 12) < 0$ équivaut à : $S =]-\infty, 2[\cup]4, +\infty[$

Autres possibilités avec ensemble des solutions :

$(2x - 4)(-3x + 12) > 0$ équivaut à : $S =]2, 4[$

$(2x - 4)(-3x + 12) \leq 0$ équivaut à : $S =]-\infty, 2]\cup[4, +\infty[$

$(2x - 4)(-3x + 12) \geq 0$ équivaut à : $S = [2, 4]$

2. $x^2 - 4 \leq 0$ équivaut à : $(x - 2)(x + 2) \leq 0$ en reconnaissant l'identité remarquable : $a^2 - b^2 = (a - b)(a + b)$.

Le signe du produit $(x - 2)(x + 2)$ est résumé dans le tableau de signes suivant :

x	$-\infty$		-2		2		$+\infty$
$x - 2$		$-$	0	$-$		$+$	
$x + 2$		$-$		$+$	0	$+$	
$P(x)$		$+$	0	$-$	0	$+$	

$(x - 2)(x + 2) \leq 0$ équivaut à : $S = [-2, 2]$

Autres possibilités avec ensemble des solutions :

$(x - 2)(x + 2) > 0$ équivaut à : $S =]-\infty, -2[\cup]2, +\infty[$

$(x - 2)(x + 2) < 0$ équivaut à : $S =]-2, 2[$

$(x - 2)(x + 2) \geq 0$ équivaut à : $S =]-\infty, -2]\cup[2, +\infty[$

3. $x^2 > 0$ équivaut à : $x \neq 0$ car un carré étant toujours positif ou nul, $x^2 > 0$ si et seulement si x est différent de 0.

$S = \mathbb{R}\backslash\{0\}$

4. $x^2 < 0$ est impossible car un carré n'est jamais négatif !

$S = \emptyset$

5. $(x + 1)^2 \geq 0$ est toujours vrai car un carré est toujours positif ou nul !

$S = \mathbb{R}$

3. Inéquations sous forme de quotient et tableau de signes

Les inéquations sous forme de quotient se résolvent à l'aide de la même méthode vue pour les inéquations sous forme de produit. Il y a toutefois une différence à prendre en compte : les valeurs interdites compte tenu du fait qu'un dénominateur doit être non nul. Les valeurs interdites sont les valeurs qui annulent le dénominateur. Elles sont représentées par une double barre dans le tableau de signes.

Signe de $\frac{ax+b}{cx+d}$:

On suppose ici par commodité que le quotient $-\frac{a}{b}$ est plus petit que $-\frac{c}{d}$. Ce choix est parfaitement arbitraire.

X	$-\infty$	$-\frac{b}{a}$		$-\frac{c}{d}$		$+\infty$
$ax + b$	*Signe de $-a$*	0	*signe de a*		*signe de a*	
$cx + d$	*Signe de $-c$*		*signe de $-c$*	0	*signe de c*	
$Q(x)$	*Signe de ac*	0	*signe de $-ac$*	||	*signe de ac*	

Exemple

Signe de $\frac{2x+1}{x-2}$:

x	$-\infty$		$-\frac{1}{2}$		2	$+\infty$
$2x + 1$		$-$	0	$+$		$+$
$x - 2$		$-$		$-$	0	$+$
$Q(x)$		$+$	0	$-$	||	$+$

$\frac{2x+1}{x-2} > 0$ si et seulement $x \in \left]-\infty, -\frac{1}{2}\right[\cup]2, +\infty[$

$\frac{2x+1}{x-2} < 0$ si et seulement $x \in \left]-\frac{1}{2}, 2\right[$

$\frac{2x+1}{x-2} \geq 0$ si et seulement $x \in \left]-\infty, -\frac{1}{2}\right] \cup]2, +\infty[$

$\frac{2x+1}{x-2} \leq 0$ si et seulement $x \in \left[-\frac{1}{2}, 2\right[$

À vous de jouer !

Résoudre les inéquations suivantes en ayant auparavant réalisé le tableau de signes :

1. $\frac{x+1}{x} > 0$

2. $\frac{2x-2}{x(x-1)} < 0$

3. $\frac{2x}{x} \leq 0$

4. $\frac{7}{x^2} > 0$

5. $\frac{2(x+1)(x-3)}{x-2} \geq 0$

Corrigé

1. Tout d'abord, il faut déterminer les valeurs interdites éventuelles :
Le dénominateur doit être non nul, ce qui est équivalent à $x \neq 0$.

Le tableau de signe de $\frac{x+1}{x}$ est donné par :

x	$-\infty$		-1		0		$+\infty$
$x+1$		$-$	0	$+$		$+$	
x		$-$		$-$	0	$+$	
$Q(x)$		$+$	0	$-$	$\|\|$	$+$	

$\frac{x+1}{x} > 0$ si et seulement si $x \in]-\infty, -1[\cup]0, +\infty[$

$S =]-\infty, -1[\cup]0, +\infty[$

Autres cas possibles :

- $\frac{x+1}{x} < 0$ si et seulement si $x \in]-1, 0[$
- $\frac{x+1}{x} \geq 0$ si et seulement si $x \in]-\infty, -1]\cup]0, +\infty[$
- $\frac{x+1}{x} \leq 0$ si et seulement si $x \in [-1, 0[$

2. $\frac{2x-2}{x(x-1)} < 0$

Tout d'abord, il faut déterminer les valeurs interdites éventuelles.

Le dénominateur doit être non nul, ce qui est équivalent à $x(x-1) \neq 0$. Soit x doit être différent de 0 et de 1.

Le tableau de signe de $\frac{2x-2}{x(x-1)} = \frac{2(x-1)}{x(x-1)} = \frac{2}{x}$ est donné par :

x	$-\infty$		0		1		$+\infty$
2		$+$		$+$		$+$	
x		$-$	0	$+$		$+$	
$Q(x)$		$-$	$\|\|$	$+$	$\|\|$	$+$	

$\dfrac{2x-2}{x(x-1)} < 0$ si et seulement si $x \in]-\infty, 0[$

$S =]-\infty, 0[$

- $\dfrac{2x-2}{x(x-1)} > 0$ si et seulement si $x \in]0, +\infty[\setminus \{1\}$
- $\dfrac{2x-2}{x(x-1)} \leq 0$ si et seulement si $x \in]-\infty, 0[$
- $\dfrac{2x-2}{x(x-1)} \geq 0$ si et seulement si $x \in]0, +\infty[\setminus \{1\}$

3. $\dfrac{2x}{x} \leq 0$

Tout d'abord, il faut déterminer les valeurs interdites éventuelles.

Le dénominateur doit être non nul, ce qui est équivalent à $x \neq 0$.

Le tableau de signe de $\dfrac{2x}{x} = 2$ est donné par :

x	$-\infty$		0		$+\infty$
2		$+$		$+$	
$Q(x)$		$+$	$\|\|$	$+$	

$\dfrac{2x}{x} \leq 0$ est impossible car cette expression est toujours strictement positive quelles que soient les valeurs prises par x. $S = \emptyset$.

Autres possibilités :

- $\dfrac{2x}{x} < 0$ est également impossible.
- $\dfrac{2x}{x} > 0$ est toujours vrai, donc l'ensemble des solutions est $\mathbb{R}^*$ car il ne faut pas oublier la valeur interdite $x \neq 0$.
- $\dfrac{2x}{x} \geq 0$ est toujours vrai sauf pour $x = 0$, donc l'ensemble des solutions est $\mathbb{R}$ privé de $\{0\}$, soit $\mathbb{R}^*$.

4. $\dfrac{7}{x^2} > 0$

Tout d'abord, il faut déterminer les valeurs interdites éventuelles.

Le dénominateur doit être non nul, ce qui est équivalent à $x^2 \neq 0$. Soit $x \neq 0$.

Un carré étant toujours positif ou nul $x^2 \geq 0$ et $7 > 0$. Ainsi $\dfrac{7}{x^2} > 0$ est toujours vrai car $x \neq 0$.

Ainsi S = $\mathbb{R}^*$. Là encore, il ne faut pas oublier la valeur interdite même si l'inéquation est toujours vraie. x ne peut pas prendre la valeur 0.

5. $\dfrac{2(x+1)(x-3)}{x-2} \geq 0$

Tout d'abord, il faut déterminer les valeurs interdites éventuelles.

Le dénominateur doit être non nul, ce qui est équivalent à $x - 2 \neq 0$. Soit $x \neq 2$

Le tableau de signe de $\dfrac{2(x+1)(x-3)}{x-2}$ est donné par :

x	$-\infty$		-1		2		3		$+\infty$
$x+1$		$-$	0	$+$		$+$		$+$	
$x-3$		$-$		$-$		$-$	0	$+$	
$x-2$		$-$		$-$	0	$+$		$+$	
$Q(x)$		$-$	0	$+$	||	$-$	0	$+$	

$\dfrac{2(x+1)(x-3)}{x-2} \geq 0$ si et seulement si $x \in [-1, 2[\cup[3, +\infty[$

S = $[-1, 2[\cup[3, +\infty[$

Autres cas possibles :

$\dfrac{2(x+1)(x-3)}{x-2} > 0$ si et seulement si $x \in]-1, 2[\cup]3, +\infty[$

$\dfrac{2(x+1)(x-3)}{x-2} \leq 0$ si et seulement si $x \in]-\infty, -1]\cup]2, 3]$

$\dfrac{2(x+1)(x-3)}{x-2} < 0$ si et seulement si $x \in]-\infty, -1[\cup]2,3[$

Résolution des problèmes

Raisonnement logique

Aptitudes verbales

Tage Mage blancs

Sous-partie

1.4 Systèmes

Méthodes de résolution des systèmes 10

Soit le système d'équations :

$$\begin{cases} ax + by = e \\ cx + dy = f \end{cases}$$

Il existe deux méthodes principales pour résoudre un tel système : la méthode par substitution et la méthode par combinaison.

1. Méthode par substitution

Il s'agit d'exprimer une des variables en fonction de l'autre. Dans le précédent système, il est possible d'exprimer y en fonction de x dans la première équation :

$ax + by = e$ équivaut à : $by = e - ax$ équivaut à : $y = \dfrac{e - ax}{b}$

Puis on remplace y dans la seconde équation :

$cx + dy = f$ équivaut à : $cx + d\,\dfrac{e - ax}{b} = f$ équivaut à : $\dfrac{cbx - de - dax}{b} = \dfrac{bf}{b}$ en réduisant au même dénominateur

Équivaut à : $cbx - de - dax = bf$ avec $b \neq 0$

Équivaut à : $(bc - ad)x = bf + de$ équivaut à : $\boxed{x = \dfrac{bf + de}{bc - ad}}$

On obtient la valeur de y en remplaçant x par la valeur obtenue ci-dessus :

$$y = \frac{e - ax}{b} = \frac{e - a\dfrac{bf + de}{bc - ad}}{b} = \frac{e(bc - ad) - a(bf + de)}{b(bc - ad)} = \frac{ebc - ead - abf + ade}{b(bc - ad)}$$

$$y = \frac{ebc - abf}{b(bc - ad)} = \frac{ec - af}{bc - ad}$$

Exemple

$$\begin{cases} 2x + y = 5 \\ x + 3y = 10 \end{cases}$$

La première équation permet d'exprimer y en fonction de x : $y = 5 - 2x$

Une astuce : pour éviter les calculs trop fastidieux, privilégiez une variable affectée du coefficient 1 !

Remarque : On aurait aussi pu choisir d'exprimer x en fonction de y dans la seconde équation $x = 10 - 3y$

Puis on remplace le y dans la seconde équation :

$x + 3y = 10$ équivaut à : $x + 3(5 - 2x) = 10$ équivaut à : $-5x + 15 = 10$, équivaut à : $-5x = 10 - 15$, équivaut à : $-5x = -5$

Et finalement $x = 1$

Puis on remplace x par 1 dans l'expression de y pour finalement obtenir sa valeur :

$y = 5 - 2x = 5 - 2 \times 1 = 3$

$y = 3$

$S = \{(1,3)\}$

2. Méthode par combinaison

Cette méthode consiste à éliminer une variable de manière à se retrouver en présence d'une équation à une seule inconnue x ou y. Pour cela, il suffit d'additionner ou soustraire les deux équations affectées d'un facteur permettant de supprimer une variable.

$$\begin{cases} ax + by = e \\ cx + dy = f \end{cases}$$

Il suffit de multiplier la première équation par d et la seconde par b puis de soustraire les deux équations obtenues. Cela permet d'éliminer la variable y :

$d(ax + by) - b(cx + dy) = de - bf$

Équivaut à : $dax + dby - bcx - bdy = de - bf$ équivaut à : $dax - bcx = de - bf$

équivaut à : $(da - bc)x = de - bf$ équivaut à : $x = \dfrac{de - bf}{ad - bc} = \dfrac{bf - de}{bc - ad}$

Puis on remplace x par son expression dans l'une ou l'autre des équations de départ pour obtenir le même résultat que précédemment. Le y s'obtient de la même manière que dans la méthode par substitution.

Exemple

$$\begin{cases} x - 3y = 2 \\ 2x + 3y = 4 \end{cases}$$

Dans ce système, il est important de remarquer que la variable y est affectée du même coefficient (+ ou − 3) dans les deux équations.

Ainsi il suffit d'additionner les deux équations membre à membre pour éliminer le y et n'avoir une équation qu'à une seule inconnue x.

$(x - 3y) + (2x + 3y) = 2 + 4$, équivaut à : $x - 3y + 2x + 3y = 6$,

équivaut à : $3x = 6$, équivaut à : $x = 2$.

Puis on remplace x par 2 dans l'une ou l'autre des équations pour obtenir la valeur de y :

$x - 3y = 2$, équivaut à : $2 - 3y = 2$, équivaut à : $-3y = 2 - 2$,

équivaut à : $-3y = 0$, équivaut à $y = 0$.

Ainsi l'ensemble des solutions est :

$S = \{(2,0)\}$

3. Traduction géométrique

$$\begin{cases} ax + by = e \\ cx + dy = f \end{cases}$$

Un tel système admet pour solution le point d'intersection (s'il existe) des deux droites définies par les équations du système. Le « x » représente l'abscisse du point d'intersection et le « y » son ordonnée.

Il y a trois cas de figure :

1) Le système admet une unique solution : les droites sont sécantes en un unique point dont l'abscisse est le x cherché et l'ordonnée est le y cherché.

Système avec une unique solution

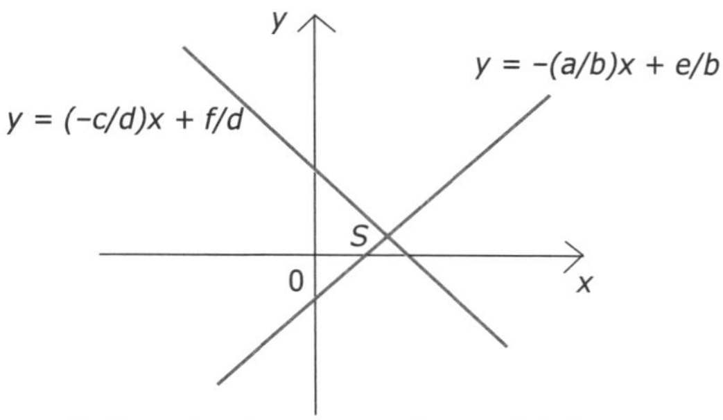

Droites sécantes en un unique point S solution du système

2) Le système n'admet aucune solution lorsque les droites sont parallèles, c'est-à-dire lorsqu'elles ont le même coefficient directeur.

Système avec aucune solution

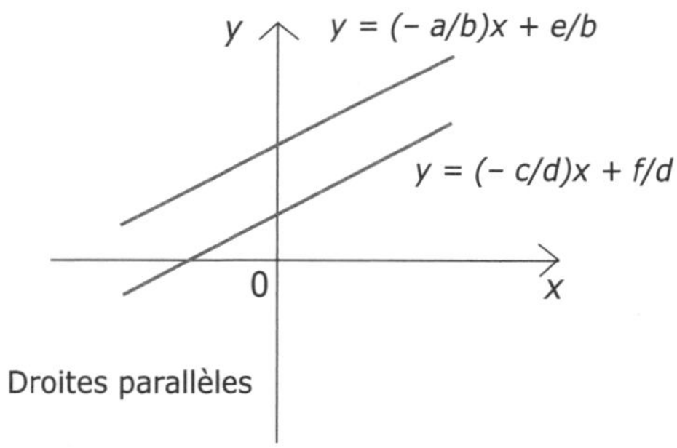

3) Le système admet une infinité de solutions lorsque les droites sont confondues, c'est-à-dire lorsque leur équations sont identiques.

Système avec une infinité de solutions

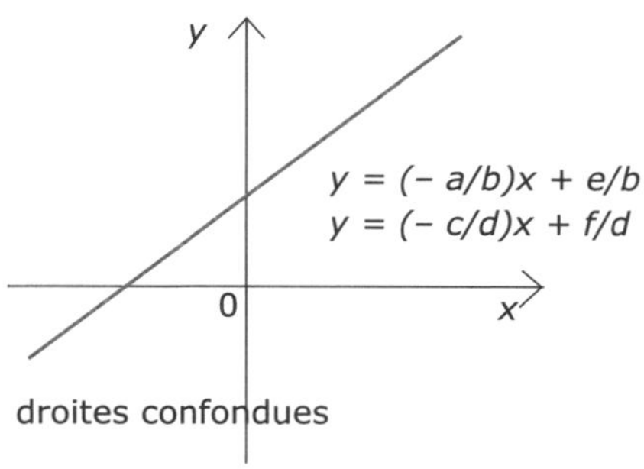

À vous de jouer !

Résolvez à l'aide de la méthode de votre choix (substitution ou combinaison) les systèmes suivants :

1. $\begin{cases} -2x + 2y = -2 \\ 3x + y = 11 \end{cases}$

2. $\begin{cases} 2x + 3y = 4 \\ 5x + 6y = 7 \end{cases}$

3. $\begin{cases} x - 2y = 3 \\ -4x + 5y = 6 \end{cases}$

4. $\begin{cases} -x + 3y = 5 \\ 3x + y = 15 \end{cases}$

5. $\begin{cases} 2x + 20y = 160 \\ x + 2y = 16 \end{cases}$

Corrigé

1. $\begin{cases} -2x + 2y = -2 \\ 3x + y = 11 \end{cases}$

Tout d'abord la première équation se simplifie aisément par 2 et est donc équivalente à : $-x + y = -1$

Le système est équivalent à : $\begin{cases} -x + y = -1 \\ 3x + y = 11 \end{cases}$

On remarque maintenant que la variable y est affectée du même coefficient 1 dans les deux équations. Il est donc plus commode d'utiliser la méthode par combinaison. Ainsi en soustrayant les deux équations membre à membre, on élimine le y.

$(-x + y) - (3x + y) = -1 - 11$

Équivaut à : $-x + y - 3x - y = -12$, équivaut à : $-4x = -12$, équivaut à : $x = 3$

Puis on remplace x par 3 dans l'une ou l'autre des équations, soit dans la première équation par exemple :

$-x + y = -1$ équivaut à : $-3 + y = -1$, équivaut à : $y = 3 - 1$, équivaut à : $y = 2$

Ainsi l'ensemble des solutions est $S = \{(3,2)\}$

2. $\begin{cases} 2x + 3y = 4 \\ 5x + 6y = 7 \end{cases}$

Au vu des différents coefficients, il n'est pas très aisé d'exprimer une variable en fonction de l'autre au risque de faire des erreurs de calcul. Ainsi la méthode par combinaison semble être la plus simple dans ce système.

Il faut dans un premier temps multiplier la première équation par 6 et la seconde équation par 3 afin d'obtenir le même coefficient pour la variable y :

$$\begin{cases} 12x + 18y = 24 \\ 15x + 18y = 21 \end{cases}$$

Puis dans un second temps on soustrait les équations membre à membre, pour éliminer les y :

$(12x + 18y) - (15x + 18y) = 24 - 21$, équivaut à : $12x + 18y - 15x - 18y = 3$, équivaut à : $-3x = 3$, équivaut à : $x = -1$.

On remplace ensuite dans l'équation de son choix le x par -1 et on obtient la valeur de y :
Dans la première équation, on a : $2x + 3y = 4$, équivaut à : $2(-1) + 3y = 4$,
équivaut à : $-2 + 3y = 4$, équivaut à : $3y = 4 + 2$, équivaut à : $3y = 6$,
équivaut à : $y = 2$.
Ainsi l'ensemble des solutions est $S = \{(-1,2)\}$

3. $\begin{cases} x - 2y = 3 \\ -4x + 5y = 6 \end{cases}$

Dans la première équation la variable x est affectée du coefficient 1, il est donc aisé d'exprimer x en fonction de y sans se soucier d'un quelconque dénominateur.

$x - 2y = 3$ équivaut à : $x = 3 + 2y$

Puis on remplace le x par $3 + 2y$ dans la seconde équation afin de n'obtenir une équation qu'à une seule variable y :
$-4(3 + 2y) + 5y = 6$ équivaut à : $-12 - 8y + 5y = 6$, équivaut à : $-3y = 6 + 12$,
équivaut à : $-3y = 18$, équivaut à $y = -6$.
Puis on remplace y par -6 dans la première équation et on obtient :
$x - 2y = 3$ équivaut à $x + 12 = 3$, équivaut à : $x + 12 = 3$, équivaut à : $x = 3 - 12$,
équivaut à : $x = -9$.
Ainsi l'ensemble des solutions est donné par : $S = \{(-9,-6)\}$

4. $\begin{cases} -x + 3y = 5 \\ 3x + y = 15 \end{cases}$

Dans ce système les deux méthodes sont envisageables de manière équivalente. En optant pour la méthode de substitution, on a :
$y = 15 - 3x$ dans la seconde équation.
Soit en remplaçant y par $15 - 3x$ dans la première équation, on obtient :
$-x + 3y = 5$ équivaut à $-x + 3(15 - 3x) = 5$, équivaut à : $-x + 45 - 9x = 5$,
équivaut à : $-10x = 5 - 45$, équivaut à : $-10x = -40$, équivaut à : $x = 4$.
Puis on remplace x par 4 dans la première équation :
$-x + 3y = 5$ équivaut à $-4 + 3y = 5$, équivaut à : $3y = 5 + 4$, équivaut à $3y = 9$,
équivaut à : $y = 3$.
Ainsi l'ensemble des solutions est $S = \{(4,3)\}$

5. $\begin{cases} 2x + 20y = 160 \\ x + 2y = 16 \end{cases}$

Tout d'abord la première équation peut se simplifier par 2. Le système est alors équivalent au système :

$\begin{cases} x + 10y = 80 \\ x + 2y = 16 \end{cases}$

Puis l'une ou l'autre des méthodes peut être appliquée dans ce système de manière équivalente. En optant pour la méthode de combinaison, on obtient en soustrayant les deux équations :
$(x + 10y) - (x + 2y) = 80 - 16$ équivaut à : $x + 10y - x - 2y = 64$,
équivaut à : $8y = 64$, équivaut à : $y = 8$.
On remplace enfin y par 8 dans la seconde équation :
$x + 2y = 16$ équivaut à : $x + 16 = 16$, équivaut à : $x + 16 = 16$, équivaut à : $x = 0$.
Ainsi l'ensemble des solutions est : $S = \{(0,8)\}$

11 Systèmes non linéaires

Les systèmes ne sont pas toujours de forme linéaire, il y a plein d'autres formes ! Même s'ils sont moins présents dans les épreuves de votre concours, il est tout de même nécessaire de les évoquer. Pour cela, on utilisera des exemples.

Exemple 1

$$\begin{cases} x^2 = 1 \\ y + 2 = 0 \end{cases} \text{ équivaut à : } \begin{cases} x = 1 \text{ ou } x = -1 \\ y = -2 \end{cases}$$

Ainsi ce système admet deux couples solutions (– 1,2) et (1,2).

S = {(– 1,2);(1,2)}

Exemple 2

$$\begin{cases} \frac{1}{x} + 2 = 1 \\ y - 1 = 0 \end{cases}$$

Il faut impérativement mentionner les valeurs interdites : la fraction $\frac{1}{x}$ implique que x doit être obligatoirement différent de 0.

Le système équivaut donc à :

$$\begin{cases} \frac{1}{x} = 1 - 2 \\ y = 1 \end{cases} \text{ équivaut à : } \begin{cases} \frac{1}{x} = -1 \\ y = 1 \end{cases} \text{ équivaut à : } \begin{cases} x = -1 \\ y = 1 \end{cases}$$

$x = -1$ est donc bien différent de 0. Le système admet donc une solution et cette solution est le couple : (– 1,1)

S = {(– 1,1)}

Exemple 3

$$\begin{cases} x^2 = -1 \\ y = 1 \end{cases}$$

Ce système n'admet pas de solution car la première équation est impossible. Un carré n'est jamais négatif !

Ainsi S = Ø

Exemple 4

$$\begin{cases} \sqrt{x} + 1 = 2 \\ y + 2 = 0 \end{cases} \text{ équivaut à : } \begin{cases} \sqrt{x} = 1 \\ y = -2 \end{cases} \text{ équivaut à : } \begin{cases} x = 1^2 \\ y = -2 \end{cases} \text{ équivaut à : } \begin{cases} x = 1 \\ y = -2 \end{cases}$$

Ainsi S = {(1,– 2)}

Exemple 5

$$\begin{cases} \ln x = 0 \\ y = -2 \end{cases} \text{ équivaut à : } \begin{cases} x = 1 \\ y = -2 \end{cases}$$

Ainsi S = {(1,– 2)}

Exemple 6

$$\begin{cases} e^x = 1 \\ y = -2 \end{cases} \text{ équivaut à : } \begin{cases} x = 0 \\ y = -2 \end{cases}$$

Ainsi S = {(0,– 2)}

Exemple 7

$$\begin{cases} e^x = -1 \\ y = -2 \end{cases}$$

Ce système est impossible car une exponentielle n'est jamais négative !

Exemple 8

$$\begin{cases} \ln x = 1 \\ y = \ln x \end{cases} \text{ équivaut à : } \begin{cases} x = e \\ y = \ln e \end{cases} \text{ équivaut à : } \begin{cases} x = e \\ y = 1 \end{cases}$$

Ainsi S = {(e,1)}

Exemple 9

$$\begin{cases} e^x = 2 \\ y = e^x \end{cases} \text{ équivaut à : } \begin{cases} x = \ln 2 \\ y = e^{\ln 2} \end{cases} \text{ équivaut à : } \begin{cases} x = \ln 2 \\ y = 2 \end{cases}$$

Ainsi S = {(ln(2), 2)}

Exemple 10

$$\begin{cases} x + y^2 = 1 \\ \sqrt{y} = -2 \end{cases}$$

Ce système n'admet pas de solution car la seconde équation est impossible. Une racine carrée n'est jamais négative !

Exemple 11

$$\begin{cases} x^2 + y^2 = 1 \\ \sqrt{y} = -2 \end{cases}$$

Ce système n'admet pas de solution car une racine carrée n'est jamais négative !

1.5

Sous-partie

Polynômes du second degré

Polynômes du second degré « seul » 12

Tout polynôme du second degré s'écrit sous la forme $P(x) = ax^2 + bx + c$ où a, b et c sont des réels. Le but des exercices en général est de déterminer les racines du polynôme, c'est-à-dire de résoudre l'équation $ax^2 + bx + c = 0$. Le calcul des racines permet aussi de factoriser le polynôme et d'établir son signe en fonction des différentes valeurs de x.

1. Comment obtient-on les racines ?

Tout d'abord $P(x)$ peut avoir au plus deux racines réelles. Il en possède deux ou une unique ou enfin aucune.

Pour obtenir les racines, on calcule le discriminant appelé « delta » :

$$\Delta = b^2 - 4ac$$

En fonction du signe de delta, on déduit le nombre de racines ainsi que leur valeur.

- Si $\Delta > 0$, le polynôme admet deux racines réelles notées x_1 et x_2 :

$$x_1 = \frac{-b-\sqrt{\Delta}}{2a} \quad \text{ou} \quad x_2 = \frac{-b+\sqrt{\Delta}}{2a}$$

- Si $\Delta = 0$, le polynôme admet une racine réelle double notée x_0 :

$$x_0 = \frac{-b}{2a}$$

- Si $\Delta < 0$ (hors programme du concours accès), le polynôme n'admet pas de racines réelles, mais deux racines complexes conjuguées notées x_1 et x_2 :

$$x_1 = \frac{-b-i\sqrt{\Delta}}{2a} \quad \text{ou} \quad x_2 = \frac{-b+i\sqrt{\Delta}}{2a}$$

2. Comment détermine-t-on le signe de $P(x)$?

- Si $\Delta > 0$, le polynôme est du signe de a à l'extérieur des racines et du signe de $-a$ à l'intérieur des racines.
- Si $\Delta = 0$, le polynôme est du signe de a.
- Si $\Delta < 0$, le polynôme est du signe de a.

3. Comment factorise-t-on $P(x)$?

- Si $\Delta > 0$, le polynôme se factorise sous la forme : $a(x - x_1)(x - x_2)$.
- Si $\Delta = 0$, le polynôme se factorise sous la forme : $a(x - x_0)^2$.
- Si $\Delta < 0$, le polynôme n'admet pas de factorisation.

Résolution des problèmes
Raisonnement logique
Aptitudes verbales
Tage Mage blancs

4. Récapitulatif

	Racine(s)	Signe	Factorisation
$\Delta > 0$	2 racines réelles : x_1 et x_2	Signe de a à l'extérieur des racines et de $-a$ à l'intérieur des racines	$a(x - x_1)(x - x_2)$
$\Delta = 0$	Une racine double : x_0	Signe de a	$a(x - x_0)^2$
$\Delta < 0$	Pas de racine réelle	Signe de a	Pas de factorisation

Exemple 1

$P(x) = 2x^2 + 3x - 2$

$\Delta = 3^2 - 4(2)(-2) = 9 + 16 = 25 = 5^2$

$\Delta > 0$ donc le polynôme $P(x)$ admet deux racines réelles :

$$x_1 = \frac{-3 - \sqrt{25}}{2 \times 2} \quad \text{ou} \quad x_2 = \frac{-3 + \sqrt{25}}{2 \times 2}$$

$$x_1 = \frac{-3 - 5}{4} \quad \text{ou} \quad x_2 = \frac{-3 + 5}{4}$$

$$x_1 = \frac{-8}{4} \quad \text{ou} \quad x_2 = \frac{2}{4}$$

$$x_1 = -2 \text{ ou } \quad x_2 = \frac{1}{2}$$

Ainsi $P(x)$ admet deux racines réelles, à savoir : $x_1 = -2$ ou $x_2 = \frac{1}{2}$

On peut donc donner le tableau de signe de $P(x)$:

$P(x)$ est du signe de $a = 2 > 0$ à l'intérieur des racines et du signe de $-a = -2 < 0$ à l'intérieur des racines.

Le tableau de signes de $P(x)$ est donc :

x	$-\infty$		-2		$\frac{1}{2}$		$+\infty$
$P(x)$		+	0	−	0	+	

Enfin $P(x)$ se factorise en utilisant la formule $P(x) = a(x - x_1)(x - x_2)$

Soit $P(x) = 2(x - (-2))(x - \frac{1}{2})$

$P(x) = 2(x + 2)(x - \frac{1}{2})$

Et finalement : $P(x) = (2x - 1)(x + 2)$

Exemple 2

$P(x) = -x^2 + 2x - 1$

$\Delta = 2^2 - 4 = 4 - 4 = 0$

$\Delta = 0$ donc le polynôme $P(x)$ admet une racine réelle double :

$$x_0 = \frac{-2}{2 \times (-1)} = \frac{-2}{-2} = 1$$

Ainsi $P(x)$ admet une racine réelle double, à savoir : $x_0 = 1$

On peut donc donner le tableau de signe de $P(x)$:

$P(x)$ est du signe de $a = -1 < 0$

Le tableau de signes de $P(x)$ est donc :

x	$-\infty$		1		$+\infty$
$P(x)$		$-$	0	$-$	

Enfin $P(x)$ se factorise en utilisant la formule $P(x) = a(x - x_0)^2$

Soit $P(x) = -1(x - 1)^2$

Et finalement : $P(x) = -(x - 1)^2$

Exemple 3

$P(x) = x^2 + x + 1$

$\Delta = 1^2 - 4 = 1 - 4 = -3$

$\Delta < 0$ donc le polynôme $P(x)$ n'admet pas de racine réelle

On peut donc donner le tableau de signe de $P(x)$:

$P(x)$ est du signe de $a = 1 > 0$

Le tableau de signes de $P(x)$ est donc :

x	$-\infty$		$+\infty$
$P(x)$		$+$	

$P(x) > 0$

Enfin $P(x)$ ne se factorise pas.

À vous de jouer !

Pour chaque polynôme, déterminez les racines éventuelles, déduisez-en le tableau de signes correspondant ainsi qu'une factorisation si cela est possible.

1. $P(x) = 3x^2 + 2x - 1$

2. $P(x) = -4x^2 + 9x - 5$

3. $P(x) = -9x^2 + 6x - 1$

4. $P(x) = 4x^2 + 8x + 4$

5. $P(x) = 5x^2 - x + 1$

Corrigé

1. $P(x) = 3x^2 + 2x - 1$

$\Delta = 2^2 + 12 = 4 + 12 = 16 = 4^2$

$\Delta > 0$ donc le polynôme $P(x)$ admet deux racines réelles :

$x_1 = \dfrac{-2 - \sqrt{16}}{2 \times 3}$ ou $x_2 = \dfrac{-2 + \sqrt{16}}{2 \times 3}$

$x_1 = \dfrac{-2 - 4}{6}$ ou $x_2 = \dfrac{-2 + 4}{6}$

$x_1 = \dfrac{-6}{6}$ ou $x_2 = \dfrac{2}{6}$

$x_1 = -1$ ou $x_2 = \dfrac{1}{3}$

Ainsi $P(x)$ admet deux racines réelles, à savoir : $x_1 = -1$ ou $x_2 = \dfrac{1}{3}$

On peut donc donner le tableau de signe de $P(x)$:

$P(x)$ est du signe de $a = 3 > 0$ à l'extérieur des racines et du signe de $-a = -3 < 0$ à l'intérieur des racines.

Le tableau de signes de $P(x)$ est donc :

x	$-\infty$		-1		$\frac{1}{3}$		$+\infty$
$P(x)$		$+$	0	$-$	0	$+$	

Enfin $P(x)$ se factorise en utilisant la formule $P(x) = a(x - x_1)(x - x_2)$

Soit $P(x) = 3(x - (-1))(x - \frac{1}{3}) = 3(x + 1)(x - \frac{1}{3})$

Et finalement : $\boxed{P(x) = (3x - 1)(x + 1)}$

2. $P(x) = -4x^2 + 9x - 5$

$\Delta = 9^2 - 80 = 81 - 80 = 1 = 1^2$

$\Delta > 0$ donc le polynôme $P(x)$ admet deux racines réelles :

$x_1 = \dfrac{-9 - \sqrt{1}}{2 \times (-4)}$ ou $x_2 = \dfrac{-9 + \sqrt{1}}{2 \times (-4)}$

$x_1 = \dfrac{-9 - 1}{-8}$ ou $x_2 = \dfrac{-9 + 1}{-8}$

$x_1 = \dfrac{-10}{-8}$ ou $x_2 = \dfrac{-8}{-8}$

$x_1 = \dfrac{5}{4}$ ou $x_2 = 1$

Ainsi $P(x)$ admet deux racines réelles, à savoir : $x_1 = \dfrac{5}{4}$ ou $x_2 = 1$

On peut donc donner le tableau de signe de $P(x)$:

$P(x)$ est du signe de $a = -4 < 0$ à l'extérieur des racines et du signe de $-a = 4 > 0$ à l'intérieur des racines.

Le tableau de signes de $P(x)$ est donc :

x	$-\infty$		1		$\frac{5}{4}$		$+\infty$
$P(x)$		$-$	0	$+$	0	$-$	

Enfin $P(x)$ se factorise en utilisant la formule $P(x) = a(x - x_1)(x - x_2)$

Soit $P(x) = -4(x - 1)(x - \frac{5}{4}) = 4(- x + 1)(x - \frac{5}{4})$

Et finalement : $\boxed{P(x) = (4x - 5)(- x + 1)}$

3. $P(x) = - 9x^2 + 6x - 1$

$\Delta = 6^2 - 36 = 36 - 36 = 0$

$\Delta = 0$ donc le polynôme $P(x)$ admet une racine double réelle :

$$x_0 = \frac{-6}{2\times(-9)} = \frac{-6}{-18} = \frac{1}{3}$$

Ainsi $P(x)$ admet une racine double réelle, à savoir : $x_0 = \frac{1}{3}$

On peut donc donner le tableau de signe de $P(x)$:

$P(x)$ est du signe de $a = - 9 < 0$.

Le tableau de signes de $P(x)$ est donc :

x	$-\infty$		$\frac{1}{3}$		$+\infty$
$P(x)$		$-$	0	$-$	

Enfin $P(x)$ se factorise en utilisant la formule $P(x) = a(x - x_0)^2$.

Soit $\boxed{P(x) = - 9(x - \frac{1}{3})^2}$

4. $P(x) = 4x^2 + 8x + 4$

$\Delta = 8^2 - 64 = 64 - 64 = 0$

$\Delta = 0$ donc le polynôme $P(x)$ admet une racine double réelle :

$$x_0 = \frac{-8}{2 \times 4} = \frac{-8}{8} = - 1$$

Ainsi $P(x)$ admet une racine double réelle, à savoir : $x_0 = - 1$

On peut donc donner le tableau de signe de $P(x)$:

$P(x)$ est du signe de $a = 4 > 0$.

Le tableau de signes de $P(x)$ est donc :

x	$-\infty$		-1		$+\infty$
$P(x)$		$+$	0	$+$	

Enfin $P(x)$ se factorise en utilisant la formule $P(x) = a(x - x_0)^2$

Soit $P(x) = 4(x - (-1))^2$

$$\boxed{P(x) = 4(x + 1)^2}$$

5. $P(x) = 5x^2 - x + 1$

$\Delta = (-1)^2 - 20 = 1 - 20 = -19$

$\Delta < 0$ donc le polynôme $P(x)$ n'admet pas de racine réelle

Le polynôme est du signe de $a = 5 > 0$.

Le tableau de signes de $P(x)$ est donc :

x	$-\infty$		$+\infty$
$P(x)$		$+$	

Enfin $P(x)$ ne se factorise pas dans l'ensemble des réels.

Polynômes du troisième degré 13

Comment résoudre un polynôme du troisième degré de la forme :

$Ax^3 + Bx^2 + Cx + D$?

Il faut tout d'abord chercher une racine évidente. En général, il s'agit de 1, – 1, 2, – 2, 3, – 3 etc. Il suffit de « tâtonner » en essayant différentes valeurs pour x.

Puis le polynôme se factorise comme suit :

$Ax^3 + Bx^2 + Cx + D = (\text{x} - \text{racine évidente})(ax^2 + bx + c)$

En notant α la racine évidente, on obtient avec $\alpha \neq 0$:

$Ax^3 + Bx^2 + Cx + D = (x - \alpha)(ax^2 + bx + c)$

Puis il faut réaliser une identification :

$Ax^3 + Bx^2 + Cx + D = (x - \alpha)(\text{ax}^2 + \text{bx} + \text{c})$

$Ax^3 + Bx^2 + Cx + D = ax^3 + bx^2 + cx - \alpha ax^2 - \alpha bx - \alpha c$

$Ax^3 + Bx^2 + Cx + D = ax^3 + (b - \alpha a)x^2 + (c - \alpha b)x - \alpha c$

On obtient un système de quatre équations à trois inconnues a, b et c :

$$\begin{cases} a = A \\ b - \alpha a = B \\ c - \alpha b = C \\ -\alpha c = D \end{cases}$$

Puis on résout le système et on obtient a, b et c en fonction de A, B, C et D :

$$\begin{cases} a = A \\ b - \alpha a = B \\ c - \alpha b = C \\ c = -\frac{D}{\alpha} \end{cases} \leftrightarrow \begin{cases} a = A \\ b = B + \alpha a \\ c - \alpha(B + \alpha A) = C \\ c = -\frac{D}{\alpha} \end{cases} \leftrightarrow \begin{cases} a = A \\ b = B + \alpha a \\ c = C + \alpha(B + \alpha A) \\ c = -\frac{D}{\alpha} \end{cases}$$

Avec pour condition : $C + \alpha(B + \alpha A) = -\dfrac{D}{\alpha}$

On obtient forcément deux valeurs pour c car il y a 4 équations pour 3 inconnues. En général on choisit la quatrième équation qui donne directement la valeur du troisième paramètre c.

Ainsi le polynôme se factorise de la manière suivante :

$Ax^3 + Bx^2 + Cx + D = (x - \alpha)(Ax^2 + (B + \alpha A)x - \dfrac{D}{\alpha})$

Il devient ainsi aisé d'obtenir les autres racines éventuelles du polynôme en utilisant le discriminant pour le polynôme $Ax^2 + (B + \alpha A)x - \dfrac{D}{\alpha}$

Exemple

Déterminer les racines du polynôme $x^3 + x^2 + x + 6$. Puis donner le signe et factoriser $P(x)$.

En tentant différentes valeurs pour x, on a retenu la racine évidente -2, en effet :

$-2^3 + 2^2 - 2 + 6 = -8 + 4 - 2 + 6 = 0$

Ainsi le polynôme se factorise de la manière suivante :

$x^3 + x^2 + x + 6 = (x - (-2))(ax^2 + bx + c)$

$x^3 + x^2 + x + 6 = (x + 2)(ax^2 + bx + c)$

$x^3 + x^2 + x + 6 = ax^3 + bx^2 + cx + 2ax^2 + 2bx + 2c$

$x^3 + x^2 + x + 6 = ax^3 + (b + 2a)x^2 + (c + 2b)x + 2c$

Puis on effectue une identification :

$$\begin{cases} a = 1 \\ b + 2a = 1 \\ c + 2b = 1 \\ 2c = 6 \end{cases} \leftrightarrow \begin{cases} a = 1 \\ b + 2 = 1 \\ c + 2b = 1 \\ c = 3 \end{cases} \leftrightarrow \begin{cases} a = 1 \\ b = -1 \\ c = 3 \end{cases}$$

Ainsi le polynôme se factorise de la manière suivante :

$x^3 + x^2 + x + 6 = (x + 2)(x^2 - x + 3)$

On peut alors calculer le discriminant du second facteur du produit obtenu $x^2 - x + 3$:

$\Delta = (-1)^2 - 12 = 1 - 12 = -11 < 0$ donc pas de racine réelle pour ce polynôme.

Ainsi $x^3 + x^2 + x + 6$ admet une seule et unique racine : -2

$S = \{-2\}$

Le signe de $x^2 - x + 3$ est du signe de $1 > 0$ donc le signe de $x^3 + x^2 + x + 6$ dépend du signe de $x + 2$ puisque $x^2 - x + 3$ est toujours strictement positif.

Ainsi le signe de $x^3 + x^2 + x + 6$ est :

x	$-\infty$		-2		$+\infty$
$P(x)$		$-$	0	$+$	

CAS PARTICULIER

Il est important de souligner le cas où la racine évidente est 0. Il s'agit de polynômes faciles à factoriser dans la mesure où x devient un facteur.

Exemple

$P(x) = x^3 + x^2 + x$ se factorise aisément par x :

$P(x) = x(x^2 + x + 1)$

Puis on calcule le discriminant du second facteur et on obtient des racines éventuelles.

À vous de jouer !

Factorisez à l'aide d'une racine évidente les polynômes suivants puis trouvez toutes leurs racines ainsi que leur signe suivant les valeurs de x.

1. $P(x) = x^3 + x^2 + x - 3$

2. $P(x) = 2x^3 + x^2 + 5x$

3. $P(x) = 3x^3 + 5x^2 + 3x + 1$

4. $P(x) = x^3 + x^2 - 5x + 3$

5. $P(x) = x^3 - 6x^2 + 12x - 8$

Corrigé

1. $P(x) = x^3 + x^2 + x - 3$

En tentant différentes valeurs pour x, on a retenu la racine évidente 1, en effet :

$1^3 + 1^2 + 1 - 3 = 3 - 3 = 0$

Ainsi le polynôme se factorise de la manière suivante :

$x^3 + x^2 + x - 3 = (x - 1)(ax^2 + bx + c)$

$x^3 + x^2 + x - 3 = ax^3 + bx^2 + cx - ax^2 - bx - c$

$x^3 + x^2 + x - 3 = ax^3 + (b - a)x^2 + (c - b)x - c$

Puis on effectue une identification :

$$\begin{cases} a = 1 \\ b - a = 1 \\ c - b = 1 \\ -c = -3 \end{cases} \leftrightarrow \begin{cases} a = 1 \\ b - 1 = 1 \\ c - b = 1 \\ c = 3 \end{cases} \leftrightarrow \begin{cases} a = 1 \\ b = 2 \\ c = 3 \end{cases}$$

Ainsi le polynôme se factorise de la manière suivante :

$x^3 + x^2 + x - 3 = (x - 1)(x^2 + 2x + 3)$

On peut alors calculer le discriminant du second facteur du produit obtenu $x^2 + 2x + 3$:

$\Delta = 2^2 - 12 = 4 - 12 = -8 < 0$ donc pas de racine réelle pour ce polynôme.

Ainsi $x^3 + x^2 + x - 3$ admet une seule et unique racine : 1.

$S = \{1\}$

Le signe de $x^2 + 2x + 3$ est du signe de $1 > 0$ donc le signe de $x^3 + x^2 + x - 3$ dépend du signe de $x - 1$ puisque $x^2 + 2x + 3$ est toujours strictement positif.

Ainsi le signe de $x^3 + x^2 + x - 3$ est :

x	$-\infty$		1		$+\infty$
$P(x)$		$-$	0	$+$	

2. $P(x) = 2x^3 + x^2 + 5x$

Il s'agit d'un polynôme dont une racine évidente est 0.

La factorisation est alors immédiate : $P(x) = x(2x^2 + x + 5)$

Il suffit de calculer le discriminant du polynôme du second degré pour ainsi obtenir les autres racines éventuelles de $P(x)$ ainsi que son signe.

$\Delta = 1^2 - 40 = 1 - 40 = -39 < 0$ donc pas de racine réelle pour ce polynôme.

Résolution des problèmes | Raisonnement logique | Aptitudes verbales | Tage Mage blancs

Ainsi $2x^3 + x^2 + 5x$ admet une seule et unique racine : 0

$S = \{0\}$

Le signe de $2x^2 + x + 5$ est du signe de $2 > 0$ donc le signe de $2x^3 + x^2 + 5x$ dépend du signe de x puisque $2x^2 + x + 5$ est toujours strictement positif.

Ainsi le signe de $2x^3 + x^2 + 5x$ est :

x	$-\infty$		0		$+\infty$
$P(x)$		$-$	0	$+$	

3. $P(x) = 3x^3 + 5x^2 + 3x + 1$

En tentant différentes valeurs pour x, on a retenu la racine évidente -1, en effet :

$3(-1)^3 + 5(-1)^2 + 3(-1) + 1 = -3 + 5 - 3 + 1 = -6 + 6 = 0$

Ainsi le polynôme se factorise de la manière suivante :

$3x^3 + 5x^2 + 3x + 1 = (x - (-1))(ax^2 + bx + c)$

$3x^3 + 5x^2 + 3x + 1 = (x + 1)(ax^2 + bx + c)$

$3x^3 + 5x^2 + 3x + 1 = ax^3 + bx^2 + cx + ax^2 + bx + c$

$3x^3 + 5x^2 + 3x + 1 = ax^3 + (b + a)x^2 + (c + b)x + c$

Puis on effectue une identification :

$$\begin{cases} a = 3 \\ b + a = 5 \\ c + b = 3 \\ c = 1 \end{cases} \leftrightarrow \begin{cases} a = 3 \\ b + 3 = 5 \\ c + b = 3 \\ c = 1 \end{cases} \leftrightarrow \begin{cases} a = 3 \\ b = 2 \\ c = 1 \end{cases}$$

Ainsi le polynôme se factorise de la manière suivante :

$3x^3 + 5x^2 + 3x + 1 = (x + 1)(3x^2 + 2x + 1)$

On peut alors calculer le discriminant du second facteur du produit obtenu $x^2 - x + 3$:

$\Delta = 2^2 - 12 = 4 - 12 = -8 < 0$ donc pas de racine réelle pour ce polynôme.

Ainsi $3x^3 + 5x^2 + 3x + 1$ admet une seule et unique racine : -1

$S = \{-1\}$

Le signe de $3x^2 + 2x + 1$ est du signe de $3 > 0$ donc le signe de $3x^3 + 5x^2 + 3x + 1$ dépend du signe de $x + 1$ puisque $3x^2 + 2x + 1$ est toujours strictement positif.

Ainsi le signe de $3x^3 + 5x^2 + 3x + 1$ est :

x	$-\infty$		-1		$+\infty$
$P(x)$		$-$	0	$+$	

4. $P(x) = x^3 + x^2 - 5x + 3$

En tentant différentes valeurs pour x, on a retenu la racine évidente 1, en effet :

$1^3 + 1^2 - 5 + 3 = 2 - 5 + 3 = -3 + 3 = 0$

Ainsi le polynôme se factorise de la manière suivante :

$x^3 + x^2 - 5x + 3 = (x - 1)(ax^2 + bx + c)$

$x^3 + x^2 - 5x + 3 = ax^3 + bx^2 + cx - ax^2 - bx - c$

$x^3 + x^2 - 5x + 3 = ax^3 + (b - a)x^2 + (c - b)x - c$

Puis on effectue une identification :

$$\begin{cases} a = 1 \\ b - a = 1 \\ c - b = -5 \\ -c = 3 \end{cases} \leftrightarrow \begin{cases} a = 1 \\ b - 1 = 1 \\ c - b = -5 \\ c = -3 \end{cases} \leftrightarrow \begin{cases} a = 1 \\ b = 2 \\ c = -3 \end{cases}$$

Ainsi le polynôme se factorise de la manière suivante :

$x^3 + x^2 - 5x + 3 = (x - 1)(x^2 + 2x - 3)$

On peut alors calculer le discriminant du second facteur du produit obtenu $x^2 + 2x - 3$:

$\Delta = 2^2 + 12 = 4 + 12 = 16 > 0$ donc deux racines réelles pour ce polynôme.

$x_1 = \dfrac{-2 - \sqrt{16}}{2 \times 1}$ et $x_2 = \dfrac{-2 + \sqrt{16}}{2 \times 1}$

$x_1 = \dfrac{-2 - 4}{2}$ et $x_2 = \dfrac{-2 + 4}{2}$

$x_1 = \dfrac{-6}{2}$ et $x_2 = \dfrac{2}{2}$

$x_1 = -3$ et $x_2 = 1$

Ainsi $x^3 + x^2 - 5x + 3$ admet deux racines : -3 et 1(double car elle apparaît deux fois)

$S = \{-3 ; 1\}$

Le signe de $x^2 + 2x - 3$ est du signe de $1 > 0$ à l'extérieur des racines et de $-1 < 0$ à l'intérieur des racines.

Ainsi le signe de $x^3 + x - 5x + 3$ est :

x	$-\infty$		-3		1		$+\infty$
$x - 1$		$-$		$-$	0	$+$	
$x^2 + 2x - 3$		$+$	0	$-$	0	$+$	
$P(x)$		$-$	0	$+$	0	$+$	

5. $P(x) = x^3 - 6x^2 + 12x - 8$

En tentant différentes valeurs pour x, on a retenu la racine évidente 2, en effet :

$2^3 - 24 + 24 - 8 = 8 - 24 + 24 - 8 = 0$

Ainsi le polynôme se factorise de la manière suivante :

$x^3 - 6x^2 + 12x - 8 = (x - 2)(ax^2 + bx + c)$

$x^3 - 6x^2 + 12x - 8 = ax^3 + bx^2 + cx - 2ax^2 - 2bx - 2c$

$x^3 - 6x^2 + 12x - 8 = ax^3 + (b - 2a)x^2 + (c - 2b)x - 2c$

Puis on effectue une identification :

$$\begin{cases} a = 1 \\ b - 2a = -6 \\ c - 2b = 12 \\ -2c = -8 \end{cases} \leftrightarrow \begin{cases} a = 1 \\ b - 2 = -6 \\ c - 2b = 12 \\ c = 4 \end{cases} \leftrightarrow \begin{cases} a = 1 \\ b = -4 \\ c = 4 \end{cases}$$

Résolution des problèmes | Raisonnement logique | Aptitudes verbales | Tage Mage blancs

Ainsi le polynôme se factorise de la manière suivante :

$x^3 - 6x^2 + 12x - 8 = (x - 2)(x^2 - 4x + 4)$

On peut alors calculer le discriminant du second facteur du produit obtenu $x^2 - 4x + 4$:

$\Delta = (-4)^2 - 16 = 16 - 16 = 0$ donc une racine réelle double pour ce polynôme.

$$x_0 = \frac{-(-4)}{2 \times 1} = \frac{4}{2} = 2$$

Ainsi $x^3 - 6x^2 + 12x - 8$ admet une seule et unique racine : 2

$S = \{2\}$

Le signe de $x^2 - 4x + 4$ est du signe de $1 > 0$ donc le signe de $x^3 - 6x^2 + 12x - 8$ dépend du signe de $x - 2$ puisque $x^2 - 4x + 4$ est toujours positif ou nul.

Ainsi le signe de $x^3 - 6x^2 + 12x - 8$ est :

x	$-\infty$		2		$+\infty$
$P(x)$		$-$	0	$+$	

REMARQUE

À l'aide de l'identité remarquable $(a - b)^3 = a^3 - 3a^2b + 3ab^2 - b^3$, il était possible de reconnaître que $P(x)$ était le développement de $(x - 2)^3$!

Rappels de géométrie

1.6

Sous-partie

14 Théorèmes et propriétés célèbres

1. Théorème de Pythagore

Dans un triangle rectangle, le carré de la longueur de l'hypoténuse est égal à la somme des carrés des longueurs des deux autres côtés.

Dans le triangle ABC rectangle en A, BC est l'hypoténuse, on a donc :

$$BC^2 = AB^2 + AC^2$$

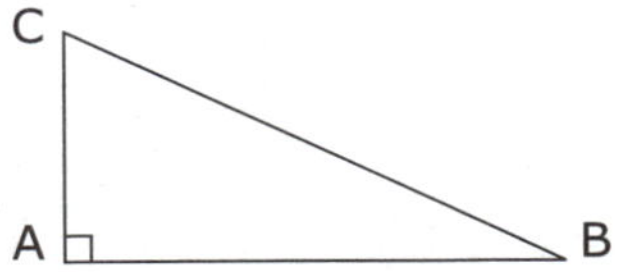

REMARQUE

L'hypoténuse est le côté le plus long !

2. Théorème de Thalès

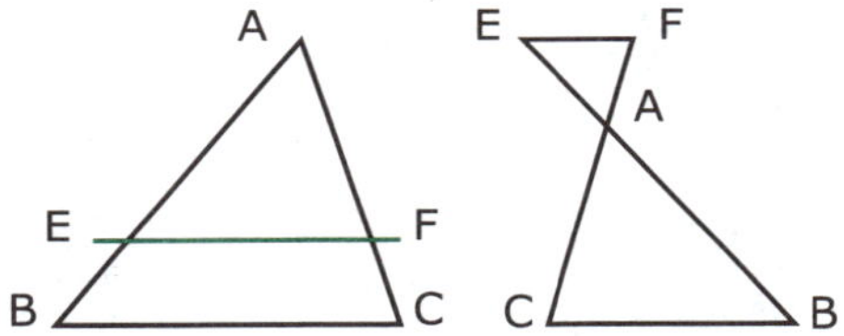

Dans les triangles ABC ci-dessus, les droites (EF) et (BC) sont parallèles. On a d'après le théorème de Thalès :

$$\frac{AE}{AB} = \frac{AF}{AC} = \frac{EF}{BC}$$

CAS PARTICULIER : THÉORÈME DES MILIEUX

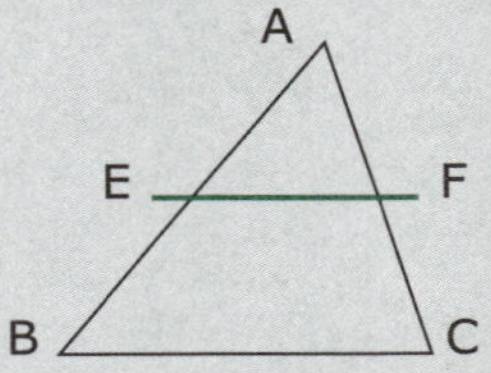

Dans le triangle ABC ci-dessus, E est le milieu de [AB], F celui de [AC], les droites (EF) et (BC) sont donc parallèles et on a les égalités suivantes :

$$\frac{AE}{AB} = \frac{AF}{AC} = \frac{EF}{BC} = \frac{1}{2}$$

3. Droites remarquables dans un triangle

Dans un triangle, les droites remarquables sont les médiatrices, les médianes, les hauteurs et les bissectrices. Elles ont chacune des propriétés permettant de calculer des longueurs précises, des mesures d'angles, de déduire des caractéristiques portant sur une figure géométrique, etc.

a. Les médiatrices

La médiatrice d'un segment passe par son milieu perpendiculairement. Tout point de cette droite est équidistant des extrémités du segment.

Le point de concours des médiatrices des côtés d'un triangle est le centre du cercle circonscrit à ce triangle.

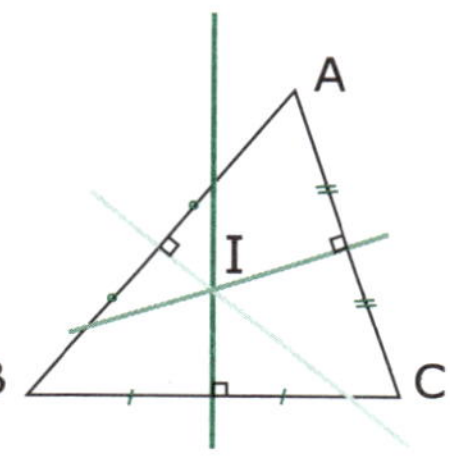

b. Les médianes

La médiane issue d'un sommet d'un triangle passe par le milieu du côté opposé.

Le point de concours des médianes est le centre de gravité du triangle.

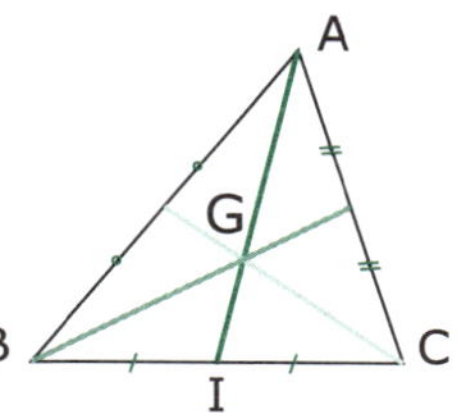

c. Les hauteurs

La hauteur issue d'un sommet d'un triangle est perpendiculaire au côté opposé.

Le point de concours des hauteurs est l'orthocentre du triangle.

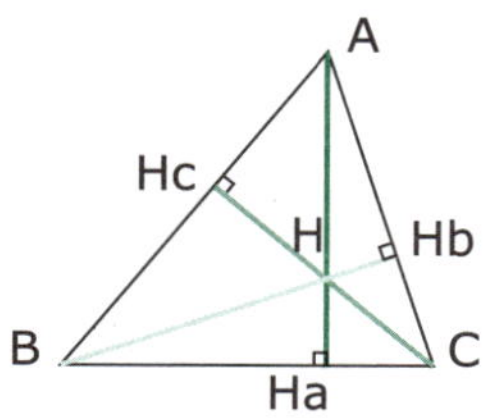

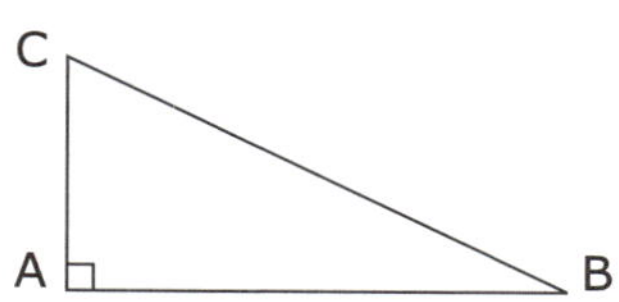

REMARQUE

Dans un triangle rectangle deux hauteurs sont confondues avec les côtés de l'angle droit (figure de droite).

d. Les bissectrices

La bissectrice d'un angle coupe l'angle en deux angles de même mesure.

Le point de concours des bissectrices est le centre du cercle inscrit au triangle.

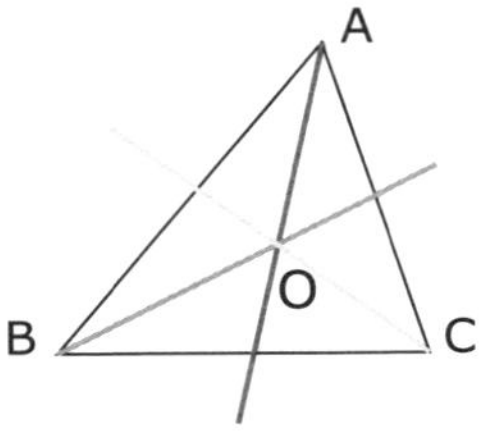

CAS PARTICULIERS

Triangle équilatéral (3 côtés égaux) :

Dans le cas d'un triangle équilatéral les quatre droites remarquables du triangle sont confondues. Ainsi la médiatrice d'un côté est aussi la médiane et la hauteur issues du sommet opposé à ce côté, mais également la bissectrice de l'angle de ce sommet. Cela est valable pour les trois côtés et trois sommets.

Par conséquent, le centre du cercle circonscrit, le centre de gravité, l'orthocentre et le centre du cercle inscrit sont confondus dans un triangle équilatéral.

Triangle ABC équilatéral

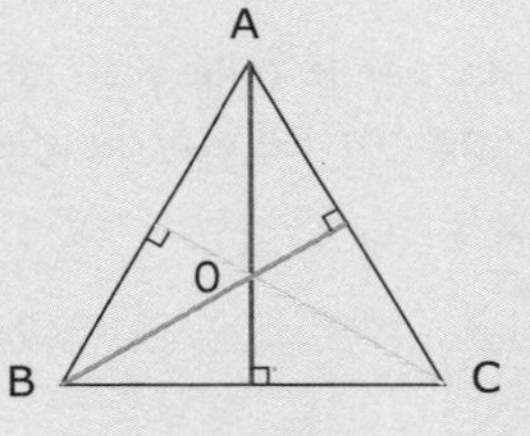

Ici les quatre points sont confondus : Le point O est à la fois le centre de gravité, l'orthocentre, le centre du cercle inscrit et le centre du cercle circonscrit au triangle ABC

Triangle isocèle (2 côtés égaux) :

Dans le cas d'un triangle isocèle en un sommet A, la hauteur et la médiane issues de A, ainsi que la bissectrice de l'angle A et la médiatrice du côté opposé à ce sommet sont toutes confondues. En revanche les hauteurs, médianes, bissectrices et médiatrices des autres côtés ou sommets ne sont pas confondues.

Par conséquent, le centre du cercle circonscrit, le centre de gravité, l'orthocentre et le centre du cercle inscrit ne sont pas confondus dans un triangle isocèle.

Triangle ABC isocèle en A

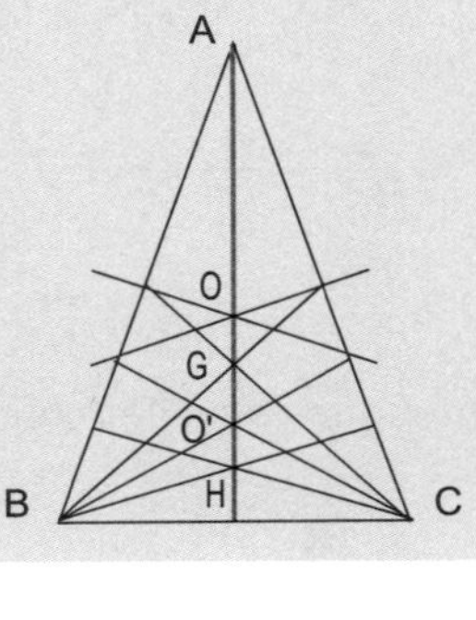

G = centre de gravité
H = orthocentre
O' = centre du cercle inscrit
O = centre du cercle circonscrit

Ici les quatre points ne sont pas confondus mais alignés Seules les droites issues du sommet A sont confondues.

4. Résultats importants

a. Longueur de la hauteur d'un triangle équilatéral

Dans un triangle équilatéral, de côté a, la longueur de la hauteur est égale à $\frac{a\sqrt{3}}{2}$. Il est simple de le démontrer à l'aide du théorème de Pythagore. Soit ABC un triangle équilatéral. On considère le triangle AIC rectangle en I. I étant le pied de la hauteur issue de A au triangle ABC. Le théorème de Pythagore appliqué au triangle AIC permet d'écrire :

$$AI^2 = AC^2 - IC^2$$

$$AI^2 = a^2 - (\frac{a}{2})^2 = a^2 - \frac{a^2}{4} = \frac{3a^2}{4}$$

$$AI = \frac{a\sqrt{3}}{2}$$

UN CONSEIL

Tentez de mémoriser ce résultat. Cela vous fera gagner un temps précieux le jour du concours ! Rappelez-vous qu'il s'agit d'une épreuve de rapidité !

b. Triangle rectangle inscrit dans un cercle

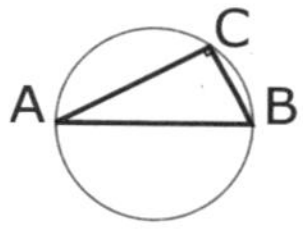

Tout triangle inscrit dans un cercle dont un diamètre est un de ses côtés est rectangle. Le diamètre du cercle est l'hypoténuse de ce triangle. Dans la figure ci-dessus, ABC est rectangle en A et [BC] est à la fois un diamètre du cercle et l'hypoténuse du triangle.

c. Médianes et longueur

Le centre de gravité d'un triangle est situé aux $\frac{2}{3}$ de chaque sommet.

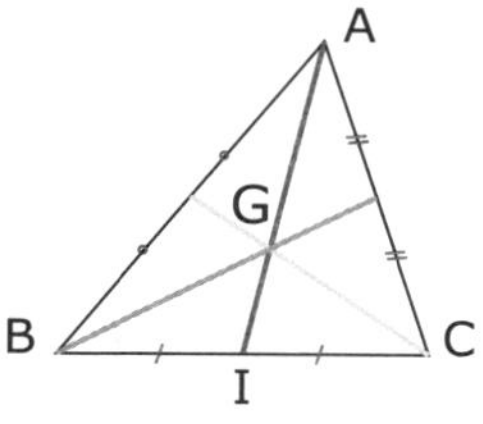

G est le centre de gravité du triangle ABC, I est le milieu de [BC], on a l'égalité suivante : $AG = \frac{2}{3} AI$

Cette égalité reste valable en termes de vecteurs, et ainsi : $\overrightarrow{AG} = \frac{2}{3}\overrightarrow{AI}$

Il en est de même pour les deux autres médianes du triangle ABC.

15 Angles

1. Angles alternes-internes

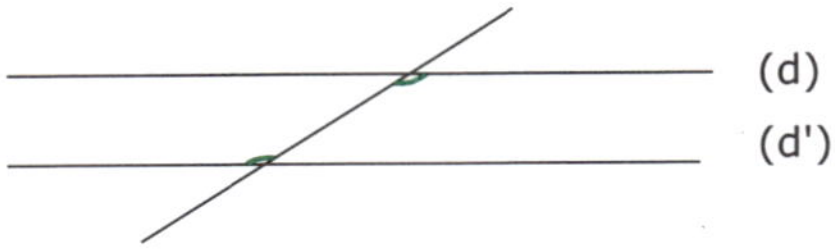

Des angles alternes-internes sont égaux dans le cas où les deux droites (d) et (d') sont parallèles.

2. Angles correspondants

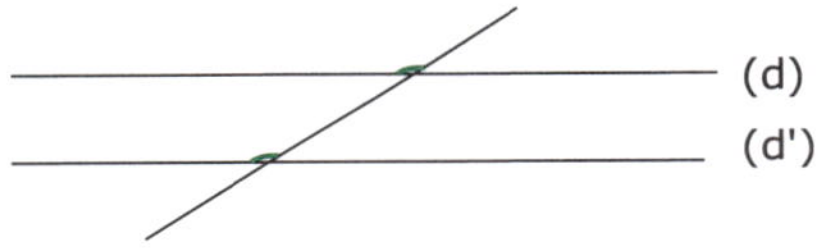

Des angles correspondants sont égaux dans le cas où les deux droites (d) et (d') sont parallèles.

3. Opposés par le sommet

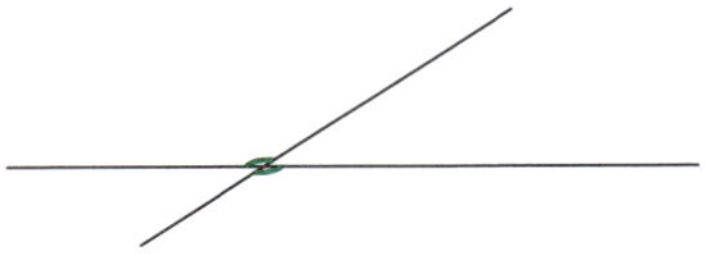

Deux angles opposés par le sommet sont égaux.

4. Angles supplémentaires

La somme des mesures de deux angles supplémentaires est égale à 180°.

5. Angles complémentaires

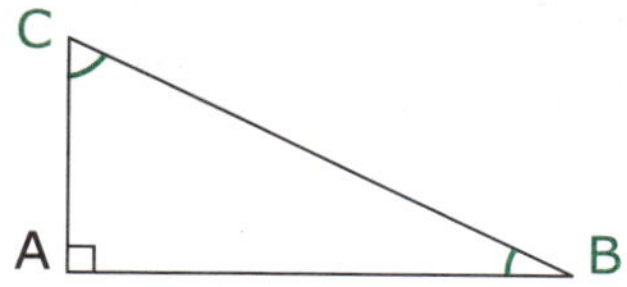

La somme des mesures de deu*x* angles complémentaires est égale à 90°.

6. Angles qui interceptent le même arc de cercle

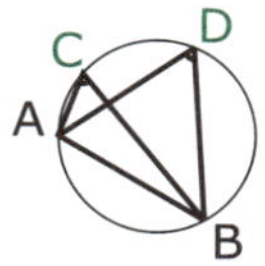

Deux angles qui interceptent le même arc de cercle sont égaux.

16 Périmètres

1. Triangle

Périmètre = somme des trois côtés = a + b + c

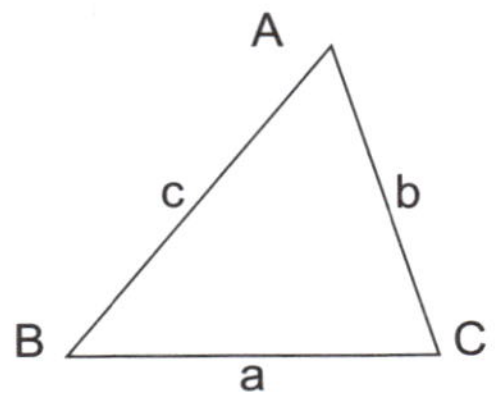

2. Carré de côté *c*

Périmètre = $4c$

3. Rectangle de longueur *L* et de largeur *l*

Périmètre = $2 \times (L + l)$

4. Cercle de rayon R

Périmètre = $2\pi R$

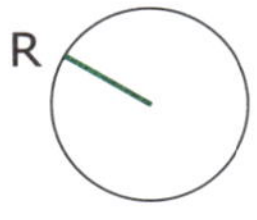

REMARQUE

Le périmètre d'un cercle est aussi appelé la circonférence d'un cercle.

Surface et aire

17

1. Triangle

$$\text{Aire} = \frac{\text{base} \times \text{hauteur}}{2}$$

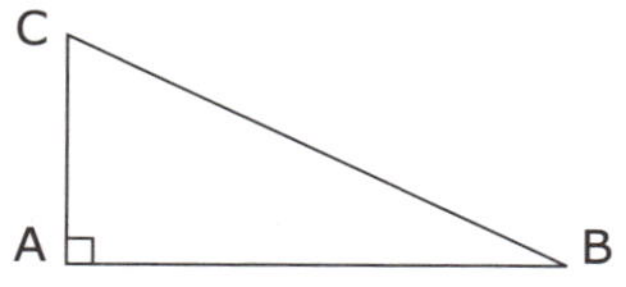

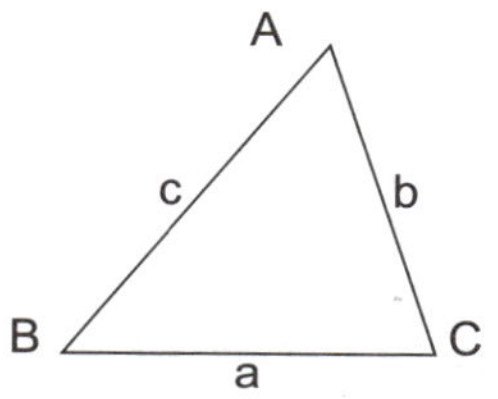

2. Carré

$$\text{Aire} = \text{côté} \times \text{côté}$$

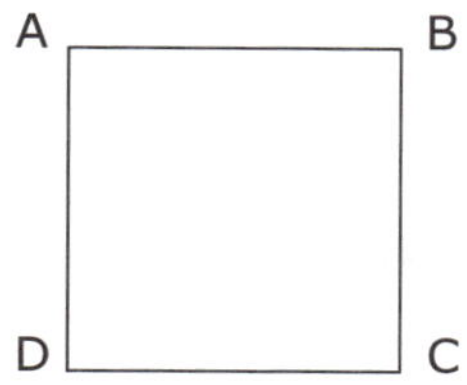

3. Rectangle

$$\text{Aire} = \text{longueur} \times \text{largeur}$$

4. Trapèze

$$\text{Aire} = \frac{(\text{grande base} + \text{petite base}) \times \text{hauteur}}{2}$$

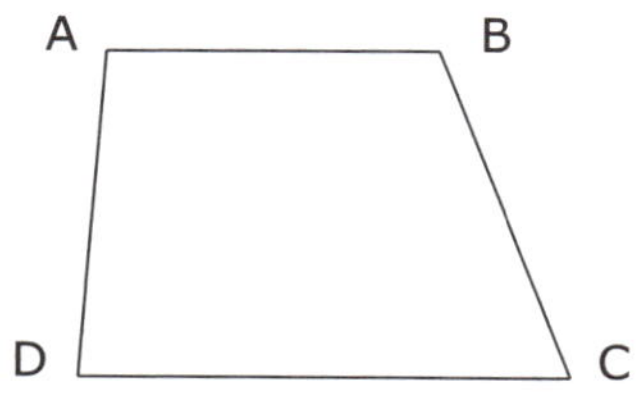

5. Cercle de rayon *R*

Aire = $\pi \times R^2$

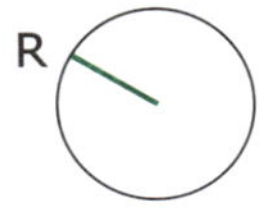

6. Cube

Aire = 6 × arête × arête

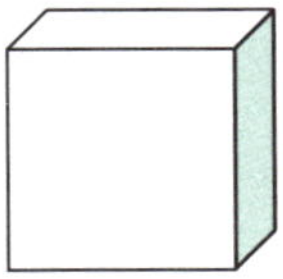

7. Parallélépipède

Aire = $2Lh + 2lh + 2L\ell$

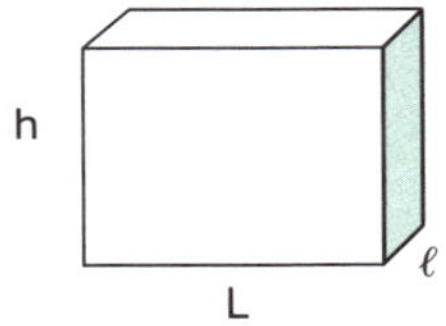

8. Sphère de rayon *R*

Aire = $4\pi R^2$

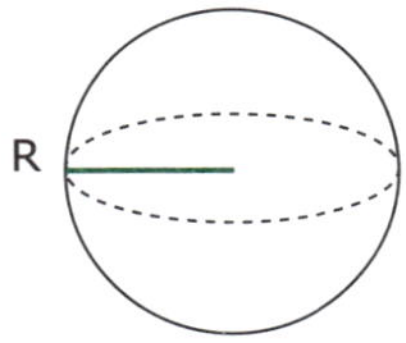

9. Aire d'une pyramide

Aire = somme des aires des faces latérales (qui sont des triangles) + aire de la base

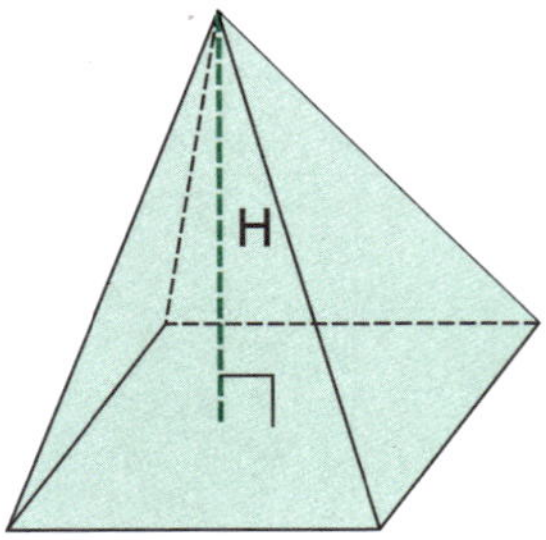

10. Aire d'un cylindre

L'aire d'un cylindre de hauteur H et de cercle de base de rayon R est donnée par la formule :

$$\text{Aire} = 2 \times \text{aire de la base} + \text{aire latérale}$$
$$\text{Aire} = 2\pi R^2 + 2\pi RH$$

Où H est la hauteur du cylindre et R le rayon du cercle de base.

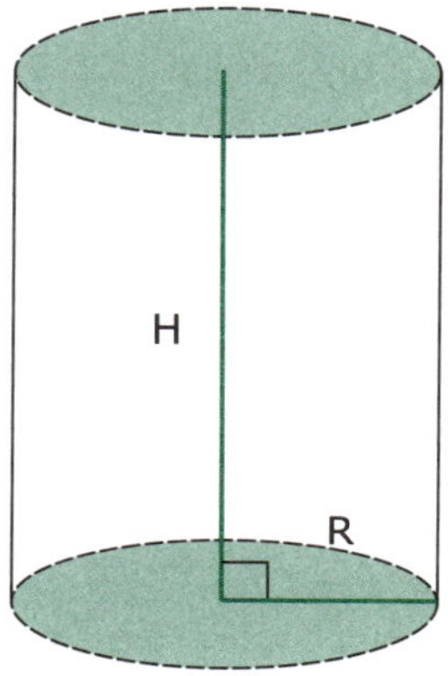

11. Aire d'un cône

L'aire d'un cône de hauteur H et de cercle de base de rayon R est donnée par la formule :

$$\text{Aire} = \text{aire latérale} + \text{aire de base}$$
$$\text{Aire} = \pi RL + \pi R^2$$

Où R est le rayon du cercle de base du cône et L est la longueur définie par : $L^2 = R^2 + H^2$ par le théorème de Pythagore. Soit $L = \sqrt{R^2 + H^2}$.

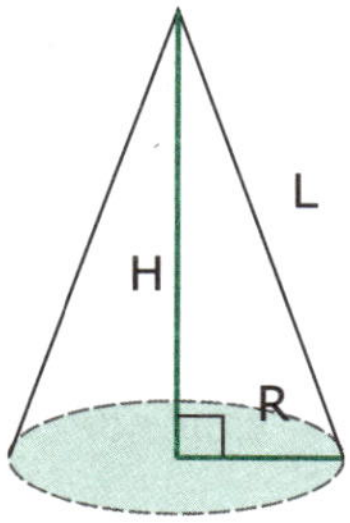

Résolution des problèmes
Raisonnement logique
Aptitudes verbales
Tage Mage blancs

18 Volumes

1. Cube

Volume = arête × arête × arête = (arête)^3

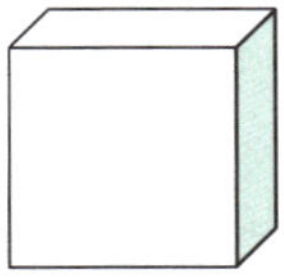

2. Parallélépipède

Volume = longueur × hauteur × profondeur

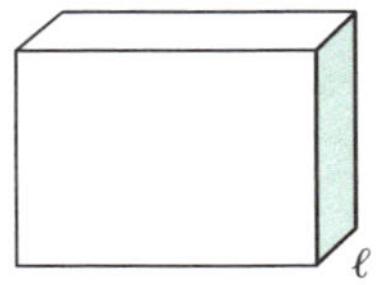

3. Sphère de rayon *R*

$$\text{Volume} = \frac{4}{3}\pi R^3$$

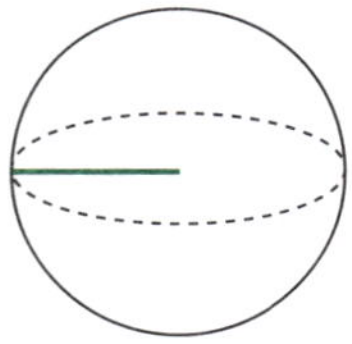

4. Volume d'une pyramide

$$\text{Volume} = \frac{1}{3} \times \text{aire de la base} \times H$$

où H est la hauteur de la pyramide.

La base d'une pyramide peut-être un triangle, ou un rectangle, ou un carré, ou etc.

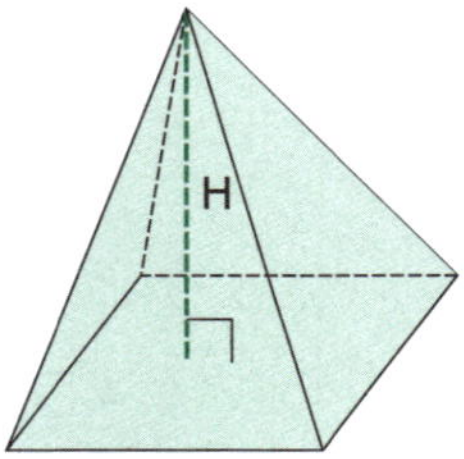

5. Volume d'un cylindre

$$\text{Volume} = \pi R^2 \times H$$

où H est la hauteur du cylindre et R le rayon du cercle de base.

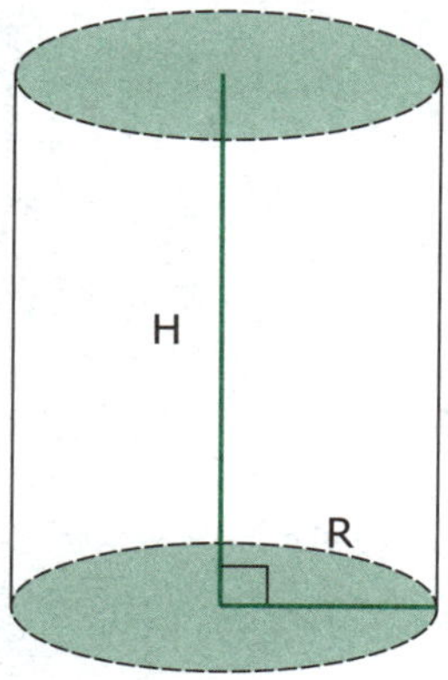

6. Volume d'un cône

$$\text{Volume} = \frac{1}{3}\pi R^2 \times H$$

où H est la hauteur du cône et R est le rayon du cercle de base.

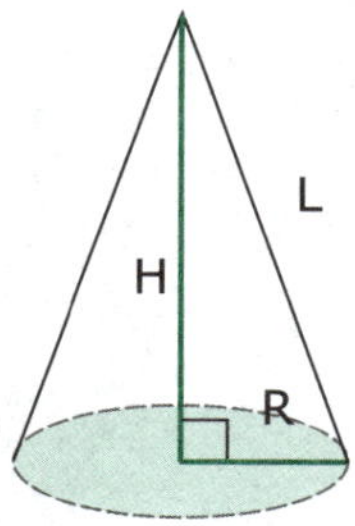

Sous-partie

1.7 Les conversions

Conversions distances et durées

19

1. Les distances

÷ 10 (←)

km	hm	dam	m	dm	cm	mm

(→) × 10

kilomètre : km, hectomètre : hm, décamètre : dam, mètre : m, décimètre : dm, centimètre : cm, millimètre : mm

Le tableau ci-dessus est un outil très pratique pour convertir les différentes unités de longueurs. En prenant pour unité le mètre, vous avez ainsi les équivalences suivantes :

Unité de longueur	Équivalence par rapport au mètre
km	milliers
hm	centaines
dam	dizaines
m	unités
dm	dixièmes
cm	centièmes
mm	millièmes

Du kilomètre vers le millimètre, le passage d'une unité à l'autre se fait en multipliant par 10.

Dans le sens contraire, le passage d'une unité à l'autre se fait en divisant par 10.

Exemple

Dans le tableau ci-dessous, il est facile de réaliser les conversions suivantes :

1 m = 100 cm   1 m = 0,001 km

Vous écrivez 1 dans la colonne des mètres, puis vous complétez le tableau vers la droite avec des 0 jusqu'à la colonne des cm pour la première conversion. Pour la seconde conversion, vous écrivez 1 dans la colonne des mètres puis vous complétez à gauche avec des 0.

Lorsque vous devez vous déplacer vers la gauche, il faut que vous ajoutiez une virgule après le premier 0.

km	hm	dam	m	dm	cm	mm
			1	0	0	
0,	0	0	1			

À vous de jouer !

De la même manière convertir les distances suivantes dans l'unité souhaitée :

1. 10 000 m = ... km **2.** 12 dm = ... m **3.** 10 m = ... hm

4. 50 cm = ... dam **5.** 18 mm = ... dm

Corrigé

km	hm	dam	m	dm	cm	mm
10	0	0	0			
			1	2		
	0,	1	0			
		0,	0	5	0	
				0,	1	8

1. 10 000 m = 10 km **2.** 12 dm = 1,2 m **3.** 10 m = 0,1 hm

4. 50 cm = 0,05 dam **5.** 18 mm = 0,18 dm

Les conversions restent équivalentes dans le cas des litres et des grammes.

2. Les durées

1 minute = 60 secondes

1 heure = 60 minutes = 3 600 secondes

1 jour = 24 heures = 1 440 minutes = 86 400 secondes

1 semaine = 7 jours = 168 heures = 10 080 minutes = 604 800 secondes

Il est impératif de retenir que 1 minute est égale à 60 secondes et que 1 heure est égale à 60 minutes. À partir de ces données vous pourrez tout convertir !

Conversions surface 20

÷ 100 ←

km²	hm²	dam²	m²	dm²	cm²	mm²

→ × 100

Du kilomètre carré vers le millimètre carré, le passage d'une unité à l'autre se fait en multipliant par 100.

Dans le sens contraire, le passage d'une unité à l'autre se fait en divisant par 100.

Exemples

1 m^2 = 10 000 cm^2

1 mm^2 = 0,0001 dm^2

Vous avez maintenant deux colonnes par unité pour les surfaces !

Pour la première conversion vous écrivez le 1 dans la colonne de droite des mètres carré, puis vous complétez vers la droite jusqu'à la colonne de droite des centimètres carré.

Pour la seconde conversion vous écrivez le 1 dans la colonne de droite des millimètres carré, puis vous complétez vers la gauche jusqu'à la colonne de droite des mètres carré.

km²		hm²		dam²		m²		dm²		cm²		mm²	
									0,	0	0	0	1
							1	0	0	0	0		

À vous de jouer !

De la même manière convertir les distances suivantes dans l'unité souhaitée :

1. 10 000 000 m^2 = … km^2 **2.** 3 dm^2 = … m^2

3. 10 m^2 = … hm^2 **4.** 1 cm^2 = … dam^2 **5.** 18 hm^2 = … mm^2

Corrigé

km²		hm²		dam²		m²		dm²		cm²		mm²	
1	0	0	0	0	0	0	0						
							0,	0	3				
			0,	0	0	1	0						
					0,	0	0	0	0	0	1		
		1	8	0	0	0	0	0	0	0	0	0	0

1. 10 000 000 m^2 = 10 km^2

2. 3 dm^2 = 0,03 m^2

3. 10 m^2 = 0,001 hm^2

4. 1 cm^2 = 0,000 001 dam^2

5. 18 hm^2 = 180 000 000 000 mm^2

À RETENIR

1 hectare = 1 hm^2
1 are = 1 dam^2
1 centiare = 1 m^2

21 Conversions volume

1. Règles générales

	÷ 1000 ←					
km^3	hm^3	dam^3	m^3	dm^3	cm^3	mm^3
		× 1000 →				

Exemples

1 m^3 = 1000 dm^3

1 km^3 = 1 000 000 000 m^3

Vous avez maintenant trois colonnes par unité pour les volumes !

Pour la première conversion vous écrivez le 1 dans la colonne de droite des mètres cube, puis vous complétez vers la droite jusqu'à la colonne de droite des décimètres cube.

Pour la seconde conversion vous écrivez le 1 dans la colonne de droite des kilomètres cube, puis vous complétez vers la droite jusqu'à la colonne de droite des mètres cube.

km^3			hm^3			dam^3			m^3			dm^3			cm^3			mm^3		
											1	0	0	0						
		1	0	0	0	0	0	0	0	0	0									

À vous de jouer !

De la même manière convertir les données suivantes dans l'unité souhaitée :

1. 3,2 dam^3 = … m^3

2. 0, 000 000 0001 m^3 = … mm^3

3. 0,18 hm^3 = … m^3

4. 50 000 cm^3 = … dm^3

5. 21 m^3 = … km^3

Corrigé

km^3			hm^3			dam^3			m^3			dm^3			cm^3			mm^3		
								3	2	0	0									
										0,	0	0	0	0	0	0	0	0	0	1
					0,	1	8	0	0	0	0									
													5	0	0	0	0			
		0	0	0	0	0	0	0	0	2	1									

Résolution des problèmes
Raisonnement logique
Aptitudes verbales
Tage Mage blancs

1. 3,2 dam^3 = 3 200 m^3

2. 0, 000 000 0001 m^3 = 0,1 mm^3

3. 0,18 hm^3 = 180 000 m^3

4. 50 000 000 cm^3 = 50 dm^3

5. 21 m^3 = 0,000 000 021 km^3

2. Les mètres cubes et les litres

Dans les exercices en général, il vous est souvent demandé de convertir des données exprimées en litres en m^3 ou inversement. Il est pour cela essentiel de connaître les résultats suivants et de savoir utiliser parfaitement le tableau des conversions de volumes traité ci-dessus.

1 m^3 = 1 000 litres

1 dm^3 = 1 litre

À partir de ces calculs, vous pourrez convertir toutes sortes d'unités !

À vous de jouer !

Complétez les égalités suivantes :

1. 15 cm^3 = ... dm^3 = ... l = ... cl

2. 22 m^3 = ... l = ... kl

3. 16,2 dal = ... l = ... m^3

4. 2,7 hl = ... l = ... m^3

5. 0,8 dl = ... l = ... dm^3 = ... cm^3

Corrigé

1. 15 cm^3 = 0,015 dm^3 = 0,015 l = 1,5 cl

2. 22 m^3 = 22 000 l = 22 kl

3. 16,2 dal = 162 l = 0,162 m^3

4. 2,7 hl = 270 l = 0, 27 m^3

5. 0,8 dl = 0,08 l = 0,08 dm^3 = 80 cm^3

Les fonctions et les suites

1.8

Sous-partie

22 Quelques fonctions usuelles

1. Fonctions affines $x \longrightarrow y = ax + b$

Les fonctions affines sont toujours représentées par une droite.
a est le coefficient directeur (ou la pente) de la droite et b est l'ordonnée à l'origine.

Représentations d'une fonction affine selon le signe de son coefficient directeur a

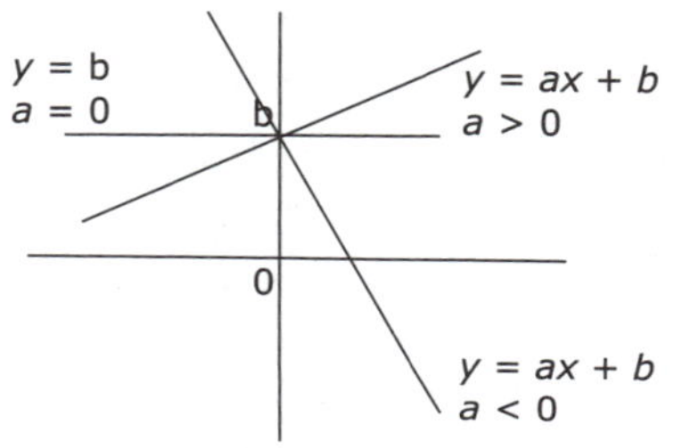

2. Fonctions affines particulières

a. Fonctions linéaires $x \longrightarrow y = ax$

Sa représentation graphique passe par l'origine du repère.
Son coefficient directeur est a et son ordonnée à l'origine est 0.

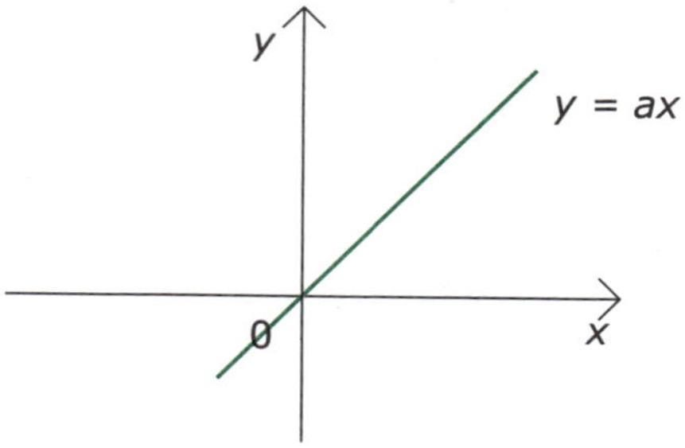

b. Fonctions $x \longrightarrow y = b$

Sa représentation graphique est une droite horizontale passant par l'ordonnée $y = b$.

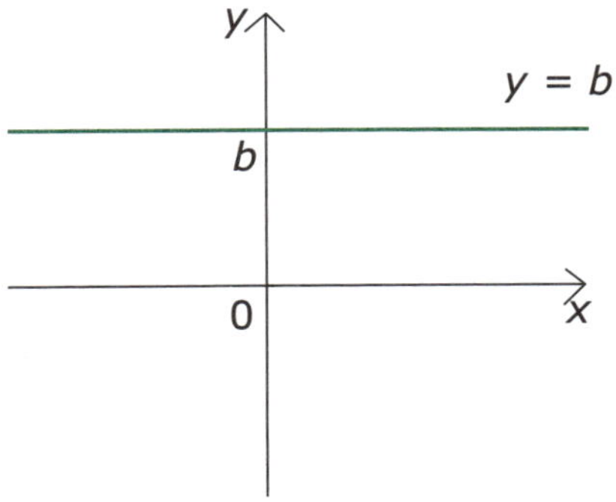

c. Applications $x = a$

ATTENTION

Ce n'est plus une fonction !

Sa représentation graphique est une droite verticale passant par l'abscisse $x = a$.

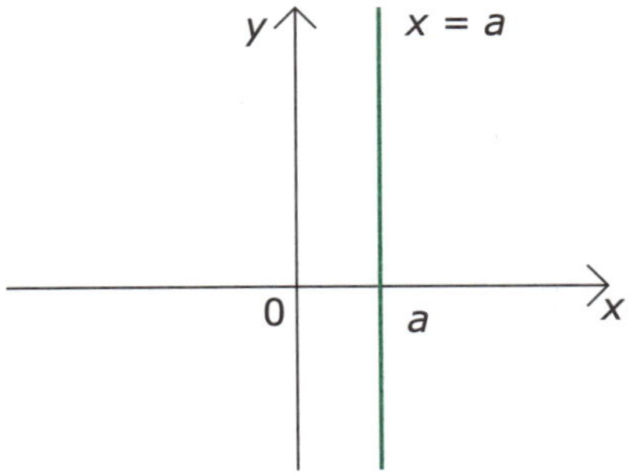

3. Fonction carrée $x \longmapsto x^2$

Sa représentation graphique est une parabole passant par l'origine du repère.

Fonction carré : x^2

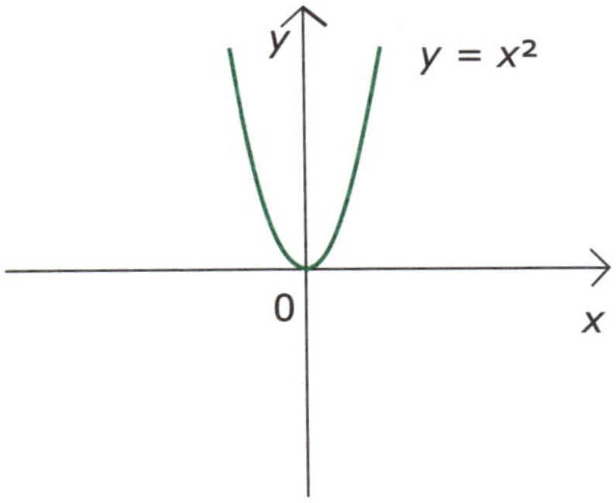

Quelques valeurs

x	x^2
− 5	25
− 4	16
− 3	9
− 2	4
− 1	1
0	0
1	1
2	4
3	9
4	16
5	25

ATTENTION

Vous remarquez que x^2 a le même signe que x lorsque $x > 0$. Mais il change de signe lorsque $x < 0$!

4. Fonction cube $x \longmapsto x^3$

Sa représentation graphique est une courbe croissante passant par l'origine du repère.

Fonction Cube

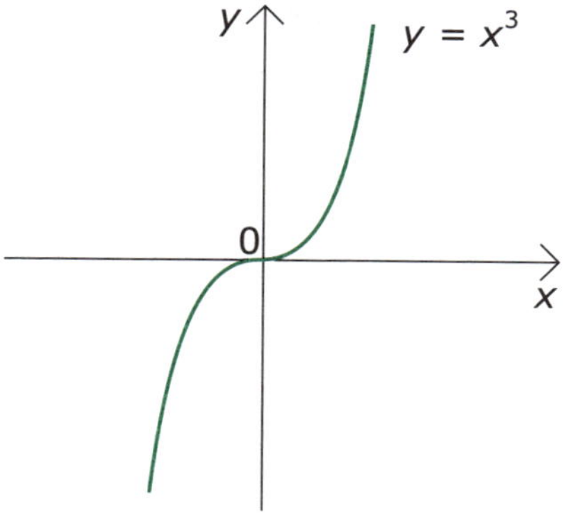

Quelques valeurs

x	x^3
− 5	− 125
− 4	− 64
− 3	− 27
− 2	− 8
− 1	− 1
0	0
1	1
2	8
3	27
4	64
5	125

ATTENTION

Vous remarquez que x^3 a le même signe que x

5. Fonction racine carrée $x \longmapsto \sqrt{x}$

Sa représentation graphique est une courbe croissante passant par l'origine du repère.

Fonction racine carrée

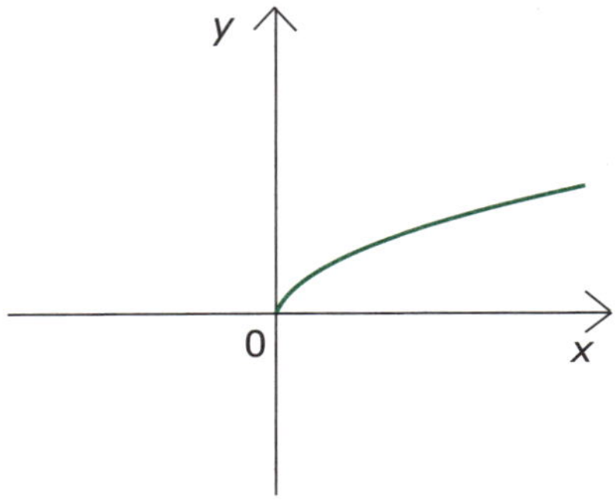

Résolution des problèmes
Raisonnement logique
Aptitudes verbales
Tage Mage blancs

Quelques valeurs

x	$\sqrt{x}$
100	10
81	9
64	8
49	7
36	6
25	5
16	4
9	3
4	2
1	1
0	0

ATTENTION

La racine d'un nombre négatif ne peut pas se calculer ! Par exemple $\sqrt{-2}$ n'existe pas.

6. Fonction Inverse $x \longmapsto \frac{1}{x}$

Sa représentation graphique est une hyperbole.

Fonction Inverse $1/x$

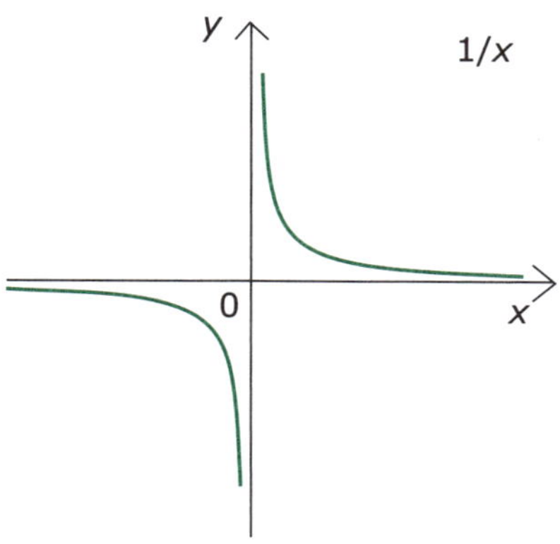

Quelques valeurs

x	$\frac{1}{x}$
-5	$-\frac{1}{5}$
-4	$-\frac{1}{4}$
-3	$-\frac{1}{3}$
-2	$-\frac{1}{2}$
-1	-1
0	impossible
1	1
2	$\frac{1}{2}$
3	$\frac{1}{3}$
4	$\frac{1}{4}$
5	$\frac{1}{5}$

ATTENTION

Les réels x et de $\frac{1}{x}$ ont le même signe !

L'inverse de 0 n'existe pas !

7. Fonction exponentielle $x \longmapsto e^x$

VALEURS ET LIMITES À CONNAÎTRE

$e^0 = 1$ (un nombre à la puissance 0 est toujours égal à 1)

$e^1 = e \simeq 2{,}718$

Pour tous réels x et y, on a :

$$e^{x+y} = e^x \times e^y$$

$$e^{x-y} = \frac{e^x}{e^y}$$

$$e^{-x} = \frac{1}{e^x}$$

Fonction Exponentielle

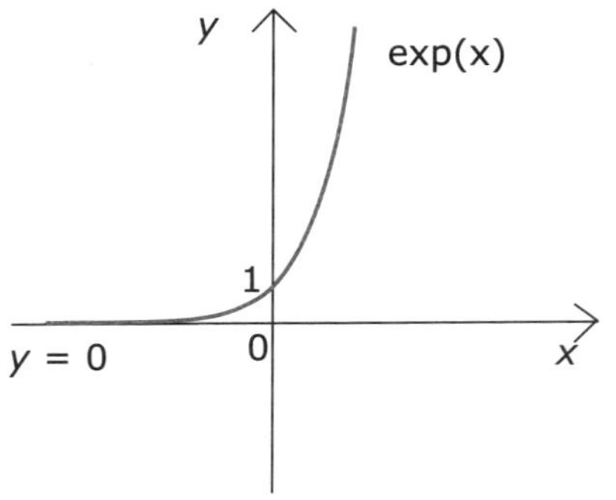

Quelques valeurs :

x	e^x
0	$e^0 = 1$
1	$e^1 \approx 2{,}718$
2	$e^2 \approx 7{,}389$
3	$e^3 \approx 20{,}086$
4	$e^4 \approx 54{,}598$
5	e5 ≈ 148,413
10	$e^{10} \approx 22026{,}466$

ATTENTION

La fonction exponentielle est une fonction qui croît extrêmement rapidement.

On parle de croissance exponentielle dans certains domaines (économie, gestion, finance, etc.) pour décrire une croissance spectaculaire.

8. Fonction logarithme népérien $x \longmapsto \ln x$

VALEURS ET LMITES À CONNAÎTRE

$\ln 1 = 0$

$\ln e = 1$

Pour tous réels x et y strictement positifs, on a :

$$\ln(x \times y) = \ln x + \ln y$$

$$\ln(\frac{x}{y}) = \ln x - \ln y$$

$$\ln(\frac{1}{x}) = \ln 1 - \ln x = 0 - \ln x = -\ln x$$

x	0		1		$+\infty$
$\ln x$		$-$	0	$+$	

Fonction logarithme népérien

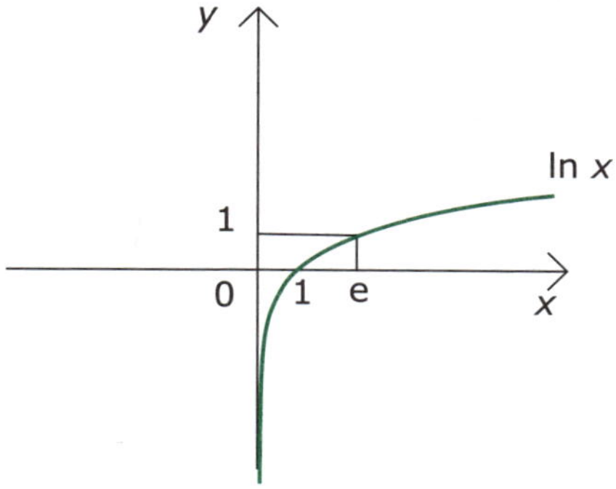

Quelques valeurs

x	**$\ln x$**
e^n, ^{n} réel	n, n réel
10	$\ln(10) \approx 2{,}303$
5	$\ln 5 \approx 1{,}609$
4	$\ln 4 \approx 1{,}386$
3	$\ln 3 \approx 1{,}099$
e^1	1
2	$\ln 2 \approx 0{,}693$
$e^0 = 1$	0
0	Impossible

ATTENTION

Le logarithme népérien d'un nombre négatif ou nul ne peut pas se calculer !

Le logarithme croît très lentement par opposition à la croissance exponentielle !

9. Fonction valeur absolue $x \longmapsto |x|$

$|x| = x$ si $x > 0$

$|x| = -x$ si $x < 0$

Une valeur absolue est un réel toujours positif ou nul car cette fonction calcule la valeur positive d'un nombre.

Exemple

$|-1| = 1$

Fonction valeur absolue

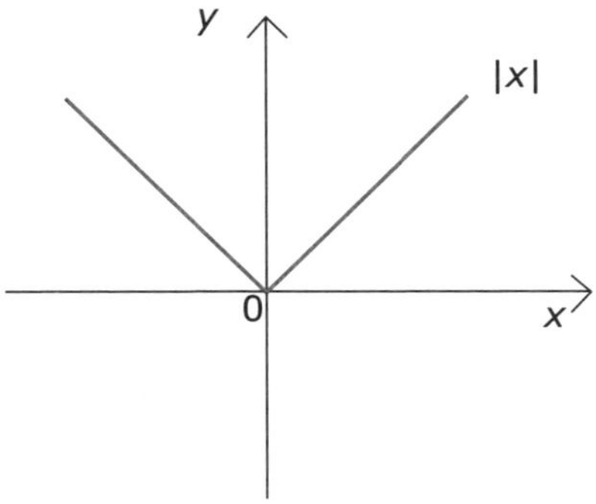

Écriture d'une fonction sans valeurs absolues :

Comment écrire la fonction f donnée par : $f(x) = |ax + b|$ sans valeur absolue ? On suppose $a > 0$

Tout d'abord vous étudiez le signe de l'expression dans la valeur absolue :

$ax + b = 0$ équivaut à $x = -\frac{b}{a}$

$ax + b > 0$ équivaut à $x > -\frac{b}{a}$ $(a > 0)$

$ax + b < 0$ équivaut à $x < -\frac{b}{a}$ $(a > 0)$

Vous obtenez l'expression de $|ax + b|$ sans valeur absolue :

$|ax + b| = ax + b$ si $x > -\frac{b}{a}$ $(a > 0)$

$|ax + b| = -(ax + b)$ si $x < -\frac{b}{a}$ $(a > 0)$

Puis vous reporter ces résultats dans un tableau de la forme :

X	$-\infty$	$-\frac{b}{a}$ $\qquad$ $+\infty$
$\|ax + b\|$	$-(ax + b)$	$ax + b$

En présence de valeurs absolues dans l'expression d'une fonction, il est obligatoire de la réécrire sans valeur absolue pour pouvoir l'étudier.

Considérons l'exemple suivant :

$f(x) = |x + 2| + |x - 5|$

On écrit chaque terme sans valeur absolue :

$|x + 2| = x + 2$ si $x > -2$

$|x + 2| = -x - 2$ si $x < -2$

$|x - 5| = x - 5$ si $x > 5$

$|x - 5| = -x + 5$ si $x < 5$

Puis vous les répertoriez dans un tableau :

Vous complétez le tableau suivant les différentes expressions des termes sans la valeur absolue. Puis vous additionner chaque ligne pour obtenir l'expression finale de $f(x)$ en fonction des valeurs de x.

X	$-\infty$ $\quad$ -2	5	$+\infty$
$\lvert x+2\rvert$ s'écrit	$-x-2$	$x+2$	$x+2$
$\lvert x-5\rvert$ s'écrit	$-x+5$	$-x+5$	$x-5$
$f(x)$ s'écrit	$-2x+3$	7	$2x-3$

Et ainsi :

$f(x) = -2x + 3$ si $x \in]-\infty ; -2]$

$f(x) = 7$ si $x \in [-2 ; 5]$

$f(x) = 2x - 3$ si $x \in [5 ; +\infty[$

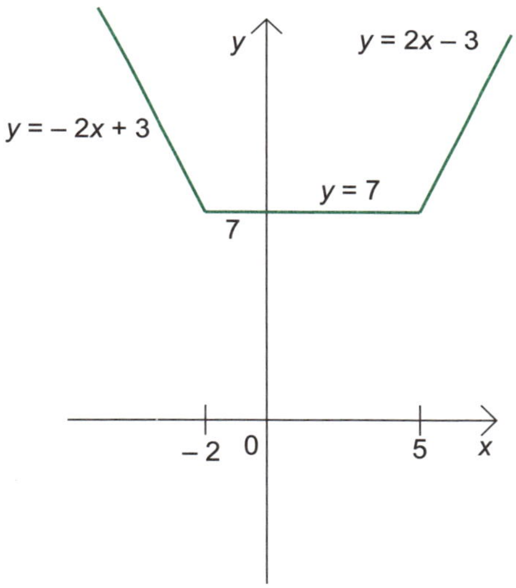

Autre exemple :

$f(x) = \ln\lvert x-1\rvert$

Pour écrire f sans valeurs absolues, vous devez étudier le signer de $x-1$:

$x - 1 = 0$ équivaut à $x = 1$

$x - 1 > 0$ équivaut à $x > 1$

$x - 1 < 0$ équivaut à $x < 1$

Vous obtenez l'expression de $\lvert x-1\rvert$ sans valeur absolue :

$\lvert x-1\rvert = x-1$ équivaut à $x > 1$

$\lvert x-1\rvert = -(x-1)$ équivaut à $x < 1$

Puis vous reportez ces résultats dans un tableau de la forme :

x	$-\infty$	-1	$+\infty$
$\|x-1\|$	$-(x-1)=-x+1$	$x-1$	
$f(x)=\ln\|x-1\|$	$\ln(-x+1)$	$\ln(x-1)$	

$f(x) = \ln(-x+1)$ si $x \in]-\infty\ ;\ 1[$
$f(x) = \ln(x-1)$ si $x \in]1\ ;\ +\infty[$

Suites arithmétiques et géométriques 23

1. Suites arithmétiques

Une suite arithmétique est une suite de nombres auxquels le même nombre est ajouté entre deux termes consécutifs. Ce nombre est appelé « raison ».

Exemple

0, 2, 4, 6, 8, 10, ... est une suite arithmétique de raison 2 et de premier terme 0.

QUELQUES FORMULES À CONNAÎTRE

Suite arithmétique de premier terme U_0 ou U_1 et de raison r

$U_n = U_0 + nr$ ou $U_n = U_1 + (n - 1)r$ ou $U_n = U_p + (n - p)r$

$$S_n = (1^{er} \text{ terme} + \text{dernier terme}) \times \frac{\text{nombre de termes}}{2}$$

$$S_n = (U_0 + U_n) \times \frac{n+1}{2}$$ pour une somme de $(n + 1)$ termes

2. Suites géométriques

Une suite géométrique est une suite de nombres multipliés par un même nombre successivement. Ce nombre est appelé « raison ».

Exemple

1, 2, 4, 8, 16, 32, ... est une suite géométrique de raison 2 et de premier terme 1.

QUELQUES FORMULES À CONNAÎTRE

Suite géométrique de premier terme V_0 ou V_1 et de raison q

$V_n = V_0 q^n$ ou $V_n = V_1 q^{n-1}$ ou $V_n = V_p q^{n-p}$

$$S_n = 1^{er} \text{ terme} \times \frac{1 - \text{raison}^{\text{nombre de termes}}}{1 - \text{raison}}$$

$$S_n = V_0 \times \frac{1 - q^{n+1}}{1 - q}$$ pour une somme de $(n + 1)$ termes

Sous-partie

1.9 Statistiques et probabilités

Calculs d'indicateurs statistiques 24

1. Moyenne arithmétique

La moyenne arithmétique m est la somme des valeurs de tous les x_i affectés de leur coefficient éventuel n_i divisée par le nombre total d'individus :

$$m = \frac{1}{n}\sum_{i=1}^{n} n_i x_i$$

Exemple

Dans une classe de 20 élèves, les notes (sur 10) au dernier examen de maths sont les suivantes :

Note	0	1	2	3	4	5	6	7	8	9	10
Effectif	2	0	3	5	0	1	2	5	0	1	1

La moyenne m de la classe est de :

$$m = \frac{0 \times 2 + 1 \times 0 + 2 \times 3 + 3 \times 5 + 4 \times 0 + 5 \times 1 + 6 \times 2 + 7 \times 5 + 8 \times 0 + 9 \times 1 + 10 \times 1}{20}$$

$$m = \frac{0 + 0 + 6 + 15 + 0 + 5 + 12 + 35 + 0 + 9 + 10}{20} = \frac{92}{20} = 4,6$$

2. Médiane

ATTENTION

Le calcul est légèrement différent selon que l'effectif total soit pair ou impair.

La méthode de calcul de la médiane est la suivante :

1. Classer dans un premier temps les valeurs par ordre croissant,
2. Puis :

- Si l'effectif total est impair, $n = 2p + 1$, alors la médiane est la valeur du milieu, soit la $(p + 1)$-ième valeur.
- Si l'effectif est pair, $n = 2p$, la médiane est la moyenne arithmétique des deux valeurs du milieu, soit la moyenne arithmétique de la p-ième et de la $(p + 1)$-ième valeur.

Exemple 1

Dans une classe de 5 élèves, les notes au devoir maison sont les suivantes :

12, 5, 18, 9, 15.

Pour déterminer la médiane, il faut dans un premier temps classer les notes par ordre croissant : 5, 9, 12, 15, 18.

Puis le nombre de notes étant impair, la médiane est la note du milieu !

Ainsi la médiane de ces notes est 12.

Exemple 2

Dans une classe de 10 élèves, les notes au contrôle sont les suivantes :

12, 18, 16, 14, 5, 2, 6, 11, 7, 8

Pour déterminer la médiane, il faut dans un premier temps classer les notes par ordre croissant : 2, 5, 6, 7, 8, 11, 12, 14, 16, 18

Puis le nombre de notes étant pair, la médiane est la moyenne arithmétique des deux notes du milieu !

Ainsi la médiane de ces notes est $\frac{8+11}{2} = \frac{19}{2} = 9{,}5$

3. Variance et écart type

La variance est égale à la moyenne des écarts quadratiques à la moyenne. C'est aussi la moyenne des x_i élevés au carré à laquelle on soustrait la moyenne (ou l'espérance) élevée au carré :

$$V = \frac{1}{n}\sum_{i=1}^{n} n_i(x_i)^2 - m^2$$

L'écart type est égal à la racine carrée de la variance. Il s'agit d'un indicateur de dispersion.

A RETENIR

C'est pourquoi une variance doit toujours être positive ou nulle car sinon vous ne pouvez pas calculer sa racine carrée !

Exemple

Dans une classe de 20 élèves, les notes (sur 10) au dernier examen de maths sont les suivantes :

Note	0	1	2	3	4	5	6	7	8	9	10
Effectif	2	0	3	5	0	1	2	5	0	1	1

$$V = \frac{0^2 \times 2 + 1^2 \times 0 + 2^2 \times 3 + 3^2 \times 5 + 4^2 \times 0 + 5^2 \times 1 + 6^2 \times 2 + 7^2 \times 5 + 8^2 \times 0 + 9^2 \times 1 + 10^2 \times 1}{20}$$

$-(4{,}6)^2$

$$V = \frac{0 + 0 + 12 + 45 + 0 + 25 + 72 + 245 + 0 + 81 + 100}{20} - (4,6)^2 = \frac{580}{20} - (4,6)^2$$

$V = 29 - (4{,}6)^2 = 29 - 21{,}16 = 7{,}84$

L'écart type est égal à la racine de la variance :

$\sigma = \sqrt{V} = \sqrt{7,84} = 2,8$

Calculs de probabilités 25

1. Quelques formules

Nous adopterons les notations suivantes :

A : événement A

B : événement B

$\overline{A}$: événement contraire de A

$\overline{B}$: événement contraire de B

P(A) : probabilité de l'événement A

P(B) : probabilité de l'événement B

$P(\overline{A})$: probabilité de l'événement contraire de A

$P(\overline{B})$: probabilité de l'événement contraire de B

$P(A \cup B) = P(A \text{ ou } B)$ = probabilité de la réunion de A et B

$P(A \cap B) = P(A \text{ et } B)$ = probabilité de l'intersection de A et B

$P_B(A) = P(A/B) = P(A \text{ sachant } B)$ = probabilité que l'événement A soit réalisé sachant que l'événement B est réalisé

a. Complémentaire et réunion

$$P(\overline{A}) = 1 - P(A)$$

$$P(A \cup B) = P(A) + P(B) - P(A \cap B)$$

b. Probabilités conditionnelles

$$P(A \text{ sachant } B) = P(A / B) = P_B(A) = \frac{P(A \cap B)}{P(B)}$$

$$P(A \cap B) = P_B(A) \times P(B) = P_A(B) \times P(A)$$

c. Formule des probabilités totales

$$P(A) = P(A \cap B) + P(A \cap \overline{B})$$

2. Arbre et probabilités

Considérons l'arbre de probabilité suivant :

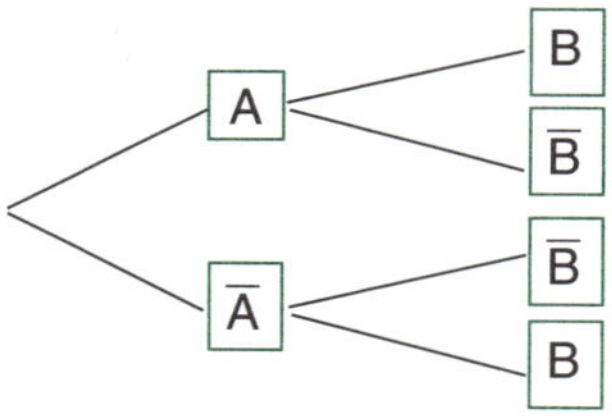

La première branche concerne la probabilité que l'événement A soit réalisé ou non.

La seconde branche s'intéresse à la probabilité de l'événement B. Sa valeur dépend de la réalisation ou non de l'événement A. Dans le cas des probabilités conditionnelles, la probabilité de réalisation de l'événement B sera différente selon que A soit réalisé ou non.

La somme des probabilités sur chaque branche est égale à 1 :

$P(A) + P(\overline{A}) = 1$

$P(B) + P(\overline{B}) = 1$

Exemple

Soient A l'événement : « réviser son examen » et B l'événement : « avoir son examen ».

$P(A) = \frac{3}{4}$

$P(\overline{A}) = \frac{1}{4}$

La probabilité que l'élève ait son examen alors qu'il a révisé est de 90 % et la probabilité qu'il ait son examen alors qu'il n'a pas révisé est de 50 %. Calculer de P(B).

$P(B \setminus A) = 90\ \% = 0{,}9$

On déduit que $P(B \cap A) = P(B \setminus A) \times P(A) = 0{,}9 \times \frac{3}{4} = \frac{2,7}{4} = 0{,}675$

$P(B \setminus \overline{A}) = 50\ \% = 0{,}5$

On déduit que $P(\overline{B} \cap A) = P(B \setminus A) \times P(A) = 0{,}5 \times \frac{1}{4} = \frac{0,5}{4} = 0{,}125$

$P(B) = p(B \cap A) + P(\overline{B} \cap A)$ d'après la formule des probabilités totales

$P(B) = 0{,}675 + 0{,}125$

$P(B) = 0{,}8$

Combinatoire 26

1. Tirages avec remise

Un tirage avec remise consiste à choisir un élément (une carte ou une boule ou etc.) puis de le remettre dans l'ensemble de tous les éléments (un jeu de cartes ou une urne par exemple). Puis de re-choisir un élément en le remettant dans l'ensemble de tous les éléments, et ainsi de suite.

Il y a n^p manières de choisir avec remise p éléments parmi n.

Exemples

Il y a 4^{10} façons de choisir un code à quatre chiffres où les mêmes chiffres peuvent être repris. (Il y a 10 chiffres de 0 à 9, d'où 4 élevé à la puissance 10).

Il y a $3^2 = 9$ manières de tirer 2 boules avec remise dans une urne qui en contient 3. En effet il y a 3 possibilités pour la première et comme on la remet dans l'urne, il y a encore 3 possibilités pour la deuxième, soit : $3 \times 3 = 9$.

REMARQUE

Remise implique forcément qu'il y a indépendance.

2. Tirages sans remise

Un tirage sans remise consiste à choisir un élément (une carte ou un boule ou etc.) sans le remettre dans l'ensemble contenant tous les éléments (un jeu de cartes ou une urne par exemple), puis de re-choisir un élément parmi les éléments restants sans le remettre dans l'ensemble contenant ces éléments, et ainsi de suite.

a. Tirages où l'ordre intervient

Il y a $A_n^p = \dfrac{n!}{(n-p)!}$ manières de choisir p éléments parmi n sans remise et dans l'ordre.

$A_n^p = \dfrac{n!}{(n-p)!}$ est appelé « arrangement de p éléments parmi n ».

Exemples

- Il y a $A_5^3 = \dfrac{5!}{(5-3)!} = \dfrac{120}{2} = 60$ manières pour que 3 chevaux parmi 5 arrivent dans un ordre précis à une course hippique.
  Pour le premier il y a 5 possibilités, pour le second, 4 et pour le troisième 3, soit $5 \times 4 \times 3 = 60$
- Il y a $A_3^2 = \dfrac{3!}{(3-2)!} = \dfrac{6}{1} = 6$ possibilités de ranger dans l'ordre 2 lettres dans 3 tiroirs.

Autre méthode : il y a trois possibilités pour la première lettre, puis 2 possibilités pour la seconde, soit : $3 \times 2 = 6$ manières de ranger 2 lettres dans trois tiroirs.

b. Tirages où l'ordre n'intervient pas

Il y a $C_n^p = \binom{n}{p} = \dfrac{n!}{p!(n-p)!}$ de choisir sans remise et sans ordre p éléments parmi n.

$C_n^p = \binom{n}{p} = \dfrac{n!}{p!(n-p)!}$ est appelé « combinaison de p éléments parmi n ».

ATTENTION

Deux écritures existent pour les combinaisons. À vous de choisir celle que vous préférez. Mais il est indispensable de connaître les deux étant donné que les ouvrages utilisent l'une ou l'autre des notations.

REMARQUE

Sans remise implique qu'il y a dépendance.

Exemples

Il y a $C_4^2 = \binom{4}{2} = \dfrac{4!}{2!(4-2)!} = \dfrac{24}{4} = 6$ possibilités de tirer sans remise et simultanément deux 10 parmi les quatre 10 d'un jeu de cartes.

Il y a $C_8^2 = \binom{8}{2} = \dfrac{8!}{2!(8-2)!} = \dfrac{40320}{2 \times 720} = \dfrac{40320}{1440} = 28$ possibilités de tirer sans remise et simultanément 2 trèfles dans un jeu de 32 cartes.

REMARQUE

Il y a 13 hauteurs (As, 2, 3, 4, 5, 6, 7, 8, 9, 10, Valet, Dame, Roi) par couleur (pic, cœur, carreau et trèfle) dans un jeu de 52 cartes.

Il y a 8 hauteurs (7, 8, 9, 10, Valet, Dame, Roi, As) par couleur (pic, cœur, carreau et trèfle) dans un jeu de 32 cartes.

Partie

2 Raisonnement logique

Présentation et méthodologie des épreuves

2.1

Sous-partie

1 L'épreuve de logique

L'épreuve de raisonnement logique comprend deux parties : une partie logique et une partie raisonnement argumentation.

La partie logique est assez difficile et constitue un nouveau type d'exercice pour vous. Il s'agit de compléter des suites logiques composées de lettres ou de chiffres, de compléter une série de figures géométriques ou de schémas en déterminant sa logique, etc. Cela est relativement difficile et nécessite un certain entraînement.

La partie logique se divise en trois parties :

- Séries de lettres : 5 énoncés consistant à compléter une série croisée de lettres obéissant à une certaine logique.
- Séries de nombres : 5 exercices consistant à compléter une série croisée de nombres ayant une logique commune
- Suite logique de symboles : 5 problèmes se présentant sous la forme de suite de symboles à compléter.

Quelques conseils par parties :

Partie	Conseils
Séries de lettres	Entraînez-vous ! Cela vous permettra de détecter la logique rencontrée plus rapidement.
Séries de nombres	Faites un maximum d'exercices afin de maîtriser les différents raisonnements. Révisez en particulier les divisibilités par 2, par 3, par 5, etc. Apprenez également les vingt premiers carrés et vingt premiers cubes.
Symboles	Repérez la logique des symboles. En général, il s'agit de rotations, de symétries, d'homothéties, d'altérations de contrastes, etc.

Exemple 1

Complétez la série de lettres suivante :

```
                  UUY
                  OOU
AAE – EEI –   ?  – OOU – UUY
                  EEI
                  AAE
```

A. AAE

B. EEI

C. IIO

D. OOU

E. UUY

La bonne réponse est IIO, réponse **C.** En effet les deux suites ont la même logique et chaque terme est composé de deux voyelles identiques suivies de la suivante dans l'alphabet.

Exemple 2

Complétez la suite de nombres :

```
                27
                 8
100 - 121 -      ?   - 144 - 196
               125
               512
```

A. 81

B. 64

C. 400

D. 243

E. 225

La bonne réponse est **B.**

Vous remarquez que la suite verticale est composée de cubes parfaits : $27 = 3^3$, $8 = 2^3$, $125 = 5^3$, $512 = 8^3$. Vous remarquez ensuite que la suite horizontale est composée de carrés parfaits : $100 = 10^2$, $121 = 11^2$, $144 = 12^2$ et $196 = 14^2$.

Ainsi la bonne réponse doit être un nombre qui soit à la fois un carré et un cube. $64 = 8^2 = 4^3$ convient donc.

Exemple 3

Complétez la série de symboles suivants :

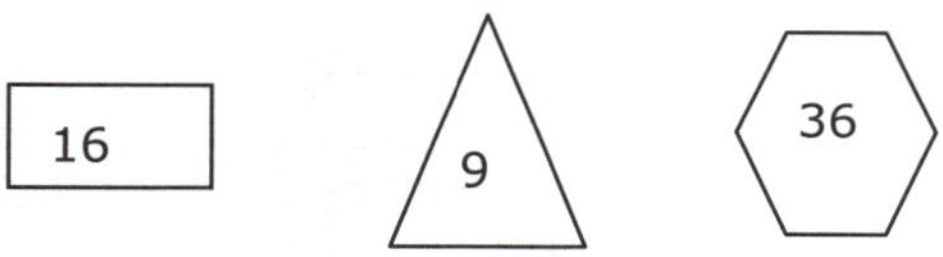

?

A.

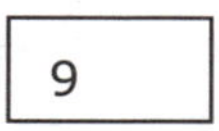

B.

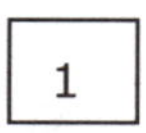

C.

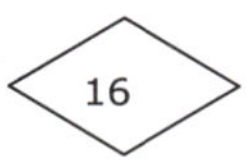

D.

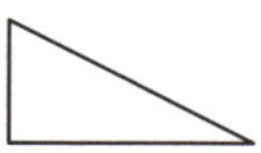

E. ______

La bonne réponse est **C.** En effet chaque figure est composée d'un nombre correspondant à son nombre de côtés élevé au carré.

Seule la figure **C** répond à ces critères. Il s'agit d'un losange, donc d'une figure à quatre côtés. Et $4^2 = 16$.

2 L'épreuve de raisonnement / argumentation

La partie raisonnement argumentation est un exercice plus littéraire qui consiste à lire un texte de quelques lignes et à répondre à une question le concernant. Cette question est composée de cinq propositions dont une seule est correcte. Les textes peuvent varier d'un passage littéraire à un court proverbe. Vous pouvez également rencontrer des problèmes de logique rappelant le raisonnement probabiliste des mathématiques.

Quelques conseils :

- Lisez quelques passages de la littérature classique et contemporaine. Entraînez-vous à restituer les idées principales de l'extrait. Vous devez être capables d'exprimer le sujet et sa problématique en un minimum de temps.
- Revoyez le chapitre des probabilités et dénombrement en mathématiques, notamment traité dans cet ouvrage.
- Évitez le hors-sujet. Ne vous précipitez pas ! Même si vous devez répondre très rapidement, prenez le temps de relire l'extrait au moins une fois et vérifiez vos réponses !
- Un dernier conseil : entraînez-vous ! Avec cinq Tage Mage blancs vous avez de quoi faire !

Exemple

Le texte suivant est extrait du célèbre roman *Le Rouge et le noir* de Stendhal. Julien Sorel, héro du roman, s'est juré de prendre la main de Mme de Rênal (mère des enfants dont il est précepteur) ce soir même et est pris d'une angoisse folle face à ce défi. Il se dit alors :

« Au moment précis où dix heures sonneront, j'exécuterai ce que, pendant toute la journée, je me suis promis de faire ce soir, ou je monterai chez moi me brûler la cervelle. ».

Le Rouge et le noir, Stendhal 1830

Ce que Julien Sorel, héros du roman se dit peut être reformulé par :

A. Julien se brûlera vraiment la cervelle s'il ne prend pas la main de Mme de Rênal.

B. Julien s'en voudra moralement beaucoup s'il ne prend pas la main de Mme de Rênal.

C. Julien prendra la main de Mme de Rênal.

D. Julien ne prendra pas la main de Mme de Rênal.

E. Julien se brûlera la cervelle avant de prendre la main de Mme de Rênal.

La bonne réponse est évidement **B.** Julien se brûlera la cervelle, signifie qu'il aura des remords énormes s'il ne prend pas la main de Mme de Rênal. Ce texte est donc écrit au sens figuré (par opposition au sens propre).

Les suites logiques

2.2

Sous-partie

3 Suites de lettres

Parmi les questions de l'épreuve de logique générale, vous serez confronté aux suites faisant intervenir les lettres de l'alphabet.

Vous pouvez être confrontés à plusieurs types de suites de lettres :

Les suites de lettres croissantes

Les lettres sont classées par ordre croissant de leur rang dans l'alphabet. Elles peuvent être séparées d'un, deux ou plusieurs rangs. Il peut également s'agir de suites où le rang est augmenté de un ou plus entre deux termes consécutifs.

Exemple 1

A – B – C – D – ?

Solution :

Il s'agit d'une suite de lettres croissante avec un pas d'un rang entre les lettres. Ainsi la lettre cherchée est E.

Exemple 2

A – C – E – ? – I

Solution :

Vous êtes face à une suite de lettres croissante avec un espace de deux rangs entre les lettres. La lettre cherchée est la lettre située deux rangs plus loin que E dans l'alphabet, soit G.

Exemple 3

A – B – D – G – ?

Solution :

Vous êtes confrontés à une suite de lettres croissante avec un espace qui augmente d'un rang entre deux termes consécutifs. La lettre cherchée est donc la lettre située quatre rangs lus loin que G dans l'alphabet, soit : K.

Les suites de lettres décroissantes

Le principe est identique à celui des suites croissantes de lettres avec un classement décroissant.

Exemple 1

E – D – ? – B – A

Solution :

Vous êtes face à une suite de lettres décroissante avec un pas de 1 rang entre les lettres. La lettre cherchée est donc celle située un rang avant D dans l'alphabet, soit C.

Exemple 2

I – ? – E – C – A

Solution :

Vous êtes en présence d'une suite de lettres décroissante avec un espace de deux rangs entre les lettres. La lettre cherchée est donc celle qui se situe deux rangs avant I, soit G.

Exemple 3

K – G – D – B – ?

Solution :

Vous êtes face à une suite de lettres décroissante avec un espace qui diminue d'un rang entre deux termes consécutifs. La lettre cherchée est donc la lettre située un rang avant B, soit A.

Les suites de lettres alternées

En général, vous êtes confrontés à deux logiques. Une première où vous avancez ou reculez d'un ou plusieurs rangs dans l'alphabet pour passer de la 1re à la 3e lettre, puis une seconde où vous avancez ou reculez d'un ou plusieurs rangs dans l'alphabet pour passer de la 2e à la 4e lettre. Puis de nouveau la première logique pour passer de la 3e à la 5e lettre, puis la seconde pour passer de la 4e à la 6e lettre et ainsi de suite. Parfois les logiques sont « mélangées » et la première permet de passer de la 1e à la 2e lettre, puis la seconde de la 2e à la 3e lettre, et ainsi de suite.

Exemple 1

A – C – B – D – ? – ?

Solution :

Il s'agit d'une suite de lettres alternée avec un pas en avant d'un rang entre les 1re et 3e lettres, puis un pas en avant d'une lettre entre les 2e et 3e lettres.

Les lettres cherchées sont donc C et E.

Exemple 2

Y – B – C – ? – ?

Solution :

Il s'agit d'une suite de lettres alternée avec deux logiques. La première, qui permet de passer de la 1ère à la 2e lettre, consiste à obtenir la lettre correspondante par un jeu de miroir. La seconde, qui permet de passer de la 2e à la 3e lettre, consiste à choisir la lettre suivant la précédente dans le sens de l'alphabet.

La lettre « miroir » de C est X et la lettre suivant X dans l'ordre de l'alphabet est Y. Les lettres cherchées sont X et Y.

Pour gagner du temps apprenez le rang des lettres de l'alphabet par cœur. Ce n'est pas passionnant je vous l'accorde, mais le gain de temps en vaut vraiment la peine !

A	**B**	**C**	**D**	**E**	**F**	**G**	**H**	**I**	**J**	**K**	**L**	**M**
1	2	3	4	5	6	7	8	9	10	11	12	13
N	**O**	**P**	**Q**	**R**	**S**	**T**	**U**	**V**	**W**	**X**	**Y**	**Z**
14	15	16	17	18	19	20	21	22	23	24	25	26

Et pour les plus courageux, apprenez le tableau des rangs des lettres de l'alphabet inversé. Il arrive souvent que vous soyez en présence de suites inversées de lettres avec un effet miroir ! Courage cet apprentissage par cœur peut vous faire gagner un temps précieux et un meilleur classement au concours !

Z	**Y**	**X**	**W**	**V**	**U**	**T**	**S**	**R**	**Q**	**P**	**O**	**N**
1	2	3	4	5	6	7	8	9	10	11	12	13
M	**L**	**K**	**J**	**I**	**H**	**G**	**F**	**E**	**D**	**C**	**B**	**A**
14	15	16	17	18	19	20	21	22	23	24	25	26

À partir des deux tableaux, vous pouvez remarquer que, par un jeu de miroir, le A correspond au Z, le B au Y, etc.

Dans l'alphabet il *y* a aussi six voyelles (A, E, I, O, U et Y) et 20 consonnes. Il est aussi intéressant de connaître leur classement.

Voyelles dans l'ordre croissant

A	**E**	**I**	**O**	**U**	**Y**
1	2	3	4	5	6

Voyelles dans l'ordre décroissant

Y	**U**	**O**	**I**	**E**	**A**
1	2	3	4	5	6

Exemple 1

A Z B Y C X ? W E ?

Solution :

Ici vous êtes en présence de deux suites de lettres alternées. La première : A B C D E et la seconde : Z Y X W V.

Vous remarquez que dans la première on avance à chaque fois d'une lettre, le premier point d'interrogation correspond ainsi à la lettre D. Dans la seconde on recule d'une lettre à chaque fois, ainsi le second point d'interrogation correspond à la lettre V.

– 1 lettre de Z à Y → – 1 lettre de W à V →

A	Z	B	Y	C	X	D	W	E	V

→ + 1 lettre de A à B → + 1 lettre de C à D

Exemple 2

B D G K ?

Solution :

Entre B et D, il n'*y* a qu'une seule lettre C

Entre D et G, il *y* a deux lettres : E et F

Entre G et K, il *y* a trois lettres : I, J et K

Ainsi le point d'interrogation correspond à la cinquième lettre après K, soit P. Car il faut qu'il *y* ait quatre lettres entre K et la suivante.

B	1 lettre	D	2 lettres	G	3 lettres	K	4 lettres	P
	C		EF		HIJ		LMNO	

Exemple 3

M – K – P – N – ?

Solution :

Il *y* a une seule lettre, le L, entre M et K lorsque vous considérez l'alphabet à l'envers. Ainsi en prenant l'alphabet à l'envers, vous remarquez que le rang est diminué de deux lettres. Puis entre K et P, il *y* a 4 lettres L M N et O lorsque vous considérez l'alphabet à l'endroit. Ainsi le rang est bien augmenté de 5 lettres. Puis à nouveau diminué de deux lettres pour obtenir N.

Ainsi la lettre cherchée se situe 5 rangs plus loin que le N : il s'agit du S. En effet, il *y* a bien 4 lettres entre N et S : O P Q et R.

À vous de jouer !

Complétez les séries de lettres suivantes :

1. A C E ?

2. T R P ?

3. N – K – P – M – ?

4. T – G / R – I / P – ?

5. E – L – K – R – ? – ?

Corrigé

1. Dans la première série, on remarque que l'on avance de deux lettres entre chaque terme. Ainsi la lettre cherchée est G.

2. Dans la seconde série, on remarque que l'on recule de deux lettres entre chaque terme. Ainsi la lettre cherchée est N.

3. Vous remarquez qu'entre la première et la seconde lettre de la série, on recule de 3 rangs pour arriver en K, puis entre la seconde et la troisième on avance de 5 rangs pour arriver en P, puis de la troisième à la quatrième, on recule à nouveau de 3 rangs pour arriver en M. Enfin, en avançant de 5 rangs après M, vous obtenez R. Ainsi la lettre cherchée est R.

4. Chaque couple de lettres est composé de telle sorte que les lettres se correspondent par un jeu de miroir. Le T est la 7e lettre de l'alphabet en partant de la fin et G est la 7e lettre en partant du début. De même R est la 9e lettre en partant de la fin de l'alphabet et I est la 9e lettre de l'alphabet en partant du début. Enfin P est la 11e lettre de l'alphabet en partant de la fin, ainsi la lettre cherchée est la 11e lettre en partant du début de l'alphabet : K.

5. Entre la première et la seconde lettre, il *y* a un pas en avant de 7 lettres, entre la seconde et la troisième, un pas en arrière d'une lettre, puis à nouveau un pas en avant de 7 lettres. Pour suivre la logique, il vous suffit donc de reculer d'une lettre à partir du R pour obtenir Q, puis d'avancer de 7 rangs pour obtenir X. Les lettres cherchées sont Q et X.

4 Suites de chiffres ou de nombres

Les suites numériques traitées précédemment dans cet ouvrage peuvent être utiles pour repérer la logique d'une série de nombres consécutifs.

À part la théorie portant sur les suites, il n'*y* a pas de notions à connaître pour réussir ce type d'exercices. Il faut juste avoir traité plusieurs exemples afin de saisir ce qui est demandé.

Les différents types de suites que vous pouvez rencontrer sont des suites croissantes ou décroissantes avec un pas constant ou non, ou bien des suites alternées. Un peu le même style que les lettres mais avec des chiffres !

Les suites croissantes ou décroissantes avec un pas constant

Si le pas est supérieur à 0, alors la suite est croissante, s'il est inférieur à 0, la suite est décroissante, s'il vaut 0, la suite est constante. Ce sont les suites arithmétiques en mathématiques et le pas est appelé raison.

Exemple 1

1 - 16 - 31 - ? - 61

Solution :

Vous remarquez qu'à chaque étape il est ajouté 15. Ainsi le terme cherché est 31 + 15 = 46.

Le pas est supérieur à 0, il s'agit donc d'une progression croissante.

REMARQUE

Il s'agit d'une suite arithmétique de raison 15 et de premier terme 1.

Exemple 2

3125 - 3000 - ? - ? - 2625

Solution :

Vous remarquez qu'à chaque étape il est retranché 125 ou additionné (–125). Ainsi les termes cherchés sont : 3000 - 125 = 2875 et 2875 - 125 = 2750.

Le coefficient est inférieur à 0, il s'agit donc d'une progression décroissante.

REMARQUE

Il s'agit d'une suite arithmétique de raison –125 et de premier terme 3125.

Exemple 3

15 - 15 - 15 - ? - ? - 15

Solution :

Vous remarquez qu'à chaque étape le terme est inchangé. Ainsi le termes cherchés sont : 15

Le pas est égal à 0, il s'agit donc d'une progression constante.

REMARQUE

Ne rêvez pas, ce type de suite ne tombe que très rarement dans les concours, voire jamais ! Trop simple ! On ne vous en parle dans cet ouvrage que dans le but de vous donner un exemple de suite constante.

Les suites croissantes ou décroissantes avec un pas variable

Entre chaque terme vous ajouter une valeur (réelle) qui peut varier d'un terme à l'autre.

Exemple 1

1 - 16 - 14 - ? - 27

Solution :

Vous remarquez qu'entre le 1er terme et le 2e a été ajouté 15. Puis qu'entre le 2e et le 3e a été soustrait 2, et ainsi de suite. Ainsi le terme cherché est 14 + 15 = 29.

Exemple 2

57 - 55 - 45 - ? - ?

Solution :

Vous remarquez qu'entre le 1er terme et le 2e a été soustrait 15. Puis qu'entre le 2e et le 3e a été soustrait 10, et ainsi de suite. Ainsi les termes cherchés sont 45 - 2 = 43 et 43 - 10 = 33.

Exemple 3

1 - 5 - 10 - ? - 23 - 31 - ? :

Solution :

Vous ajoutez 4 entre le 1er et le 2e terme, puis vous ajoutez 5 entre le 2e et le 3e, et ainsi de suite. La différence entre les termes augmente de 1 à chaque étape. Ainsi le 4e terme est 10 + 6 = 16. Enfin le 8e est égal à 31 + 9 = 40. Et les bonnes réponses sont 16 et 40.

Exemple 4

2 - 3 - 1 - ? - 0 :

Solution :

Vous ajoutez 1 entre le premier et le deuxième chiffre. Puis vous soustrayez 2 entre le 2e et le 3e chiffre, et ainsi de suite. Vous devez donc ajouter 1 à 1 pour obtenir la réponse. Ainsi le chiffre cherché est 2.

Exemple 5

33 - 45 - 38 - 50 - ? :

Solution :

Vous ajoutez 12 entre le 1er et le 2e nombre, puis vous retranchez 7 entre le 2e et le 3e nombre et ainsi de suite. Vous obtenez finalement 50 - 7 = 43. Le nombre cherché est 43.

Les suites croissantes ou décroissantes avec un coefficient multiplicateur constant

Si le coefficient multiplicateur est supérieur à 1, alors la suite est croissante, s'il est inférieur à 1, alors la suite est décroissante, s'il est égal à 1, alors la suite est constante. Il s'agit des suites géométriques en mathématiques et le coefficient est appelée raison.

Exemple 1

1 - 2 - 4 - 8 - 16 - ? - 64 - ? - 256

Solution :

Vous remarquez qu'à chaque étape le terme est doublé. Ainsi les termes cherchés sont : 32 et 128.

Le coefficient est supérieur à 1, il s'agit donc d'une progression croissante.

REMARQUE

Il s'agit d'une suite géométrique de raison 2 et de premier terme 1.

Exemple 2

3125 - 625 - 125 - ? - 5

Solution :

Vous remarquez qu'à chaque étape le terme est divisé par 5 ou multiplié par $\frac{1}{5}$. Ainsi le terme cherché est : $125 \div 5 = 25$

Le coefficient est inférieur à 1, il s'agit donc d'une progression décroissante.

REMARQUE

Il s'agit d'une suite géométrique de raison $\frac{1}{5}$ et de premier terme 3125.

Exemple 3

22 - 22 - 22 - 22 - ? - 22

Solution :

Vous remarquez qu'à chaque étape le terme est inchangé. Ainsi le terme cherché est : 22

Le coefficient est égal à 1, il s'agit donc d'une progression constante.

REMARQUE

Ne rêvez pas, ce type de suite ne tombe que très rarement dans les concours, voire jamais ! Trop simple ! On ne vous en parle dans cet ouvrage que dans le but de vous donner un exemple de suite constante.

Les suites croissantes ou décroissantes avec un coefficient multiplicateur variable

Le passage d'un terme à l'autre se fait par la multiplication d'un coefficient réel qui varie d'un terme à l'autre.

Exemple 1

1 - 2 - 8 - 16 - ? :

Solution :

Vous multipliez par 2 le premier terme pour obtenir le deuxième. Puis vous multipliez par 4 le deuxième terme pour obtenir le troisième, et ainsi de suite. Il s'agit d'une suite alternée comportant deux logiques. La première consiste à multiplier par 2, la seconde à multiplier par 4. Et le nombre cherché est $16 \times 4 = 64$.

Exemple 2

36 – 72 – ? – 48 – 16

Solution :

Vous multipliez par 2 le premier terme pour obtenir le deuxième. Puis vous multipliez par $\frac{1}{3}$ le quatrième terme pour obtenir le cinquième, et ainsi de suite. Il s'agit d'une suite alternée comportant deux logiques. La première consiste à multiplier par 2, la seconde à multiplier par $\frac{1}{3}$ (ou diviser par 3). Ainsi pour obtenir le 3e terme vous divisez 72 par 3 et obtenez 24.

REMARQUE

Multiplier par $\frac{1}{a}$ revient à diviser par a.

Les suites alternées

Vous êtes face à une série de nombres qui comprend deux suites. La première concerne les termes affectés d'un rang impair (1er, 3e, etc.), la seconde, les termes affectés d'un rang pair (2e ; 4e, etc.).

Exemple 1

1 – 25 – 3 – 20 – 5 – ? – ? – 10 – 9

Solution :

Vous êtes ici en présence de deux suites alternées : la première qui commence à 1 et dont les termes augmentent de 2 à chaque étape et la seconde qui commence à 25 et dont les termes diminuent de 5 à chaque étape.

Ainsi les deux nombres cherchés sont $20 - 5 = 15$ et $5 + 2 = 7$.

Exemple 2

4 – 5 – 9 – 8 – 16 – 11 – ? – ?

Solution :

Vous êtes face à deux suites alternées : la première commence à 4 qui est le carré de 2, puis se poursuit avec 9 qui est le carré de 3, puis 16 qui est le carré de 4. Ainsi l'avant dernier nombre cherché est $5^2 = 25$.

La seconde suite commence à 8 et 3 est ajouté à chaque terme. Ainsi le dernier terme cherché est $11 + 3 = 14$.

Les autres suites

En général, elles concernent la nature des nombres qui la composent. Ils peuvent être des carrés parfaits, des cubes, ou bien des multiples d'un certain chiffre, ou d'un certain nombre, etc.

Exemple 1

1 – 4 – 9 – ? – 25 – 36 – 49 – ? – 81 – 100

Solution :

Vous remarquez ici que vous êtes en présence de carrés parfaits consécutifs :

$1^2 - 2^2 - 3^2 - ? - 5^2 - 6^2 - 7^2 - ? - 9^2 - 10^2$

Ainsi vous devinez aisément que les nombres cherchés sont $4^2 = 16$ et $8^2 = 64$

Exemple 2

8 - 27 - 64 - ? - 216 - 343 - ?

Solution :

Vous remarquez ici que vous êtes en présence de cubes consécutifs :

$2^3 - 3^3 - 4^3 - ? - 6^3 - 7^3 - ?$

Ainsi vous devinez aisément que les nombres cherchés sont $5^3 = 125$ et $8^3 = 512$

Exemple 3

121 - 132 - 143 - ? - ?

Solution :

Vous êtes en présence d'une suite croissante de multiples de 11, ainsi les nombres cherchés sont 154 et 165.

À vous de jouer !

1. 1 - 2 - 4 - ? - 16 - 32

2. 1 - 3 - 9 - ? - 81 - 243

3. 56 - 52 - 62 - 58 - 68 - ? - ? - 70

4. 2 - 5 - 1 - 4 - ?

5. 1 - 5 - ? - 125 - 625

Corrigé

1. Chaque terme de la série est multiplié par 2 à chaque étape. Ainsi le nombre cherché est le double de 4 soit 8.

Remarque :

Il s'agit d'une suite géométrique de raison 2 et de premier terme 1.

2. Chaque terme est multiplié par 3 à chaque étape, ainsi le nombre cherché est le triple de 9 soit 27.

Remarque :

Il s'agit d'une suite géométrique de raison 3 et de premier terme 1.

3. Deux opérations sont effectuées dans cette suite : d'abord on soustrait 4 puis on ajoute 10. Ainsi 68 − 4 = 64 est le premier nombre cherché et 64 + 10 = 74 est le second chiffre cherché.

4. Deux opérations sont effectuées dans cette suite : d'abord, il est ajouté 3 puis retranché 4. Ainsi le chiffre cherché est 4 − 4 = 0

5. Chaque terme est multiplié par 5 à chaque étape. Ainsi le nombre cherché est le quintuple de 5 soit 25.

Remarque :

Il s'agit d'une suite géométrique de raison 5 et de premier terme 1.

Suites croisées de lettres 5

Il s'agit de deux suites de lettres que vous devez compléter simultanément. Chacune obéit à une certaine logique ou règle et vous devez déterminer la réponse qui satisfait à la fois la suite horizontale et la suite verticale. Vous avez le choix entre cinq réponses possibles dont seule une est correcte. Certaines répondent aux exigences de l'une ou l'autre des séries, d'autres à aucune et la bonne réponse aux deux !

La logique s'applique à chacun des groupes de trois lettres des séries horizontale et verticale.

Les différents cas que vous êtes susceptibles de rencontrer sont les suivants :

a. Répétition de lettres

Les groupes de lettres sont marqués par la présence d'une ou plusieurs lettre(s) identique(s) d'un terme à l'autre. Ces lettres peuvent occuper la même place ou bien une place différente d'un terme à l'autre.

Exemples

Cas où la même lettre E apparaît à la même place :

AEF – FEG – BEF – ZER – KET

Cas où la même lettre E apparaît à une place différente :

AEF – EFG – WET – ERT – YEZ

Cas où deux lettres identiques (AE) apparaissent à une même place et dans le même ordre :

AEF – AET – AEZ – AES – AED

Cas où deux lettres identiques (AE) apparaissent à une place différente :

AEF – EAU – ARE – YAE – ZEA

Cas où trois lettres identiques apparaissent dans les termes :

EEE – RRR – YYY – UUU – BBB

Ne rêvez pas ! Ce dernier exemple est rare. Beaucoup trop facile !

b. Lettres qui se suivent dans l'alphabet

Il s'agit de termes dont deux ou trois lettres se suivent dans l'ordre de l'alphabet.

Exemples

Trois lettres qui se suivent :

ABC – TUV – BCD – NOP – WXY

Deux lettres qui se suivent :

ABF – TUY – BCL – NOT – WXE

c. Lettres qui se suivent en sens inverse dans l'alphabet

Les termes ont chacun deux ou trois lettres qui se suivent dans le sens inverse de l'alphabet.

Exemples

Trois lettres qui se suivent :

CBA – VUT – DCB – PON – YXW

Deux lettres qui se suivent :

BAF – UTY – CBL – ONT – XWE

d. Écarts

Les lettres se suivent avec un écart identique ou bien un écart qui croît d'une lettre à l'autre.

Exemples

Écart identique (une seule lettre) :

ACE – TVX – DFH – PRT – VXZ

Écart différent à l'intérieur d'un même terme (d'abord un écart d'une lettre, puis un écart de deux lettres) :

BCF – RTW – CEH – OQT – NPS

e. Voyelles

Les groupes de lettres sont caractérisés par la présence d'une ou plusieurs voyelles, ou bien par le déplacement de l'une d'entre elles d'un terme à l'autre, etc.

Exemple

Une voyelle différente à chaque étape et dont la place évolue d'un terme à l'autre :

ABC – REF – TRI – OML – DUZ

f. Consonnes

Les groupes de lettres sont caractérisés par la présence d'une ou plusieurs consonnes, ou bien par le déplacement de l'une d'entre elles d'un terme à l'autre, etc.

Exemple :

Une consonne qui diffère à chaque étape dont la place évolue d'un terme à l'autre :

ABE – OUD – ROI – OLU – UOZ

g. Suite logique entre deux termes consécutifs dans la série

Il peut aussi exister une certaine logique entre deux termes consécutifs.

Exemples

La première lettre de chaque groupe se suit d'un terme à l'autre :

AFE – BGK – CUO – DRI – EIO

La première lettre de chaque groupe se suit dans le sens inverse de l'alphabet d'un terme à l'autre :

ZDF – YTR – XSD – WSQ – VYT

h. Valeurs associée au rang de chaque lettre dans l'alphabet

Chaque lettre est affectée d'un certain nombre de points correspondant à son rang dans l'alphabet. Le A étant la première lettre de l'alphabet, il a un score de 1 point, le B un score de 2 points, etc. (voir tableau traité précédemment dans cet ouvrage). Les groupes de lettres sont caractérisés par leur nombre de points.

Exemple

Les différents groupes de lettres ont un nombre de points identique :

AGL – BDN – BCO – ADO – CFK

Chaque terme a un score de 20 points :

AGL = 1 + 7 + 12 = 20

BDN = 2 + 4 + 14 = 20

BCO = 2 + 3 + 15 = 20

ADO = 1 + 4 + 15 = 20

CFK = 3 + 6 + 11 = 20

i. Nombres de barres

Certaines lettres (pas toutes) sont constituées de barres. Par exemple le V est constitué de deux barres, le A et le Y de trois barres, le M et le W de quatre barres, etc. Les groupes de trois lettres d'une série peuvent être définis par leur nombre de barres.

Exemple

Les différents groupes de lettres ont un nombre de barres identique :

AFM – WFN – KFM – ZWK – MWV

Chaque terme a un score de 10 barres :

AFM = 3 + 3 + 4 = 10
WFN = 4 + 3 + 3 = 10
KFM = 3 + 3 + 4 = 10
ZWK = 3 + 4 + 3 = 10
MWV = 4 + 4 + 2 = 10

j. Symétrie

Dans une série il existe une symétrie entre les termes.

Exemple

Les différents groupes sont symétriques par rapport à la lettre du milieu du terme central.

AGL – BDN – RTR – NDB – LGA

Exemple : comme au Tage Mage !

IHK

IIK

EFG – GHI – ? – KLM – MNO

IKK

ILK

A. ABC

B. IYK

C. TUV

D. IGK

E. IJK

Vous remarquez que dans la série verticale, vous avez trois lettres dont la première est toujours I et la troisième est toujours K. les lettres du milieu sont consécutives d'un terme à l'autre en commençant par H : H, I, J, K et L.

La série horizontale est composée de trois lettres consécutives et chaque terme suivant reprend la dernière lettre du précédent.

Ainsi la seule réponse possible est donc IJK, réponse **E**.

À vous de jouer !

1. Complétez la suite de lettres avec la réponse qui convient.

AEO

EUI

IAB – BEO – ? – OEB – BAI

OEA

UYI

A. GEA

B. IAB

C. IAE

D. IAF

E. IAI

2. Complétez la suite de lettres avec la réponse qui convient.

ABM

KML

WMK – NMW – ? – YWM – ZMW

NBM

MIF

A. MKW

B. ZWW

C. MHY

D. ABC

E. IAI

3. Complétez la suite de lettres avec la réponse qui convient.

AEO
EUI
XWF – KLM – ? – KYN – AYZ
OEA
UYI

A. GEA
B. IAB
C. AAY
D. AEO
E. OYE

4. Complétez la suite de lettres avec la réponse qui convient.

TAC
OFC
WXY – DEF – ? – KLM – RST
DRB
KLA

A. ABC
B. GHJ
C. NJU
D. GHI
E. TYU

5. Complétez la suite de lettres avec la réponse qui convient.

EAO
UEI
ABV – BCR – ? – TUB – RSY
EIA
UEY

A. BAE
B. EFE
C. FEL
D. TRE
E. RTY

Corrigé

1. La bonne réponse est IAI, réponse **E**. En effet la série verticale est composée uniquement de voyelles. Ce qui élimine les réponses **A** et **B**. La série horizontale est munie d'une symétrie axiale. Ainsi le seul terme pouvant convenir est IAI, réponse **E**.

2. La bonne réponse est MKW, réponse **A**. En effet la série verticale est composée de groupes contenant tous la lettre M. Ce qui élimine les réponses **B**, **D** et **E**. La série horizontale est constituée de groupes de lettres dont la somme des barres est égale à 11. Ainsi le seul terme pouvant convenir est MKW dont la somme des barres est égale à 4 + 3 + 4 = 11, réponse **A**.

3. La bonne réponse est AAY, réponse **C**. En effet la série verticale est composée uniquement de voyelles. Ce qui élimine les réponses **A** et **B**. La série horizontale est composée de groupes de lettres dont la somme des barres est égale à 9. Ainsi le seul terme pouvant convenir est AAY dont le nombre de barres est bien égal à 3 + 3 + 3 = 9, réponse **C**.

4. La bonne réponse est GHI, réponse **D**. En effet la série horizontale est composée de termes composés de lettres qui se suivent dans l'ordre de l'alphabet. Ce qui élimine les réponses **B**, **C** et **E**. La série verticale est composée de termes dont la somme des rangs des lettres est égale à 24. Ainsi le seul terme pouvant convenir est GHI, dont la somme des rangs des lettres est égale à 7 + 8 + 9 = 24, réponse **D**.

5. La bonne réponse est EFE, réponse **B**. En effet la série verticale est composée de termes dans lesquels la lettre E occupe successivement la première place, puis la deuxième, puis la troisième et ainsi de suite. Le groupe cherché doit donc se terminer par E. Ce qui élimine les réponses **C** et **E**. La série horizontale est composée de termes dont les deux premières lettres se suivent dans l'ordre alphabétique. Ainsi le seul terme pouvant convenir est EFE, réponse **B**.

Suites croisées de chiffres et de nombres 6

Il s'agit de deux suites de nombres que vous devez compléter simultanément. Chacune obéit à une certaine logique ou règle et vous devez déterminer la réponse qui satisfait à la fois la suite horizontale et la suite verticale. Vous avez le choix entre cinq réponses possibles dont seule une est correcte. Certaines répondent aux exigences de l'une ou l'autre des séries, d'autres à aucune et la bonne réponse aux deux !

Les différents cas que vous êtes susceptibles de rencontrer sont les suivants :

a. Les suites de carrés ou de cubes

Vous êtes face à une série comprenant uniquement des carrés ou des cubes parfaits. Ils peuvent être classés par ordre croissant ou décroissant, ou ne pas avoir d'ordre.

Exemples

Série de carrés parfaits non ordonnés :

196 – 121 – 49 – 4 – 400

Série de carrés parfaits ordonnés (ordre croissant) :

25 – 49 – 81 – 121 – 144

Série de cubes parfaits non ordonnés :

1 – 27 – 1000 – 64 – 512

Série de cubes parfaits ordonnés (ordre décroissant) :

1000 – 729 – 512 – 343 – 125

b. Les séries formées de termes divisibles par un même nombre

Vous pouvez aussi rencontrer des séries de multiples d'entiers. Là aussi ils peuvent être ordonnés ou ne pas l'être. Voici la liste des critères de divisibilité :

- Par 2 : tout nombre entier pair est divisible par 2.
- Par 3 : tout nombre entier dont la somme des chiffres est un multiple de 3.
- Par 4 : tout nombre entier tel que le nombre formé par ses deux derniers chiffres est un multiple de 4.
- Par 5 : tout nombre entier se terminant par 0 ou 5.
- Par 6 : tout nombre entier pair divisible par 3.
- Par 7 : pas de critère simple, apprenez votre table de 7 jusqu'à 20.
- Par 8 : pas de critère simple, apprenez votre table de 8 jusqu'à 20.
- Par 9 : tout nombre entier dont la somme des chiffres est un multiple de 9.
- Par 10 : tout nombre entier se terminant par 0.
- Par 11 : pour les nombres entiers composés de trois chiffres : ils sont divisibles par 11 si la somme du premier et du dernier chiffre est égale au chiffre du milieu. Pour les nombres à deux chiffres : ils sont divisibles par 11 si les deux chiffres sont identiques.
- Par 12 : tout nombre entier divisible à la fois par 3 et 4.

Exemple

Multiples de 11 :

132 - 121 - 33 - 242 - 165

Multiples de 12 :

144 - 156 - 108 - 132 - 168

c. Les nombres premiers

Ce sont des nombres qui ne sont divisibles que par 1 et eux-mêmes.

Les nombres premiers inférieurs à 100 sont les suivants :

2 – 3 – 5 – 7 – 11 – 13 – 17 – 19 – 23 – 29 – 31 – 37 – 41 – 43 – 47 – 53 – 59 – 61 – 67 – 71 – 73 – 79 – 83 – 89 – 97.

Essayez de les retenir, il y en a 25 en tout entre 0 et 100, cela vous permettra de gagner du temps en repérant directement une série de nombres premiers.

d. Progression ou régression d'un ou plusieurs chiffres lors du passage d'un terme à l'autre.

Ces variations peuvent être d'une ou plusieurs unités.

Exemple

512 - 633 - 794 - 815 - 906

Vous remarquez dans cet exemple une progression des premier et troisième chiffres. Ils augmentent chacun d'une unité.

872 - 765 - 678 - 534 - 412

Vous remarquez dans ce dernier exemple que le premier chiffre régresse. Il diminue d'une unité entre deux termes.

e. La somme des chiffres est un nombre qui stagne, augmente ou diminue

En faisant la somme des chiffres de chaque terme vous obtenez le même nombre, ou bien un nombre qui progresse ou régresse.

Exemple

La somme des chiffres est égale à 20 :

875 - 668 - 398 - 488 - 299

La somme des chiffres augmente de 2 à chaque étape :

111 - 212 - 430 - 441 - 821

La somme des chiffres régresse de 4 à chaque étape :

988 - 885 - 854 - 445 - 900

f. Un même chiffre occupe une place différente entre deux termes consécutifs

Exemple

105 - 212 - 321 - 122 - 312

Dans cet exemple le chiffre 1 occupe la première place, puis la deuxième, puis la troisième, et ainsi de suite.

g. Symétrie

Vous pouvez enfin rencontrer des séries où une symétrie est présente.

Exemple

122 - 234 - 525 - 432 - 221

Vous remarquez une symétrie par rapport au terme du milieu. Le 2 du groupe 525 du milieu joue un rôle de miroir.

Exemple : comme au Tage Mage !

512

125

121 - 225 - ? - 400 - 144

64

1000

A. 1
B. 343
C. 196
D. 256
E. 1000

Vous remarquez que la suite horizontale ne contient que des carrés parfaits et la suite verticale que des cubes parfaits.

Il faut donc que vous trouviez un nombre qui soit à la fois un cube (série verticale) et à la fois un carré (série horizontale). La seule proposition qui correspond à ses critères est 1 car $1^2 = 1^3 = 1$. Les autres réponses sont soit des carrés ($196 = 14^2$, $256 = 16^2$) soit des cubes ($343 = 7^3$, $1000 = 10^3$).

La bonne réponse est **E**.

À vous de jouer !

1.

103

202

196 - 121 - ? - 144 - 256

301

40

A. 400
B. 40

C. 64
D. 525
E. 225

2.

		512		
		343		
123	121	?	124	326
		216		
		729		

A. 125
B. 121
C. 127
D. 196
E. 225

3.

		121		
		132		
196	210	?	490	140
		110		
		143		

A. 321
B. 120
C. 385
D. 242
E. 546

4.

		103		
		202		
436	624	?	432	256
		301		
		400		

A. 657
B. 112
C. 324
D. 199
E. 202

5.

		105		
		200		
512	152	?	215	251
		310		
		405		

A. 405
B. 455
C. 425
D. 525
E. 125

Corrigés

1. La série verticale est une suite de nombres dont la somme des chiffres est égale à 4. Vous pouvez donc éliminer les propositions avec les nombres dont les chiffres ont une somme différente de 4. Il vous reste les réponses **A** et **B**. La série horizontale n'est composée que de carrés parfaits de nombres entiers. Ainsi seule la réponse **A** convient car 400 est le carré de 20. La réponse cherchée est donc 400. En effet la somme des chiffres de 400 vaut 4 + 0 + 0 = 4 et c'est un carré parfait.

2. La série verticale n'est constituée que de cubes parfaits. Il faut donc que vous reteniez un cube dans l'ensemble des réponses possibles. Vous pouvez donc éliminer les propositions **B**, **D** et **E**. La série horizontale est composée de termes dont le chiffre du milieu est 2. Vous devez donc choisir la réponse qui est à la fois un cube et un nombre dont le chiffre du milieu est 2. La bonne réponse est donc 125, réponse **A**.

3. La série verticale est composée de multiples de 11 (la somme du premier et du dernier chiffre est égale au chiffre du milieu). Vous le remarquez à partir des nombres comme 121 ou 110 qui sont faciles à repérer. La série verticale est constituée de multiples de 7. Vous pouvez le voir avec les nombres 140 ou 210 ou encore 490 qui sont divisibles par 7 de manière évidente. Vous devez retenir la proposition qui est à la fois un multiple de 7 et de 11. Il s'agit de la réponse **C**.

4. La suite verticale est composée de nombres dont la somme des chiffres est égale à 4. La série horizontale est constituée de multiples de 4 : les deux derniers chiffres de chaque terme forment des nombres multiples de 4. Vous devez donc retenir un multiple de 4 dont la somme des chiffres est égale à 4. La seule réponse possible est donc 112, réponse **B**.

5. La série verticale est composée de multiples de 5 (nombres qui se terminent par 0 ou 5). La série horizontale est constituée de nombres construits à partir des chiffres 1, 2 et 5. Le nombre cherché est donc un multiple de 5 qui contient seulement les chiffres 1, 2 et 5. La bonne réponse est 125, réponse **E**.

7 Suites de symboles

Il s'agit pour vous de trouver la logique qui se cache derrière une suite de symboles. Cela peut-être une rotation, une symétrie, mais aussi une alternance de couleurs, etc. À vous de trouver !

Cet exercice exige donc de vous un certain entraînement car même s'il ne demande pas de connaissances particulières, il demeure difficile la première fois !

Les différents types de suites de symboles que vous pouvez rencontrer :

a. La rotation

Vous remarquez qu'à chaque étape, il s'effectue une rotation d'un certain angle. En général, vous rencontrez des rotations d'angle 45° ou 90°. Elles s'opèrent dans le sens des aiguilles d'une montre ou bien dans le sens contraire.

Exemples

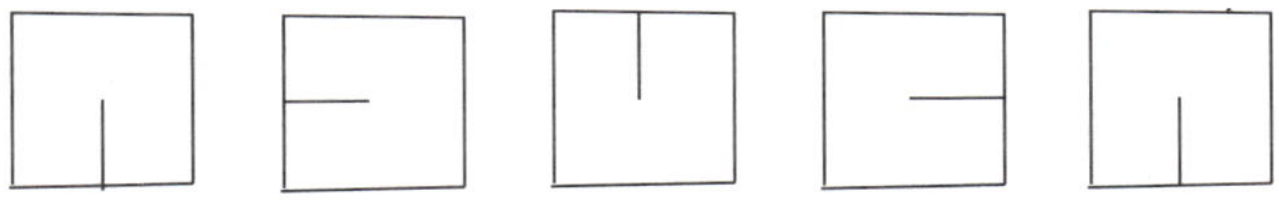

À chaque étape, il s'effectue une rotation d'angle 90° dans le sens des aiguilles d'une montre (sens indirect en mathématiques).

À chaque étape, il s'effectue une rotation d'angle 45° dans le sens inverse des aiguilles d'une montre (sens direct en mathématiques).

b. Symétrie

Vous remarquez une symétrie entre les termes. Cela peut s'agir d'une symétrie centrale ou d'une symétrie axiale.

Exemple

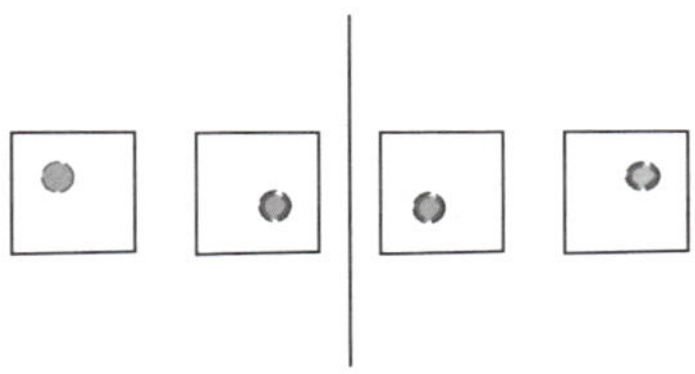

Vous remarquez une symétrie axiale entre les symboles. Cela fait un effet miroir.

c. Des symboles et des chiffres

Des figures sont parfois affectées de chiffres ou de nombres. Ils obéissent à une certaine logique que vous devez déterminer. Les données numériques peuvent avoir un lien avec le nombre de côtés de la figure. Par exemple, ils peuvent correspondre à son nombre de côtés, ou bien à son nombre de côtés ôté de un, ou bien encore à son nombre de côtés élevé au carré, etc. Les nombres peuvent aussi occuper une place différente par rapport à la figure (à l'intérieur ou à l'extérieur du schéma).

Exemples

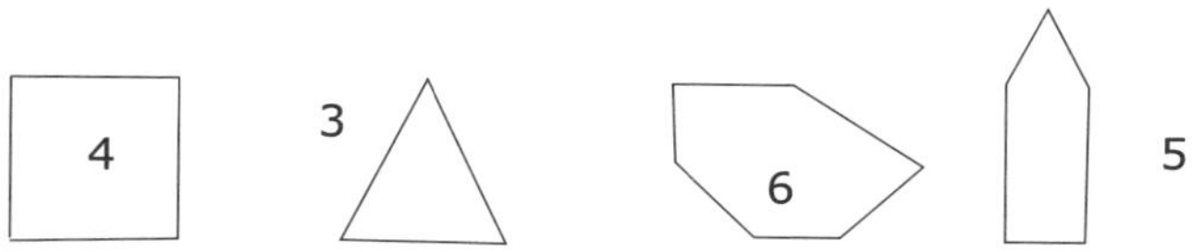

Vous remarquez que les données numériques de chaque symbole correspondent à son nombre de côtés. Chaque chiffre est également situé alternativement à l'intérieur et à l'extérieur de la figure.

Vous remarquez que le chiffre situé à l'intérieur de chaque figure correspond à son nombre de côtés.

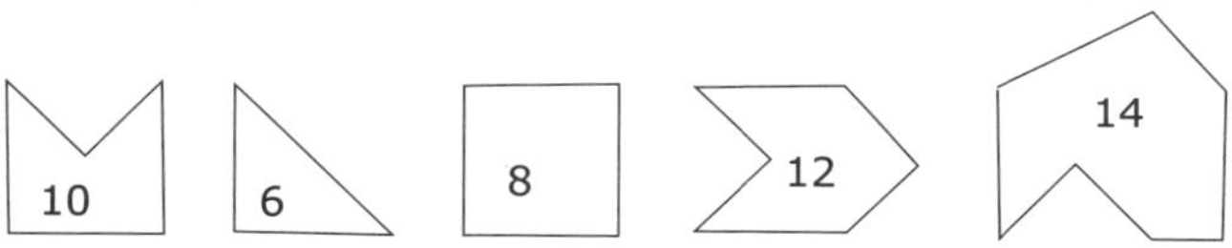

Vous remarquez que le chiffre situé à l'intérieur de la figure correspond à son nombre de côtés multiplié par 2 (doublé).

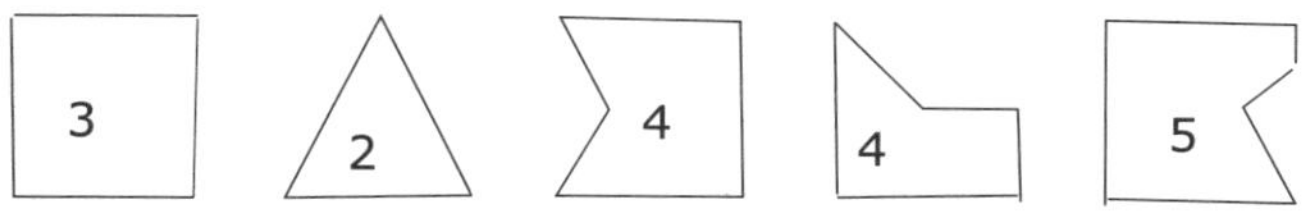

Vous remarquez que le chiffre situé à l'intérieur de la figure correspond à son nombre de côtés ôté de 1.

d. Des symboles et des lettres

À l'intérieur ou à l'extérieur d'une figure, il peut y avoir aussi des lettres. Elles sont surtout étudiées pour leur nombre de barres qui va être corrélé à la figure à laquelle elles sont associées. Le rang qu'elles occupent dans l'alphabet peut aussi avoir un lien avec son nombre de côtés.

Exemples

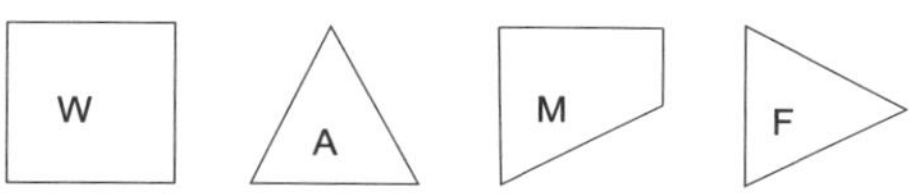

Vous remarquez que le nombre de barres de la lettre située à l'intérieur de la figure correspond à son nombre de côtés.

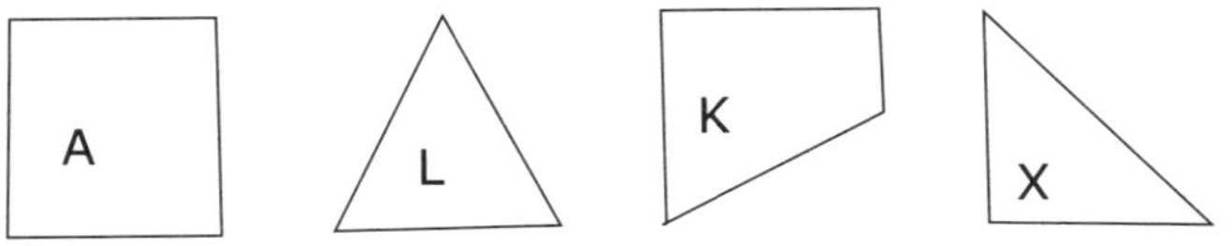

Vous remarquez que le nombre de barres de la lettre située à l'intérieur de la figure correspond à son nombre de côtés ôté de 1.

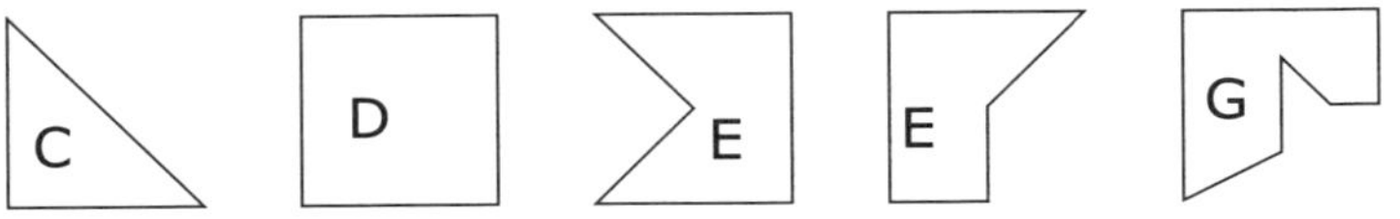

Vous remarquez que le rang dans l'alphabet de la lettre située à l'intérieur de la figure correspond à son nombre de côtés.

e. Et les couleurs ?

En général, vous ne rencontrez que des figures en noir et blanc avec des variations au niveau du contraste. Par exemple, vous pouvez être face à une figure dont l'intensité va diminuer ou augmenter à chaque étape.

Exemple

Vous remarquez que la couleur de la figure diminue en intensité.

Exemple : Comme au Tage Mage !

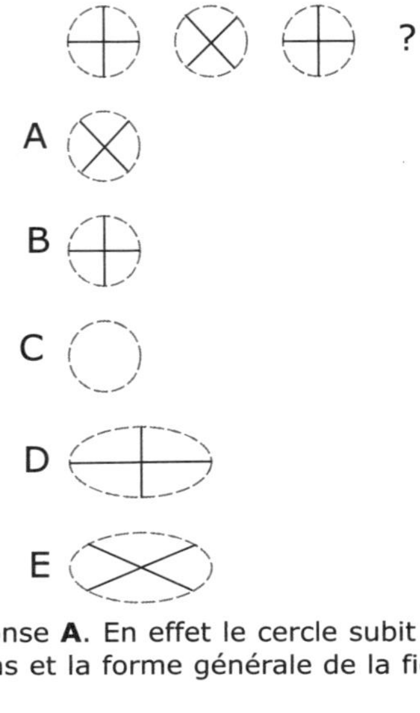

La bonne réponse est la réponse **A**. En effet le cercle subit une rotation de 45° à chaque étape sans que les dimensions et la forme générale de la figure ne soient modifiés.

REMARQUE

Dans cet exemple est mis en valeur le fait qu'une rotation conserve les longueurs et les propriétés d'une figure géométrique. Il en est de même pour les symétries centrale et axiale.

À vous de jouer !

1. Complétez la série suivante :

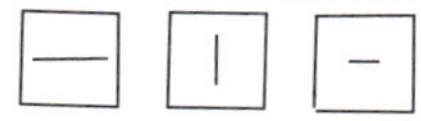
?

A 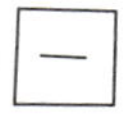

B 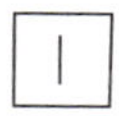

C 

D 

E 

2. Complétez la série suivante :

?

A 

B 

C 

D 

E 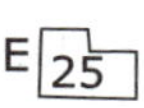

3. Complétez la série suivante :

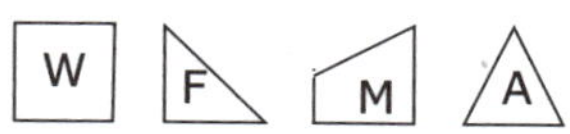

?

A 

B 

C 

D 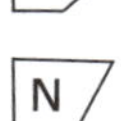

E 

4. Complétez la série suivante :

 ?

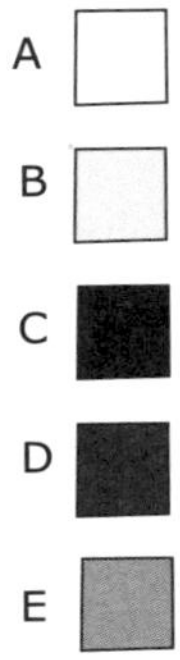

5. Complétez la série suivante :

?

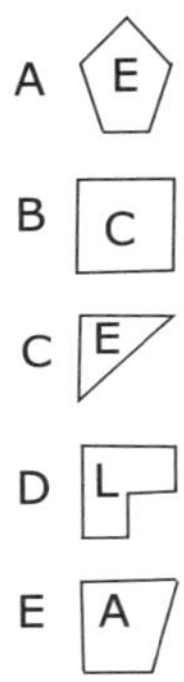

Corrigés

1. La bonne réponse est **E**. La figure subit à la fois une rotation de 90° et une diminution des dimensions. Ainsi une rotation de 90° suivie d'une réduction des dimensions donnent la réponse **E**.

2. La bonne réponse est **D**. Le nombre de côtés de la figure est donné par la racine carrée du nombre situé à l'intérieur. La racine carrée de 16 est égale à 4. Ce qui donne la réponse **D**.

3. La bonne réponse est **B**. Le nombre de barres de la lettre située à l'intérieur de chaque symbole est égal à son nombre de côtés. La lettre M possède 4 barres, elle doit donc être liée à une figure possédant quatre côtés. La bonne réponse est donc bien **B**.

4. La bonne réponse est **C**. La couleur de la figure augmente en intensité à chaque étape. Vous devez donc choisir la figure la plus sombre. La bonne réponse est donc bien **C**.

5. La bonne réponse est **A**. Le rang de la lettre dans l'alphabet correspond au nombre de côtés de la figure. La lettre E est située au cinquième rang dans l'alphabet et la figure à laquelle elle est liée est un pentagone (5 côtés). La bonne réponse est donc bien **A**.

Partie

3 Aptitudes verbales

Présentation et méthodologie des épreuves

3.1

Sous-partie

1 L'épreuve de compréhension

Vous êtes en présence de textes issus d'articles de journaux d'actualité ou bien de la littérature classique ou contemporaine. Vous ne disposez que de très peu de temps pour les lire et répondre aux questions.

Comment lire un texte et répondre aux questions rapidement et si possible correctement ?

Vous avez chacun votre façon de lire, vos habitudes et votre rythme de lecture.

Le but de la partie « compréhension de textes » est de répondre en un minimum de temps à des questions suivant un texte. Vous avez trois textes différents suivis de cinq questions chacun. Vous ne disposez que de 20 minutes pour les lire et répondre aux 3 × 5 = 15 questions !

Il est conseillé, avant de lire le texte, de parcourir rapidement les questions s'y rapportant. Vous pourrez ainsi sélectionner lors de la découverte du texte les éléments de réponse plus facilement. En effet vous aurez une idée de ce que vous devez chercher. En lisant le texte sans avoir pris connaissance des questions, vous risquez de vous perdre dans les détails, car vous aurez une idée moins précise de ce qu'il faut retenir en priorité.

Si vous ne parvenez pas à répondre à une question, passez à la suivante, vous pouvez à tout moment revenir au texte ou aux questions précédentes. Ce n'est pas une épreuve de mémorisation.

Le jour de votre examen, munissez-vous d'un feutre fluo afin de surligner les éléments qui vous semblent importants dans le texte. Vous les retrouverez mieux au moment de choisir la réponse à la question.

Aidez-vous des mots de liaison, ils introduisent une cause, une conséquence, un élément supplémentaire, etc. Il est conseillé de les surligner car ils répondent en général à au moins une question !

RÉCAPITULATIF DE QUELQUES MOTS DE LIAISON

Pour commencer, tout d'abord introduisent une nouvelle idée (début d'un texte ou d'un nouveau paragraphe)

Et, aussi introduisent un nouvel élément.

Mais, néanmoins, cependant introduisent une nuance.

Parce que, car introduisent une raison, une cause, une explication à un fait donné.

Donc, en conséquence, ainsi, alors introduisent une conséquence, une déduction, une conclusion.

Pour finir, finalement introduisent une conclusion.

S'il y a un mot que vous ne connaissez pas dans le texte, pas de panique ! En général, avec le contexte vous pouvez deviner son sens. Si vous ne trouver toujours pas sa définition, cela ne vous empêchera tout de même pas de comprendre le texte !

Attention tout de même car il y a certaines questions qui demandent de trouver l'expression la plus proche d'un passage souligné dans le texte : il faut que vous vous appuyiez sur le contexte. Si vous avez bien compris la problématique du texte, vous parviendrez en général à trouver la bonne réponse.

Quelques conseils :

- Lisez d'abord les questions avant de lire le texte. Vous aurez ainsi une idée précise des informations que vous devez retenir.
- Vous pouvez à tout moment revenir au texte pendant les 20 minutes imparties à cette épreuve. Ce n'est pas une épreuve de mémorisation.
- Revoyez les figures de style traitées au lycée ainsi que les différentes règles d'orthographe et de conjugaison apprises au collège. Des questions peuvent en effet être axées sur la rhétorique, ou bien sur certains mots de vocabulaire peu utilisés, ou bien encore sur la conjugaison de verbes peu communs, etc.
- Un dernier mot : LISEZ ! En parcourant plusieurs textes vous allez gagner en rapidité dans votre déchiffrage et vous répondrez d'autant plus aisément aux questions.

Exemple

« **Bérénice**

(...)

Hé bien, il est donc vrai que Titus m'abandonne ?
Il faut nous séparer ; et c'est lui qui l'ordonne ?

Titus

N'accablez point, Madame, un prince malheureux :
Il ne faut point ici nous attendrir tous deux.
Un trouble assez cruel m'agite et me dévore,
Sans que des pleurs si chers me déchirent encore.
Rappelez bien plutôt ce cœur, que tant de fois
M'a fait de mon devoir reconnaître la voix.
Il en est temps. Forcez votre amour à se taire ;
Et d'un œil que la gloire et la raison éclaire,
Contemplez mon devoir dans toute sa rigueur.
Vous-même contre vous fortifiez mon cœur :
Aidez-moi, s'il se peut, à vaincre sa faiblesse,
A retenir des pleurs qui m'échappent sans cesse ;
Ou si nous ne pouvons commander à nos pleurs,
Que la gloire au moins soutienne nos douleurs,
Et que tout l'univers reconnaisse sans peine
Les pleurs d'un Empereur et des pleurs d'une Reine.
Car enfin, ma Princesse, il faut nous séparer.

Bérénice

Ah ! Cruel ! Est-il temps de me le déclarer ?
Qu'avez-vous fait ? Hélas ! Je me suis crue aimée.
(...). »

***Bérénice* de Jean Racine**
Acte IV, scène V, Bérénice et Titus

Question 1

A. Ce texte est écrit en prose
B. Ce texte est écrit en alexandrins

C. Ce texte est extrait d'un roman

D. Ce texte est composé de vers de dix pieds

E. Ce texte est extrait d'un essai

Réponse **B**.

Ce texte est un extrait d'une pièce de théâtre écrite en vers. *Bérénice* a été représentée pour la première fois le 21 novembre 1670 à l'Hôtel de Bourgogne (un des endroits principaux de représentations théâtrales aux XVe et XVIe siècles). Donc **A**, **C** et **E** sont fausses.

Ce texte est écrit en vers de douze pieds (ou douze syllabes). Il s'agit donc d'alexandrins. Ainsi **D** est fausse et seule **B** est vraie.

À RETENIR

Un pied est une syllabe dans le langage poétique.

Un alexandrin est un vers composé de douze pieds.

Question 2

Dans le passage « Vous-même contre vous fortifiez mon cœur »,

A. Il y a une diérèse

B. Il y a dix syllabes

C. Titus dit à Bérénice combien son amour pour elle diminue

D. Titus s'adresse à quelqu'un d'autre que Bérénice

E. Une diérèse est un synonyme de rime.

Réponse **A**.

Une diérèse est présente dans le mot « fortifiez ». Ce terme se prononce « fortifi-iez » afin que le vers ait bien douze pieds. La réponse **A** est donc vraie.

Et la réponse **E** est donc fausse.

Titus s'adresse à Bérénice donc **D** est fausse.

Titus dit à Bérénice que malgré l'amour qu'elle a pour lui, elle doit y renoncer. En aucun cas il lui fait part d'une diminution de l'intensité de son amour. Et **C** est fausse.

À RETENIR

Une diérèse dissocie deux voyelles dans une même syllabe.

L'épreuve d'expression 2

L'épreuve d'expression est répartie selon trois thèmes :

- Recherche de synonymes de mots ou bouts de phrases relativement compliqués ou rarement employés.
- Correction de phrases mal orthographiées ou incorrectes grammaticalement.
- Textes incomplets dont il faut trouver la partie manquante avec cohérence.

Vous avez pour chaque thème, cinq questions à cinq propositions dont une seule est correcte. Attention vous devez posséder un certain vocabulaire !

Quelques conseils en général :

- Bien qu'il n'y ait pas grand chose à réviser pour préparer cette épreuve, vous pouvez toujours relire certains passages de la littérature classique, ou bien lire régulièrement l'actualité. En bref : LISEZ !
- Replongez-vous également dans un livre de grammaire où de nombreux exemples sont abordés.
- Entraînez-vous avec des manuels d'exercices corrigés. Les automatismes grammaticaux et les règles d'orthographe n'auront plus de secret pour vous !

Quelques conseils par partie :

Partie	Conseils
Synonymie	- Lisez très attentivement la phrase ou le texte. Si vous ne connaissez pas le sens du mot ou groupe de mots souligné, vous pourrez le deviner à l'aide du contexte. – Attention à ne pas confondre le mot souligné avec un autre. En particulier lorsqu'il s'agit de paronymes ! Par exemple allusion et illusion se ressemblent mais ne veulent absolument pas dire la même chose !
Erreurs	– Replongez-vous dans vos livres d'orthographe et de grammaire de petites classes pour maîtriser les différentes règles d'accord. Quelques-unes sont traitées plus loin dans cet ouvrage. On vous conseille néanmoins d'approfondir vos connaissances si vous rencontrez d'autres difficultés. – Refaites des exercices et des exercices et des exercices type Tage Mage !
Textes à trous	– Lisez très attentivement le passage. Cela vous permettra de deviner le mot manquant à partir du contexte. Parfois deux solutions peuvent convenir au niveau de l'intrigue, attardez-vous alors sur les règles de grammaire et d'orthographe à appliquer (accord en genre et en nombre ou absence d'accord). – Vous pouvez tomber aussi bien sur des passages littéraires que sur des textes économiques, ou articles de journaux. Alors commencez à lire des articles de presse, des papiers économiques, et révisez vos classiques !

Exemples

Recherche de synonymes :

Lors de la remise de leur rapport de stage, les élèves seront tenus d'écrire les titres des ouvrages en <u>italique</u>.

A. Le titre des ouvrages devra être écrit en gras.
B. Le titre des ouvrages devra être souligné.
C. Le titre des ouvrages devra être écrit en majuscules.
D. Le titre des ouvrages devra être écrit en abrégé.
E. Le titre des ouvrages devra être écrit sous forme inclinée.

L'écriture en italique signifie écriture « penchée » ou inclinée. Ainsi **E** est la bonne réponse.

La femme du styliste ne cessait pas d'<u>houspiller</u> son mari.

A. Réprimander
B. Valoriser
C. Idolâtrer
D. Reprendre
E. S'occuper

« Houspiller » signifie « réprimander, sermonner, disputer », etc. Ainsi la bonne réponse est **A.**

Choisir la proposition correcte :

<u>Pauline a été interrogé sur la leçon qu'elle n'a pas appris</u>.

A. Pauline a été interrogé sur la leçon qu'elle n'a pas appris.
B. Pauline a été interrogée sur la leçon qu'elle n'a pas appris.
C. Pauline a étée interrogée sur la leçon qu'elle n'a pas apprise.
D. Pauline a été interrogé sur la leçon qu'elle n'a pas apprise.
E. Pauline a été interrogée sur la leçon qu'elle n'a pas apprise.

La bonne réponse est **E**. Pauline est un prénom féminin et le participe passé s'accorde en genre et en nombre : donc « interrogée ». « Apprise » s'accorde en genre et en nombre avec le nom féminin « leçon ».

<u>« Travailles ton cours et apprends tes leçons »</u>. Disait le professeur de mathématiques à son élève.

A. Travaille ton cours et apprends tes leçons.
B. Travailles ton cours et apprend tes leçons.
C. Travaille ton court et apprends tes leçons.
D. Travaille ton courts et apprends tes leçons.
E. Travailles ton cours et apprends tes leçons.

La bonne réponse est **A**.

Le verbe « travailler » étant un verbe du 1er groupe, l'impératif présent à la 2e personne du singulier devient « travaille ». Le verbe « apprendre » étant un verbe du 3e groupe, l'impératif présent à la 2e personne du singulier, devient « apprends ». Enfin « cours » au sens de « leçon » dans une matière ou discipline s'écrit « cours ». L'orthographe « court » est réservé pour les terrains de tennis : « court de tennis ».

ATTENTION

À l'impératif, à la deuxième personne du singulier, les verbes du 1er groupe ne prennent pas de *s*. Les verbes du 2e et 3e groupe prennent un *s*.

Textes à trous

Complétez les textes suivants :

Horace

Ah ! Je viens vous trouver, ... de douleur.
Le ciel seigneur Arnolphe, a conclut mon malheur ;
Et par un trait ... d'une injustice extrême,
On me veut arracher la beauté que j'aime.

L'école des femmes, Molière, Horace à Arnolphe, Acte V scène VI

A. Accablé – fatal

B. Accablé – miraculeux

C. Envahi – miraculeux

D. Plein – judicieux

E. Envahi – grand

La bonne réponse est **A**. Les propositions contenant des adjectifs à connotation positive ne peuvent pas convenir au contexte dramatique de la situation. Seule **A** peut donc convenir. Horace est évidemment « accablé de douleur ».

La Princesse

De quelle ... inconnue sens-je mon cœur atteint, et quelle inquiétude secrète est venue troubler tout d'un coup la tranquillité de mon âme ? Ne serait-ce point aussi ce qu'on vient de me dire ! Et sans en rien savoir, n'aimerais-je point ce jeune prince ? (...)

La Princesse d'Elide, Molière, Acte IV scène VI

A. Émotion

B. Sentiment

C. Amour

D. Prince

E. Opinion

La bonne réponse est **A**. En effet l'adjectif « inconnue » est accordé au féminin, ainsi le nom le précédant doit obligatoirement être féminin ! Vous pouvez donc éliminer les propositions **B**, **C**, et **D**.

La réponse **E**, opinion, ne convient pas dans le contexte.

3.2

Sous-partie

Rappels de français

Quelques notions de sémantique 3

Cinq mots se terminant en -yme sont souvent confondus et mal connus des élèves. Cette fiche vous permettra de mieux comprendre leurs différences et de les utiliser à bon escient. Ils définissent et regroupent certains mots aux particularités communes. On distingue les antonymes, les hétéronymes, les homonymes, les paronymes et les synonymes.

1. Antonymes

Mots ayant un sens opposé.

Exemples

Beauté est un antonyme de laideur.

Grandeur est un antonyme de petitesse.

2. Hétéronymes

Mots dont le sens se rapproche en termes de sémantique.

Exemples

Père et mère.

Frère et sœur.

Chef, responsable, directeur.

3. Homonymes

Mots qui se prononcent de la même manière mais qui ont une orthographe et un sens différents.

Exemples :

L'ancre du bateau et l'encre du stylo.

Des cheveux bruns et un brin d'herbe.

La selle de cheval et le sel de table.

4. Paronymes

Mots ayant un sens différent mais une écriture et une prononciation très similaire.

Exemples :

Attention et intention

Allusion et illusion

Cousin et coussin

5. Synonymes

Mots dont le sens est très proche.

Exemple
Grandir et croître sont des synonymes.

À vous de jouer !

Les mots soulignés sont-ils des antonymes, hétéronymes, homonymes, paronymes ou synonymes ? Cochez la bonne réponse !

1. La conversation s'orientait autour des méthodes de conservation du lait.
A. antonymes
B. hétéronymes
C. homonymes
D. paronymes
E. synonymes

2. Il travaillait avec beaucoup de courage et d'hardiesse.
A. antonymes
B. hétéronymes
C. homonymes
D. paronymes
E. synonymes

3. Marie et Jean ont un bébé de 2 ans, un enfant de 8 ans et un adolescent de 14 ans.
A. antonymes
B. hétéronymes
C. homonymes
D. paronymes
E. synonymes

4. Il buvait de l'eau dans un verre vert.
A. antonymes
B. hétéronymes
C. homonymes
D. paronymes
E. synonymes

5. Dans l'immense jardin de son frère, elle cultivait de minuscules plantes.
A. antonymes
B. hétéronymes
C. homonymes
D. paronymes
E. synonymes

Corrigés

1. La bonne réponse est **D :** paronyme. « Conversation » et « conservation » se ressemblent beaucoup au niveau de la prononciation et de l'orthographe mais n'ont rien à voir en termes de définition et de sens. Ce sont donc des paronymes.

2. La bonne réponse est **E** : « Courage » et « hardiesse » sont deux synonymes. Leur sens est très proche.

3. La bonne réponse est **B :** hétéronymes. « Bébé », « enfant » et « adolescent » renvoient tous à la descendance de Marie et de Jean. Ainsi ce sont des hétéronymes.

4. La bonne réponse est **C :** homonymes. « Verre » et « vert » se prononcent de la même manière, mais ont un sens totalement différent. Le verre fait référence au récipient et vert renvoie à la couleur verte. Ce sont donc deux homonymes.

5. La bonne réponse est **A :** antonymes. « Immense » et « minuscule » ont un sens opposé.

À vous de jouer : Comme au Tage Mage !

Complétez les phrases à l'aide d'homonymes :

1. Ils ont cueilli des ... sauvages dans la propriété de leurs grands-parents. Les ... de cette maison sont solides.

A. Mûres / murs

B. Mûres / mûrs

C. Mures / murs

D. Mure / mûres

E. Mûres / mure

2. Ce sont deux mots qui sont voisins en sens mais qui ne se prononcent pas de la même façon. Ce sont des ... .

A. Homonymes

B. Paronymes

C. Hétéronymes

D. Synonymes

E. Antonymes

3. Le <u>jeune</u> homme et la dame <u>âgée</u> se promenaient dans le parc. Les deux mots soulignés sont des ...

A. Homonymes

B. Paronymes

C. Antonymes

D. Synonymes

E. Antonymes

4. Complétez avec des homonymes :

Il a eu ... ans hier. Il a bu un verre de ... . Ses efforts pour la conquérir étaient ... .

A. Vingts / vin / vains

B. Vingt / vin / vains

C. Vingts / vin / vains

D. Vingt / vin / vain

E. Vingts / vins / vain

5. Complétez à l'aide d'homonymes :

Il est parti ... sa valise et avec seulement ... euros en poche.

A. Sans / sans

B. Sens / cent

C. Sans / cents

D. Sens / cents

E. Sans / cent

Corrigé

1	2	3	4	5
A	D	C	B	E

1. « Murs » et « mûres » sont des homonymes. Ils ont bien sûr cueilli des mûres. Les murs de la maison sont solides. « Mûre » correspond au fruit et « mur » à la façade d'une maison. La bonne réponse est **A**.

2. Des mots qui ont un sens équivalent sont qualifiés de synonymes. La bonne réponse est **D**.

3. Deux mots ayant un sens opposé ou contraire sont appelés antonymes. Les adjectifs jeune et âgée ont une signification opposée. Ce sont donc des antonymes. La bonne réponse est **C**.

4. Il s'agit dans ces phrases de trouver le bon mot. Ce sont tous les trois des homonymes. Ils se prononcent de la même manière mais ont un sens différent. La bonne réponse est **B**.

5. Une fois encore vous êtes confronté à des homonymes. Sans et cent. La bonne réponse est **E**.

Conjugaison 4

1. Conjugaisons des verbes avoir et être

Afin de pouvoir comprendre les règles de conjugaison de certains temps, vous devez obligatoirement connaître les conjugaisons des verbes être et avoir à tous les temps :

	Avoir	**Être**
Temps simples de l'indicatif		
Présent	J'ai Tu as Il/elle/on a Nous avons Vous avez Ils/elles ont	Je suis Tu es Il/elle/on est Nous sommes Vous êtes Ils/elles sont
Imparfait	J'avais Tu avais Il/elle/on avait Nous avions Vous aviez Ils/elles avaient	J'étais Tu étais Il/elle/on était Nous étions Vous étiez Ils/elles étaient
Futur	J'aurai Tu auras Il/elle/on aura Nous aurons Vous aurez Ils/elles auront	Je serai Tu seras Il/elle/on sera Nous serons Vous serez Ils/elles seront
Passé simple	J'eus Tu eus Il/elle/on eut Nous eûmes Vous eûtes Ils/elles eurent	Je fus Tu fus Il/elle/on fut Nous fûmes Vous fûtes Ils/elles furent
Temps composés de l'indicatif		
Passé composé	J'ai eu Tu as eu Il/elle/on a eu Nous avons eu Vous avez eu Ils/elles avaient eu	J'ai été Tu as été Il/elle/on a été Nous avons été Vous avez été Ils/elles ont été

Plus-que-parfait	J'avais eu Tu avais eu Il/elle/on avait eu Nous avions eu Vous aviez eu Ils/elles avaient eu	J'avais été Tu avais été Il/elle/on avait été Nous avions été Vous aviez été Ils/elles avaient été
Futur antérieur	J'aurai eu Tu auras eu Il/elle/on aura eu Nous aurons eu Vous aurez eu Ils/elles auraient eu	J'aurai été Tu auras été Il/elle/on aura été Nous aurons été Vous aurez été Ils/elles auront été
Passé antérieur	J'eus eu Tu eus eu Il/elle/on eut eu Nous eûmes eu Vous eûtes eu Ils/elles eurent eu	J'eus été Tu eus été Il/elle/on eut été Nous eûmes été Vous eûtes été Ils/elles eurent été
Conditionnel		
Présent	J'aurais Tu aurais Il/elle/on aurait Nous aurions Vous auriez Ils/elles auraient	Je serais Tu serais Il/elle/on serait Nous serions Vous seriez Ils/elles seraient
Passé	J'aurais eu Tu aurais eu Il/elle/on aurait eu Nous aurions eu Vous auriez eu Ils/elle auraient eu	J'aurais été Tu aurais été Il/elle/on aurait été Nous aurions été Vous auriez été Ils/elle auraient été
Subjonctif		
Présent	Que j'aie Que tu aies Qu'il/elle/on ait Que nous ayons Que vous ayez Qu'ils/elles aient	Que je sois Que tu sois Qu'il/elle/on soit Que nous soyons Que vous soyez Qu'ils/elles soient
Imparfait	Que j'eusse Que tu eusses Qu'il/elle/on eût Que nous eussions Que vous eussiez Qu'ils/elles eussent	Que je fusse Que tu fusses Qu'il/elle/on fût Que nous fussions Que vous fussiez Qu'ils/elles fussent

Passé	Que j'aie eu Que tu aies eu Qu'il/elle/on ait eu Que nous ayons eu Que vous ayez eu Qu'ils/elles aient eu	Que j'aie été Que tu aies été Qu'il/elle/on ait été Que nous ayons été Que vous ayez été Qu'ils/elles aient été
Plus-que-parfait	Que j'eusse eu Que tu eusses eu Qu'il/elle/on eût eu Que nous eussions eu Que vous eussiez eu Qu'ils/elles eussent eu	Que j'eusse été Que tu eusses été Qu'il/elle/on eût été Que nous eussions été Que vous eussiez été Qu'ils/elles eussent été
Impératif		
Présent	Aie Ayons Ayez	Sois Soyons Soyez
Passé	Aie eu Ayons eu Ayez eu	Aie été Ayons été Ayez été

2. Les groupes de verbes et leur conjugaison aux temps de l'indicatif

Verbe	1er groupe	2e groupe	3e groupe
Comment les reconnaître ?	Ils se terminent par -er sauf le verbe « aller » qui est un verbe du 3e groupe	Ils se terminent par -ir et leur participe présent se termine en -issant	Ils se terminent par -ir ou -re ou -oir

3. Les groupes de verbes et leur conjugaison aux temps de l'indicatif

Temps simples de l'indicatif			
Terminaisons au présent de l'indicatif	-e -es -e -ons -ez -ent	-is -is -it -issons -issez -issent	-s -s -t -ons -ez -ent
Terminaisons de l'imparfait de l'indicatif	-ais -ais -ait -ions -iez -aient	-issais -issais -issait -issions -issiez -issaient	-ais -ais -ait -ions -iez -aient

Terminaisons du futur de l'indicatif	-ai -as -a -ons -ez -ont	-ai -as -a -ons -ez -ont	-ai -as -a -ons -ez -ont		
Terminaisons du passé simple de l'indicatif	-ai -as -a -âmes -âtes -èrent	-is -is -it -îmes -îtes -irent	-is -is -it -îmes -îtes -irent	-us -us -ut -ûmes -ûtes -urent	-ins -ins -int -înmes -întes -inrent
Temps composés de l'indicatif					
Terminaisons du passé composé de l'indicatif	Formé de l'auxiliaire avoir ou être conjugué au présent suivi du participe passé				
Terminaisons du futur antérieur l'indicatif	Formé de l'auxiliaire avoir ou être conjugué au futur suivi du participe passé				
Terminaisons du plus-que-parfait de l'indicatif	Formé de l'auxiliaire avoir ou être conjugué à l'imparfait suivi du participe passé				
Terminaisons du passé antérieur de l'indicatif	Formé de l'auxiliaire avoir ou être conjugué au passé simple suivi du participe passé				

4. Les groupes de verbes et leur conjugaison aux temps du conditionnel

Conditionnel			
Terminaisons du conditionnel présent	-ais -ais -ait -ions -iez -aient	-ais -ais -ait -ions -iez -aient	-ais -ais -ait -ions -iez -aient
Terminaisons du conditionnel passé	Auxiliaire avoir conjugué au conditionnel présent suivi du participe passé		

5. Les groupes de verbes et leur conjugaison aux temps du subjonctif

Subjonctif					
Terminaisons du subjonctif	-e -es -e -ions -iez -ent	-isse -isses -ît -issions -issiez -issent	-e -es -e -ions -iez -ent		
Terminaisons du subjonctif imparfait	-asse -asses -ât -assions -assiez -assent	-isse -isses -ît -issions -issiez -issent	-isse -isses -ît -issions -issiez -issent	-usse -usses -ût -ussions -ussiez -ussent	-insse -insses -înt -inssions -inssiez -inssent
Terminaisons du subjonctif passé	Auxiliaire avoir conjugué au subjonctif présent suivi du participe passé				
Terminaisons du subjonctif plus-que-parfait	Auxiliaire avoir conjugué au subjonctif imparfait suivi du participe passé				

6. Les groupes de verbes et leur conjugaison aux temps de l'impératif

Impératif			
Terminaisons de l'impératif présent	-e -e -e -ons -ez -ent	-is -is -it -issons -issez -issent	-s -s -t -ons -ez -ent
Terminaisons de l'impératif passé	Auxiliaire avoir ou être conjugué à l'impératif suivi du participe passé		

L'impératif et la deuxième personne du singulier...

L'impératif présent à la deuxième personne du singulier :

- Les verbes du 1er groupe ne prennent pas de « s » !
- Seuls les verbes du deuxième et du troisième groupe prennent un « s ».

Exemples

Range ta chambre.

Apprends ton cours.

N'oublie pas de faire tes devoirs.

ATTENTION

Il subsiste quelques tolérances :

« **Vas-y** » : « aller » ne prend pas de « s » lorsqu'il est conjugué à la 2e personne du singulier à l'impératif présent. Ici un « s » est ajouté pour faciliter la liaison.

« **Va, je ne te hais point** » : Le verbe aller ne prend pas de « s » (malgré le fait que ce soit un verbe du 3e groupe) dans cette célèbre réplique du *Cid* de Corneille.

« **Ramènes-en** » : Un « s » est ajouté pour faciliter la liaison. Même si « ramener » est un verbe du 1er groupe.

Il y a d'autres exemples possibles. Il faut retenir qu'un « s » est ajouté pour la liaison.

« **Ramène-moi le livre dont je t'ai parlé l'autre jour** » : il n'y pas de « s » car pas de liaison nécessaire au niveau de la prononciation.

7. Exemples de conjugaison de verbes

	Chanter (1er groupe)	**Finir (2e groupe)**
	Temps simples de l'indicatif	
Présent	Je chante Tu chantes Il/elle/on chante Nous chantons Vous chantez Ils/elles chantent	Je finis Tu finis Il/elle/on finit Nous finissons Vous finissez Ils/elles finissent
Imparfait	Je chantais Tu chantais Il/elle/on chantait Nous chantions Vous chantiez Ils/elles chantaient	Je finissais Tu finissais Il/elle/on finissait Nous finissions Vous finissiez Ils/elles finissaient
Futur	Je chanterai Tu chanteras Il/elle/on chantera Nous chanterons Vous chanterez Ils/elles chanteront	Je finirai Tu finiras Il/elle/on finira Nous finirons Vous finirez Ils/elles finiront
Passé simple	Je chantai Tu chantas Il/elle/on chanta Nous chantâmes Vous chantâtes Ils/elles chantèrent	Je finis Tu finissais Il/elle/on finissait Nous finîmes Vous finîtes Ils/elles finirent

Temps composés de l'indicatif		
Passé composé	J'ai chanté Tu as chanté Il/elle/on a chanté Nous avons chanté Vous avez chanté Ils/elles avaient chanté	J'ai fini Tu as fini Il/elle/on a fini Nous avons fini Vous avez fini Ils/elles ont fini
Plus-que-parfait	J'avais chanté Tu avais chanté Il/elle/on avait chanté Nous avions chanté Vous aviez chanté Ils/elles avaient chanté	J'avais fini Tu avais fini Il/elle avait fini Nous avions fini Vous aviez fini Ils/elles avaient fini
Futur antérieur	J'aurai chanté Tu auras chanté Il/elle/on aura chanté Nous aurons chanté Vous aurez chanté Ils/elles auront chanté	J'aurai fini Tu auras fini Il/elle/on aura fini Nous aurons fini Vous aurez fini Ils/elles auront fini
Passé antérieur	J'eus chanté Tu eus chanté Il/elle/on eut chanté Nous eûmes chanté Vous eûtes chanté Ils/elles eurent chanté	J'eus fini Tu eus fini Il/elle/on eut fini Nous eûmes fini Vous eûtes fini Ils/elles eurent fini
Conditionnel		
Présent	Je chanterais Tu chanterais Il/elle/on chanterait Nous chanterions Vous chanteriez Ils/elles chanteraient	Je finirais Tu finirais Il/elle/on finirait Nous finirions Vous finiriez Ils/elles finiraient
Passé	J'aurais chanté Tu aurais chanté Il/elle/on aurait chanté Nous aurions chanté Vous auriez chanté Ils/elle auraient chanté	J'aurais fini Tu aurais fini Il/elle/on aurait fini Nous aurions fini Vous auriez fini Ils/elle auraient fini
Subjonctif		
Présent	Que je chante Que tu chantes Qu'il/elle/on chante Que nous chantions Que vous chantiez Qu'ils/elles chantent	Que je finisse Que tu finisses Qu'il/elle/on finisse Que nous finissions Que vous finissiez Qu'ils/elles finissent

Imparfait	Que je chantasse Que tu chantasses Qu'il/elle/on chantât Que nous chantassions Que vous chantassiez Qu'ils/elles chantassent	Que je finisse Que tu finisses Qu'il/elle/on finît Que nous finissions Que vous finissiez Qu'ils/elles finissent
Passé	Que j'aie chanté Que tu aies chanté Qu'il/elle/on ait chanté Que nous ayons chanté Que vous ayez chanté Qu'ils/elles aient chanté	Que j'aie fini Que tu aies fini Qu'il/elle/on ait fini Que nous ayons fini Que vous ayez fini Qu'ils/elles aient fini
Plus-que-parfait	Que j'eusse chanté Que tu eusses chanté Qu'il/elle/on eût chanté Que nous eussions chanté Que vous eussiez chanté Qu'ils/elles eussent chanté	Que j'eusse fini Que tu eusses fini Qu'il/elle/on eût fini Que nous eussions fini Que vous eussiez fini Qu'ils/elles eussent fini
	Impératif	
Présent	Chante Chantons Chantez	Finis Finissons Finissez
Passé	Aie chanté Ayons chanté Ayez chanté	Aie fini Ayons fini Ayez fini

	Vendre (3e groupe)	**Connaître (3e groupe)**
	Temps simples de l'indicatif	
Présent	Je vends Tu vends Il/elle/on vend Nous vendons Vous vendez Ils/elles vendent	Je connais Tu connais Il/elle/on connait Nous connaissons Vous connaissez Ils/elles connaissent
Imparfait	Je vendais Tu vendais Il/elle/on vendait Nous vendions Vous vendiez Ils/elles vendaient	Je connaissais Tu connaissais Il/elle/on connaissait Nous connaissions Vous connaissiez Nous connaissions
Futur	Je vendrai Tu vendras Il/elle/on vendra Nous vendrons Vous vendrez Ils/elles vendront	Je connaitrai Tu connaitras Il/elle/on connaitra Nous connaitrons Vous connaitrez Ils/elles connaitront

Passé simple	Je vendis Tu vendis Il/elle/on vendit Nous vendîmes Vous vendîtes Ils/elles vendirent	Je connus Tu connus Il/elle/on connut Nous connûmes Vous connûtes Ils/elles connurent
	Temps composés de l'indicatif	
Passé composé	J'ai vendu Tu as vendu Il/elle/on a vendu Nous avons vendu Vous avez vendu Ils/elles ont vendu	J'ai connu Tu as connu Il/elle/on a connu Nous avons connu Vous avez connu Ils/elles ont connu
Plus-que-parfait	J'avais vendu Tu avais vendu Il/elle/on avait vendu Nous avions vendu Vous aviez vendu Ils/elles avaient vendu	J'avais connu Tu avais connu Il/elle/on avait connu Nous avions connu Vous aviez connu Ils/elles avaient connu
Futur antérieur	J'aurai vendu Tu auras vendu Il/elle/on aura vendu Nous aurons vendu Vous aurez vendu Ils/elles auront vendu	J'aurai connu Tu auras connu Il/elle/on aura connu Nous aurons connu Vous aurez connu Ils/elles auront connu
Passé antérieur	J'eus vendu Tu eus vendu Il/elle/on eut vendu Nous eûmes vendu Vous eûtes vendu Ils/elles eurent vendu	J'eus connu Tu eus connu Il/elle/on eut connu Nous eûmes connu Vous eûtes connu Ils/elles eurent connu
	Conditionnel	
Présent	Je vendrais Tu vendrais Il/elle/on vendrait Nous vendrions Vous vendriez Ils/elles vendraient	Je connaitrais Tu connaitrais Il/elle/on connaitrait Nous connaitrions Vous connaitriez Ils/elles connaitraient
Passé	J'aurais vendu Tu aurais vendu Il/elle/on aurait vendu Nous aurions vendu Vous auriez vendu Ils/elle auraient vendu	J'aurais connu Tu aurais connu Il/elle/on aurait connu Nous aurions connu Vous auriez connu Ils/elle auraient connu

Subjonctif		
Présent	Que je vende Que tu vendes Qu'il/elle/on vende Que nous vendions Que vous vendiez Qu'ils/elles vendent	Que je connaisse Que tu connaisses Qu'il/elle/on connaisse Que nous connaissions Que vous connaissiez Qu'ils/elles connaissent
Imparfait	Que je vendisse Que tu vendisses Qu'il/elle/on vendît Que nous vendissions Que vous vendissiez Qu'ils/elles vendissent	Que je connusse Que tu connusses Qu'il/elle/on connût Que nous connaissions Que vous connaissiez Qu'ils/elles connussent
Passé	Que j'aie vendu Que tu aies vendu Qu'il/elle/on ait vendu Que nous ayons vendu Que vous ayez vendu Qu'ils/elles aient vendu	Que j'aie connu Que tu aies connu Qu'il/elle/on ait connu Que nous ayons connu Que vous ayez connu Qu'ils/elles aient connu
Plus-que-parfait	Que j'eusse vendu Que tu eusses vendu Qu'il/elle/on eût vendu Que nous eussions vendu Que vous eussiez vendu Qu'ils/elles eussent vendu	Que j'eusse connu Que tu eusses connu Qu'il/elle/on eût connu Que nous eussions connu Que vous eussiez connu Qu'ils/elles eussent connu
Impératif		
Présent	Vends Vendons Vendez	Connais Connaissons Connaissez
Passé	Aie vendu Ayons vendu Ayez vendu	Aie connu Ayons connu Ayez connu

Faire (1er groupe)	
Temps simples de l'indicatif	
Présent	Je fais Tu fais Il/elle/on fait Nous faisons Vous faîtes Ils/elles font

Imparfait	Je faisais Tu faisais Il/elle/on faisait Nous faisions Vous faisiez Ils/elles faisaient
Futur	Je ferai Tu ferais Il/elle/on ferait Nous feront Vous ferez Ils/elles feront
Passé simple	Je fis Tu fis Il/elle/on fit Nous fîmes Vous fîtes Ils/elles firent
Temps composés de l'indicatif	
Passé composé	J'ai fait Tu as fait Il/elle/on a fait Nous avons fait Vous avez fait Ils/elles ont fait
Plus-que-parfait	J'avais fait Tu avais fait Il/elle/on avait fait Nous avions fait Vous aviez fait Ils/elles avaient fait
Futur antérieur	J'aurai fait Tu auras fait Il/elle/on aura fait Nous aurons fait Vous aurez fait Ils/elles auront fait
Passé antérieur	J'eus fait Tu eus fait Il/elle/on eut fait Nous eûmes fait Vous eûtes fait Ils/elles eurent fait

Conditionnel	
Présent	Je ferais Tu ferais Il/elle/on ferait Nous ferions Vous feriez Ils/elles feraient
Passé	J'aurais fait Tu aurais fait Il/elle/on aurait fait Nous aurions fait Vous auriez fait Ils/elles auraient fait
Subjonctif	
Présent	Que je fasse Que tu fasses Qu'il/elle/on fasse Que nous fassions Que vous fassiez Qu'ils/elles fassent
Imparfait	Que je fisse Que tu fisses Qu'il/elle/on fît Que nous fissions Que vous fissiez Qu'ils/elles fissent
Passé	Que j'aie fait Que tu aies fait Qu'il/elle/on ait fait Que nous ayons fait Que vous ayez fait Qu'ils/elles aient fait
Plus-que-parfait	Que j'eusse fait Que tu eusses fait Qu'il/elle/on eût fait Que nous eussions fait Que vous eussiez fait Qu'ils/elles eussent fait
Impératif	
Présent	Fais Faisons Faites
Passé	Aie fait Ayons fait Ayez fait

8. Concordance des temps

Qu'est-ce qu'une proposition principale, une proposition subordonnée ?

La proposition principale est la partie de la phrase qui désigne l'action principale. La proposition subordonnée est la partie de la phrase qui complète l'information dominante.

Exemple :

Il passait son examen qu'il avait révisé depuis longtemps.

Proposition principale – proposition subordonnée

Tableau de la concordance des temps

Temps de la proposition principale	Proposition subordonnée au présent ou au futur	Proposition subordonnée au passé
Présent ou futur	Subjonctif présent	Subjonctif passé
Passé ou conditionnel	Subjonctif imparfait	Subjonctif plus-que-parfait

5 L'accord du participe passé

1. L'auxilaire avoir

Le participe passé s'accorde en genre et en nombre avec le COD (complément d'objet direct) uniquement si ce dernier est placé avant le verbe.

Exemples

COD placé avant le verbe :

Elle est très contente des informations qu'elle a recueillies au cours de son interview.

Dans ce cas, le COD « des informations » est placé avant le verbe recueillir conjugué au passé composé ; il s'accorde donc et son participe passé est « recueillies ».

COD placé après le verbe :

Elle a recueilli des informations au cours de l'interview et est donc très contente.

Dans ce cas le COD « des informations » est placé après le verbe, donc le participe passé ne s'accorde pas avec. Ainsi vous obtenez bien « recueilli » comme participe passé.

ASTUCE !

Pour déterminer le COD, vous devez vous poser une question. Dans les exemples précédents, vous vous demandez : elle a recueilli quoi ? Et vous répondez : « des informations ». Vous avez trouvé le COD ! Et là à titre d'exercice, vous vous demandez : vous avez trouvé quoi ? Et vous répondez : le COD ! Le COD de la phrase « Vous avez trouvé le COD » est « le COD » !

Il existe aussi les COI, complément d'objet indirect et les COS, complément d'objet second.

Les COI sont introduits par une préposition.

Les COI sont appelés COS dès lors que le verbe a déjà un COD.

Exemple

Caroline parle à sa sœur.

Caroline parle à qui ? À sa sœur.

Le COI est ici « sa sœur ».

Stéphanie donne des croquettes à son chien.

« des croquettes » est le COD

« son chien » est le COS (il s'agit en fait d'un COI mais le verbe ayant déjà un COD, c'est un COS).

2. L'auxilaire être

Le participe passé s'accorde en genre et en nombre avec le sujet lorsqu'il est employé avec l'auxiliaire être.

Exemples

La voiture est peinte en bleu.

Elle paraissait affaiblie par ce long voyage.

Verbes pronominaux

Verbes essentiellement pronominaux (c'est-à-dire qui se construisent toujours avec « se ») : accord sujet-participe.

Verbes accidentellement pronominaux (c'est-à-dire qui peuvent aussi se construire sans « se ») : accord avec le complément d'objet direct placé avant, exactement comme s'il était employé avec l'auxiliaire *avoir*.

Exemples

Ils se sont lavé les mains. (lavé quoi ? les mains, placé après, on n'accorde pas)

Ils se sont lavés. (lavé quoi ? eux-mêmes, représentés par « se », placé avant, on accorde)

Ils se sont parlé toute l'après-midi. (parlé à qui ? à elles-mêmes, objet indirect, on n'accorde pas)

Verbes passifs (c'est-à-dire lorsque le sujet subit l'action) : **accord sujet-participe**.

Exemples

La maison s'est bien vendue.

Verbes pronominaux suivis d'un infinitif :

- accord si le sujet est actif du verbe à l'infinitif ;
- pas d'accord si le sujet subit l'action exprimée par le verbe à l'infinitif.

Exemples

Elles se sont vues mourir lentement.

Ils se sont vu envahir par l'ennemi.

À vous de jouer !

Accordez les participes passés dans les phrases suivantes :

1. Ils se sont (donner) la main pour traverser.
2. Il ont (travailler) jour et nuit pour rendre le projet à temps.
3. Elle est (arriver) en retard par sa faute.
4. Les verrines étaient (disposer) sur la table des cocktails.
5. J'ai (perdre) la lettre que vous m'avez (envoyer).
6. J'ai bien (recevoir) votre lettre de démission.
7. Ils ont (être attaqué) par des loups.
8. Ils se sont (amuser) ensemble.
9. Il n'ont pas (vouloir) venir à la fête.
10. Elle s'est (casser) la cheville en tombant de vélo.

Corrigé

1. Ils se sont donné la main pour traverser.

2. Il ont travaillé jour et nuit pour rendre le projet à temps.

3. Elle est arrivée en retard par sa faute.

4. Les verrines étaient disposées sur la table des cocktails.

5. J'ai perdu la lettre que vous m'avez envoyée.

6. J'ai bien reçu votre lettre de démission.

7. Ils ont été attaqués par des loups.

8. Ils se sont amusés ensemble.

9. Il n'ont pas voulu venir à la fête.

10. Elle s'est cassé la cheville en tombant de vélo.

Quelques règles particulières 6

1. Des chiffres en lettres...

Mille

Mille est invariable.

Cent

Cent prend un « s » lorsqu'il est précédé d'un chiffre (deux cents).

Cent ne prend pas de « s » lorsqu'il est suivi d'un nombre ou d'un chiffre (cent vingt).

Lorsque cent est précédé par un chiffre et suivi par un chiffre ou un nombre, il ne prend pas de « s » (deux cent dix).

Quatre-vingt

Quatre-vingts prend un « s » lorsqu'il n'est pas suivi d'un nombre ou d'un chiffre.

Quatre-vingt ne prend pas de « s » lorsqu'il est suivi d'un autre nombre ou chiffre (quatre-vingt-un, quatre-vingt-dix)

Lorsque vingt est précédé par un chiffre et suivi par un chiffre ou un nombre, il ne prend pas de « s » (quatre-vingt-trois, quatre-vingt-dix)

Exemples

Deux cent mille
Quatre-vingts
Quatre-vingt-deux
Cent vingt-deux
Quatre-vingt mille
Deux cent quatre-vingts
Deux cent quatre-vingt-deux
Trois cent dix-huit
Deux mille cinq cent quatre-vingt-trois.

2. Pluriel

En français, les mots marquent leur pluriel en prenant un « s » à la fin.

Il subsiste néanmoins quelques exceptions. Certains marquent leur pluriel sous certaines règles qui leur sont propres, en se terminant par « x » par exemple, ou bien en changeant de terminaison, etc.

a. Pluriel de certains mots

Les mots se terminant par -au, -eau et -eu prennent un « x » au pluriel.

EXCEPTION !

En -au : Landau et sarrau prennent un « s » au pluriel.

En -eu : Bleu, émeu, lieu (le poisson) et pneu prennent un « s » au pluriel.

Les mots se terminant en -al marquent leur pluriel en se terminant par -aux.

Exemples

Un journal / des journaux
Un canal / des canaux
Un cheval / des chevaux

EXCEPTIONS

Des articles peu banals (et non banaux)
Des destins fatals
Des avenirs bancals
Les documents finals
Des chantiers navals
Un festival / des festivals
Un bal / des bals
Un carnaval / des carnavals
Un chacal / des chacals
Un récital / des récitals
Un étal / des étals
Un cérémonial / des cérémonials

REMARQUE

Banaux était utilisé au Moyen Âge, mais ne l'est plus aujourd'hui.

Les mots se terminant par -ail marquent leur pluriel en prenant un « s ».

Exemples

Un épouvantail / des épouvantails
Un éventail / des éventails

EXCEPTIONS

Certains mots marquent leur pluriel en se terminant par -aux.
Un travail / des travaux
Un bail / des baux
Un soupirail / des soupiraux
Un vitrail / des vitraux
Un ail / des aulx
Un corail / des coraux
Un vantail / des vantaux

b. Le pluriel des noms composés

Les noms composés sont des groupes de mots constitués de noms, de verbes, d'adjectifs, d'adverbes ou de prépositions.

Les adjectifs et les noms seulement marquent leur pluriel dans les noms composés.

Les verbes, adverbes et prépositions restent invariables.

Exemples

Un nom et un adjectif :
Un cordon-bleu – des cordons-bleus
Un pic-vert – des pics-verts

Deux adjectifs :
Une sauce aigre-douce – des sauces aigres-douces

Un verbe et un nom :
Un porte-manteau – des porte-manteaux

Une préposition et un nom :
Une avant-première – des avant-premières

Lorsque le nom composé est formé de deux noms avec une préposition au milieu, seul le premier nom marque le pluriel.

Exemples

Un arc-en-ciel – des arcs-en-ciel
Un chef-d'œuvre – des chefs-d'œuvre

Lorsque l'adjectif est assimilé à un adverbe, seul le nom marque son pluriel.

Exemples

Un haut-parleur – des haut-parleurs

Tableau récapitulatif

Pluriel des noms composés formés de … + … :	**Nom**	**Adjectif**	**Adverbe**	**Préposition**	**Verbe**
Nom	Les deux sont au pluriel	Les deux sont au pluriel	Seul le nom est au pluriel	Seul le nom est au pluriel	Seul le nom est au pluriel
Adjectif	Les deux sont au pluriel	Les deux sont au pluriel	Seul l'adjectif est au pluriel	Seul l'adjectif est au pluriel	Seul l'adjectif est au pluriel
Adverbe	Seul le nom est au pluriel	Seul l'adjectif est au pluriel	Aucun n'est au pluriel	Aucun n'est au pluriel	Aucun n'est au pluriel
Préposition	Seul le nom est au pluriel	Seul le nom est au pluriel	Aucun n'est au pluriel	Aucun n'est au pluriel	Aucun n'est au pluriel
Verbe	Seul le nom est au pluriel	Seul le nom est au pluriel	Aucun n'est au pluriel	Aucun n'est au pluriel	Aucun n'est au pluriel

3. L'accord des adjectifs de couleur

Les adjectifs de couleur, lorsqu'ils sont seuls, s'accordent en genre et en nombre avec le nom auquel ils se rapportent.

Exemples
Des robes bleues
Des sièges confortables

Les noms employés comme adjectif de couleur ne s'accordent pas.

Exemples
Des robes marron

EXCEPTIONS
Mauve, écarlate, fauve, rose, pourpre, incarnat (couleur dans les tons roses)

Exemples
Des robes écarlates
Des fleurs mauves
Des chemisiers fauves

Lorsque l'adjectif de couleur est suivi d'un adjectif ou d'un nom, il est invariable.

Exemples
Des pulls bleu marine
Des chaussettes gris foncé

L'adjectif de couleur, lorsqu'il est composé, est invariable.

Exemples
Des pulls bleu-vert
Des chaussettes gris-bleu

Récapitulatif

Un seul adjectif de couleur	Nom employé comme adjectif de couleur	Adjectif de couleur accompagné d'un autre adjectif ou d'un nom	Adjectif de couleur composé
Variable	Invariable	Invariable	Invariable

4. Quel/quelle/quels/quelles/qu'elle/qu'elles

Lorsque « quel » est employé comme adjectif exclamatif ou adjectif interrogatif, il s'accorde avec le nom auquel il se rapporte.

Exemples
Pronoms interrogatifs
Quelle heure est-il ?

Quel est le problème ?
Quels magazines lisez-vous ?
Quelles étagères avez-vous achetées ?

Pronoms exclamatifs
Quelle belle robe !
Quelles belles voitures !
Quel beau texte !
Quels beaux tableaux !

« Qu'elle » est la contraction de « que elle ».
De même que « qu'elles » est la contraction de « que elles ».
Ces contractions sont soit des pronoms relatifs, soit des conjonctions de subordination.

Exemples
Pronoms relatifs
Le livre qu'elle a lu est intéressant.
Les démonstrations qu'elle a expliquées sont longues et fastidieuses.

Conjonction de subordination
Il est probable qu'elle ne soit pas prudente.
Il aimerait qu'elles soient venues.

5. Quelque/quelques/quel que/ quels que/quelle que/quelles que

Quelque/quelques

Quelque s'accorde en nombre avec le nom auquel il se rapporte en tant que déterminant indéfini.

Exemples
Il finira son exercice dans quelques minutes.
Il est allé quelques fois à la piscine.

En revanche quelque est invariable en tant qu'adverbe suivi d'un adjectif.

Exemples
Quelque inconfortables que soient les sièges de la voiture, il devra prendre le volant.

Quel que/quels que/quelle que/quelles que

Quel que s'accorde avec le sujet lorsqu'il est employé avec le verbe être.

Exemples
Quel que soit x réel non nul, la fonction f est strictement croissante.
Quelle que soit la météo, elle sera là.
Quels que soient les problèmes, il saura les résoudre.
Quelles que soient les intempéries, ils viendront déjeuner avec nous.

Tel/telle/tels/telles/tel que/telle que/tels que/telles que

Tel s'accorde en genre et en nombre avec le nom qui le suit.

Exemples

Une déclaration tel un beau roman.

Des résultats telle une belle surprise.

Tel que s'accorde en genre et en nombre avec le nom qui le précède.

Exemples

Soit le réel x tel que la fonction f soit définie.

Regardez bien ! Vous pourrez apercevoir des animaux tels que la girafe ou le tigre.

Tel quel s'accorde en genre et en nombre avec le nom qui le précède.

Exemples

Rangez le salon mais laissez le salon et l'entrée tels quels.

Dans cette équation les termes constants s'annulent tandis que les variables restent telles quelles.

6. Histoire de genre et de nombre...

Les trois mots suivants ont une particularité :

- Amour
- Délice
- Orgue

Ils sont masculins au singulier et deviennent féminins au pluriel.

Exemples

Ils vivent le vrai amour.
Les amours d'autrefois sont les plus belles.
Cette tarte est un vrai délice.
Les savoureuses délices d'un restaurant.
Un orgue est un instrument de musique.
Les orgues de ce musicien sont belles.

Figures de Style 7

1. Accumulation

Accumulation de mots ou groupes de mots pour désigner une action.

Exemple

« Il y a un homme qui m'a prise orpheline au berceau, qui m'a nourrie, qui m'a aimée et qui m'aime encore ; (...) ».

Marie Tudor de Victor Hugo, Jane à la Reine, Deuxième journée, scène IV.

2. Allégorie

Symbole pour matérialiser une idée.

Exemple

La colombe représente la paix.

3. Allitération

Répétition de consonnes identiques dans une même phrase.

Exemple

« Pour qui sont ces serpents qui sifflent sur vos têtes ? »

Andromaque de Jean Racine, Oreste à Pylade, Acte V, scène dernière.

4. Antiphrase

Exprime le contraire de ce que l'on pense.

Exemple

Quelqu'un pourra dire « Quelle prouesse ! » pour désigner une action peu glorieuse.

5. Antithèse

Mots ou groupes de mots qui sont de sens opposé.

Exemple

« Ces jours si longs pour moi lui sembleront trop courts. »

Bérénice de Jean Racine, Bérénice à Titus, Acte IV scène V

6. Antonomase

Nom propre pour désigner un nom commun ou adjectif.

Exemples

Quelqu'un de très beau physiquement peut être qualifié d'Apollon.

Quelqu'un qui a un grand nez peut être qualifié de Cyrano de Bergerac.

7. Aposiopèse

Absence de texte. L'auteur invite le lecteur à imaginer la fin de la phrase. Elle est représentée par des points de suspension. Il ne faut pas confondre cette figure de style avec la suspension : il ne s'agit pas d'une attente.

Exemple

« Je me rappelle.
Ne demandais-tu pas pourquoi je l'aimais ainsi,
Et depuis quand ?...- Un jour...- Mais à quoi bon ceci ? »

Ruy Blas de Victor Hugo, Ruy Blas à Don César, Acte premier, scène III.

8. Chiasme

Parallélisme et symétrie de termes.

Exemple

Il travaille du matin au soir et du soir au matin.

9. Euphémisme

Forme adoucie d'une idée.

Exemple

« Il a quelques notions en maths » pour dire : « il est mauvais en maths ».

10. Hyperbole

Description exagérée d'une chose.

Exemple

« C'est un roc !... C'est un pic... C'est un cap ! »

Cyrano de Bergerac d'Edmond Rostand, Cyrano au Vicomte, Acte I, scène IV

11. Litote

Suggérer le contraire de sa pensée par la négation.

Exemple

« Va, je ne te hais point ».

Le Cid de Corneille, Chimène à D. Rodrigue, Acte III, scène IV.

Chimène dit à Rodrigue qu'elle l'aime.

12. Métaphore

Désigner un terme en le comparant (sans terme comparatif) à une image ou un objet.

Exemple

Il est très intelligent et très cultivé, c'est un puits de science.

13. Oxymore

Mots de sens opposé qui se suivent.

Exemple

« Cette obscure clarté qui tombe des étoiles ».

Le Cid de Corneille, D. Rodrigue Acte IV scène III

Ici « obscure » et « clarté » ont un sens opposé.

14. Périphrase

Mot ou groupes de mots pour désigner un nom.

Exemples

La capitale de la France pour désigner Paris

La langue de Shakespeare pour désigner la langue anglaise.

15. Syllogisme

Deux hypothèses qui, imbriquées, permettent d'aboutir à une conclusion.

Exemples

Les garçons ont les cheveux courts. Jean a les cheveux courts. Donc Jean est un garçon.

Cet exemple n'est pas forcément vrai car on ne peut pas en déduire que Jean est forcément un garçon.

Les félins sont des prédateurs. Le tigre est un félin. Donc le tigre est un prédateur.

Cet exemple fonctionne et la conclusion est vraie.

16. Zeugme

Construction qui évite de répéter un mot ou un groupe de mots et qui relie souvent entre eux un terme concret et un terme abstrait.

Exemples

Pourriez-vous me donner la bonne direction et une bouteille d'eau.

Il vida son sac et son verre d'eau.

8 Versification

Sons

Diérèse : dissocie deux voyelles dans une même syllabe.

Exemple
Vous faites une diérèse si vous prononcez pion en deux syllabes : « pi-ion ».

Synérèse : prononciation de deux voyelles en une seule syllabe.

Exemple
Vous faites une synérèse si vous prononcez « pion » en une seule syllabe.

Rime : son qui se répète à la fin d'un vers entre deux vers consécutifs ou non. Il existe des rimes plates, des rimes croisées et des rimes embrassées. Les rimes plates sont de la forme aa bb. Les rimes croisées sont de la forme abab. Les rimes embrassées sont de la forme abba. a et b désignant des sons.

Vers et pieds

Octosyllabe : vers composé de huit syllabes.

Décasyllabe : vers composé de dix syllabes.

Alexandrins : vers composés de douze pieds.

Exemple
Certaines pièces de théâtre du répertoire classique sont écrites en alexandrins.
« Vous ne comptez pour rien les pleurs de Bérénice ».
Bérénice de Jean Racine, Bérénice à Titus, Acte IV scène V

Pieds : syllabes dans un vers.

Strophes et vers

Monostiche : strophe composée d'une seul vers.

Distique : strophe composée de deux vers.

Tercet : strophe composée de trois vers.

Quatrain : strophe composée de quatre vers.

Quintil : strophe composée de cinq vers.

Sizain : strophe composée de six vers.

Septain : strophe composée de sept vers.

Huitain : strophe composée de huit vers.

Neuvain : strophe composée de neuf vers.

Dizain : strophe composée de dix vers.

Strophe : nom pour désigner un paragraphe dans un poème.

Sonnet : poème composé de deux strophes à quatre vers (quatrains) suivies de deux strophes à trois vers (tercets).

Partie

4 Tage Mage blancs

Comme à l'examen !

Pour vous placer dans les conditions réelles de l'examen :

- Respectez le temps alloué à chaque test.
- Découpez les grilles de réponses placées en fin d'ouvrage et remplissez-les comme si vous étiez à l'examen : **Vous devez noircir soigneusement uniquement les bonnes réponses.**

Tage Mage blanc 1

Sous-test 1 : Compréhension d'un texte écrit

20 mn

Consignes :

Cette épreuve comporte trois textes numérotés 1, 2 et 3. Chacun de ces textes est suivi d'une série de questions. Chaque question vous présente cinq propositions qui peuvent porter sur différents niveaux de lecture :

- informations « isolées » contenues dans le texte ;
- idées principales, traitées dans un ou plusieurs paragraphes ;
- position de l'auteur telle qu'elle se reflète dans le texte, etc.

Parmi les cinq propositions présentées dans le cadre de chaque question, certaines sont en contradiction flagrante avec le texte ; d'autres abordent des aspects qui n'y sont pas traités ; d'autres encore se rapprochent plus ou moins de ce qui est exprimé – directement ou indirectement – dans ce même texte.

La seule proposition considérée comme exacte est celle qui se rapproche le plus de ce qui est dit dans le texte. Les quatre autres propositions sont considérées comme fausses.

Attribution des points :

- 4 points par réponse juste
- – 1 point par réponse fausse
- 0 point par non réponse

Texte 1 : Extrait de *Histoire de la pensée économique*, Ghislain Deleplace et Christophe Lavialle, p. 150, Dunod

La science économique…

« L'économie est la science qui étudie le comportement humain en tant que relations entre les fins et les moyens rares à usages alternatifs. » (*La Nature et la signification de la science économique*, 1932, Lionel Robbins).

« Quant aux économistes qui, sans savoir en quoi consistent les mathématiques, ont décidé qu'elles ne sauraient servir à l'éclaircissement des principes économiques, ils peuvent s'en aller répétant que la liberté humaine ne se laisse pas mettre en équations ou que les mathématiques font abstraction des frottements qui sont tout dans les sciences humaines et autres gentillesses de même force. (*Éléments d'économie politique pure ou Théorie de la richesse sociale*, 1874, Léon Walras).

… Son impérialisme revendiqué…

« Toute question qui pose un problème d'allocation de ressources et de choix dans le cadre d'une situation de rareté caractérisée par l'affrontement de finalités concurrentes relève de l'économie et peut donc être traitée par l'analyse économique. » (*L'Approche économique du comportement humain*, 1976, Gary Becker).

… Et accepté

« Aujourd'hui, les prétentions des économistes ont impressionné les autres représentants d'autres branches des études sociales, qui singent les économistes singeant les physiciens. » (*Hérésies économiques*, 1972, Joan Robinson, Calmann-Levy).

Question 1. Quelle formulation se rapproche le plus de la thèse de Léon Walras ?

A. Les sciences économiques ne peuvent pas être réduites à des équations.

B. Les mathématiques sont une science qui ne peut pas résoudre les principes de l'économie.

C. La mise en équation de certains problèmes en sciences économiques est possible.

D. Les équations économiques ne sont pas crédibles.

E. Certains mathématiciens refusent la « mathématisation de l'économie ».

Question 2. Quelle formulation se rapproche le plus de celle de Gary Becker ?

A. L'analyse économique peut traiter toute question qui relève de l'économie.

B. L'analyse économique peut traiter toute question qui relève du choix des consommateurs.

C. L'analyse économique relève de la concurrence.

D. L'analyse économique est une mathématisation de l'économie.

E. L'analyse économique est utilisée dans les cas de rareté.

Question 3. Quelle formulation se rapproche le plus de la thèse de Joan Robinson et de Calmann-Levy ?

A. La science économique a été acceptée au même titre que les autres sciences.

B. La science économique ne peut pas être mathématisée.

C. La science économique n'est pas considérée comme une science.

D. La mise en équations de situations économiques est impossible.

E. La science économique a des points communs avec les sciences physiques.

Question 4. Qui sont les personnes qui ne croient pas en la mise en équations de la science économique selon Léon Walras ?

A. Les mathématiciens.

B. Certains économistes.

C. Les physiciens.

D. Les professeurs d'économie.

E. Les étudiants.

Question 5. Quel est le rôle de la science économique au sens de Lionel Robbins ?

A. Étudier les différentes situations rencontrées par les ménages.

B. Expliquer les mathématiques.
C. Étudier les comportements humains en termes économiques.
D. Étudier les comportements humains en général.
E. Résoudre des équations appliquées à l'économie.

Texte 2 : Une Fable de La Fontaine

Le Lièvre et la Perdrix

Il ne se faut jamais moquer des misérables :
Car qui peut s'assurer d'être toujours heureux ?
Le sage Ésope dans ses fables
Nous en donne un exemple ou deux.
Celui qu'en ces vers je propose,
Et les siens, ce sont même chose.
Le Lièvre et la Perdrix, concitoyens d'un champ,
Vivaient dans un état, ce semble, assez tranquille,
Quand une Meute s'approchant,
Oblige le premier à chercher un asile.
Il s'enfuit dans son fort, met les chiens en défaut,
Sans même en excepter Brifaut.
Enfin, il se trahit lui-même
Par les esprits sortant de son corps échauffé.
Miraut sur leur odeur ayant philosophé
Conclut que c'est son Lièvre, et d'une ardeur extrême
Il le pousse, et Rustaut, qui n'a jamais menti,
Dit que le Lièvre est reparti.
Le pauvre malheureux vient mourir à son gîte.
La Perdrix le raille, et lui dit :
Tu te vantais d'être si vite :
Qu'as-tu fait de tes pieds ? Au moment qu'elle rit,
Son tour vient ; on la trouve. Elle croit que ses ailes
La sauront garantir à toute extrémité ;
Mais la pauvrette avait compté
Sans l'Autour aux serres cruelles.

Fable XVII, Livre V, Jean de La Fontaine

Question 6. Quelle est l'affirmation exacte ?

A. Ce texte est écrit en prose.
B. Ce texte est issu d'un roman.
C. Ce texte est écrit en vers et contient des rimes de différents types.
D. Ce texte est écrit en alexandrins.
E. Ce texte ne contient que des rimes embrassées.

Question 7. Quel est le sens le plus proche du mot « fort » dans le vers « Il s'enfuit dans son fort, met les chiens en défaut » ?

A. Force intérieure.

B. Repaire.

C. Force physique.

D. Pensées.

E. Travail.

Question 8. Quel le sens le plus du mot « pousse » dans le vers « Il le pousse, et Rustaut, qui n'a jamais menti » ?

A. Il le bouscule.

B. Il le frappe.

C. Il le néglige.

D. Il l'insulte.

E. Il le poursuit.

Question 9. Que signifie le vers « mais la pauvrette avait compté sans l'Autour » ?

A. La Perdrix ne sait pas compter seule.

B. La Perdrix était trop sûre d'elle et s'est fait piéger.

C. La Perdrix est bonne en calcul.

D. La Perdrix se moque du Lièvre.

E. La Perdrix a fait un mauvais choix.

Question 10. Quelle est la morale de cette fable ?

A. Il ne faut pas avoir peur du danger.

B. Il y a du danger partout et il faut se méfier.

C. Il ne faut pas se moquer de plus malheureux que soi.

D. Il ne faut pas perdre espoir.

E. Il peut se produire de nombreux événements en peu de temps.

Texte 3 : Extrait de *Le Tour du Marketing en 12 étapes*, Anne-Laure Frossart et Pascale Guceski, p. 22, Dunod.

Le marketing s'étend à toutes les activités

Le marketing est né dans le secteur économique qui a connu en premier la massification et la standardisation de l'offre : l'industrie des biens de consommations (cosmétiques, détergents, agroalimentaire...) et d'équipement (automobile, électroménager...).

À la fin du XXe siècle il s'est étendu au domaine des services : banques, assurances, grands groupes hôteliers, compagnies aériennes... Le groupe Disneyland Paris, expert du divertissement familial, est réputé pour son marketing ! Les entreprises qui s'adressent aux autres entreprises (B to B, ou *business to business*) s'y sont mises à leur tour : fabricants d'ordinateurs, de machines, de logiciels, agence d'intérim...

La logique qui consiste à placer le destinataire de l'offre de produit ou de service au cœur de la réflexion s'est étendue ensuite en dehors du monde de l'entreprise : dans des organismes publics (transports, administrations), ou « l'usager » devient progressivement un « client » ; dans les associations à but non lucratif, qui cherchent à séduire des donateurs ou des adhérents. On parle ainsi aujourd'hui de « marketing politique », avec des candidats qui construisent leur programme comme une marque cherche à répondre aux attentes de ses clients ; de « marketing territorial » destiné à promouvoir l'attractivité d'une ville, d'une région ou d'un pays auprès de touristes ou d'investisseurs ; de « marketing culturel » quand un chanteur ou un réalisateur prend en compte les réactions et les goûts du public pour nourrir son inspiration.

Plus largement, toute personne est l'acteur de son propre marketing dans des circonstances aussi variées que la recherche d'un emploi, la mise en vente d'un objet sur un site d'enchères ou l'organisation d'un goûter d'anniversaire pour son enfant : s'interroger sur les attentes ou les envies de son public, mettre en avant l'argument qui y répond le mieux...

Question 11. Quelle affirmation rejoint le plus la thèse des auteurs ?

A. Le marketing est né à partir de la publicité.

B. Le marketing est né à partir de la multiplication et de l'homogénéisation de l'offre dans un certain domaine.

C. Le marketing est né à partir de règles économiques régissant l'offre et la demande.

D. Le marketing est un phénomène très ancien.

E. Le marketing est né avec l'apparition des grandes marques industrielles.

Question 12. Parmi les propositions suivantes, laquelle vous semble juste du point de vue des auteurs ?

A. Le marketing concerne, à partir du XXe siècle, uniquement les grandes industries de biens de consommation et d'équipement.

B. À partir du XXe siècle, le marketing se diversifie pour toucher des domaines très différents dans le secteur des services.

C. Le marketing n'intéresse que les grandes entreprises qui communiquent entre elles en utilisant une stratégie B to B.

D. Le marketing est une stratégie économique qui permet d'augmenter l'offre et la demande.

E. Le marketing permet aux petites entreprises de se faire connaître et de s'agrandir en augmentant leur nombre de clients.

Question 13. Les auteurs évoquent trois types de marketing, quels sont-ils ?

A. Marketing politique, marketing territorial, marketing culturel.

B. Marketing économique, marketing politique, marketing social.

C. Marketing politique, marketing territorial, marketing cinématographique.

D. Marketing économique, marketing géographique, marketing politique.

E. Marketing politique, marketing culturel, marketing associatif.

Question 14. En quoi consiste la logique marketing selon les auteurs ?

A. Augmenter l'offre et la demande.

B. Produire davantage de biens et les diversifier.

C. Adapter une stratégie pour satisfaire un client.

D. Augmenter le nombre de clients d'une grande entreprise.

E. Développer des nouveaux biens et services.

Question 15. Quelle affirmation rejoint la thèse des auteurs ?

A. Le marketing ne s'applique qu'aux grandes industries ou multinationales.

B. Le marketing ne peut fonctionner que dans le cas d'un modèle économique où l'équilibre entre l'offre et la demande est réalisé.

C. Le marketing permet de faire connaître un nouveau produit et augmenter ses ventes.

D. Dans plusieurs situations de la vie quotidienne, les individus font leur propre marketing.

E. Un individu en tant que personne ne peut pas être acteur de son propre marketing, seule une entreprise peut s'aligner sur une stratégie marketing.

Sous-test 2 : Calcul

20 mn

Consignes :

Cette épreuve est constituée de 15 questions pour lesquelles vous disposez de 20 minutes. Les questions ne sont pas classées par ordre de difficulté.

L'utilisation de la calculatrice n'est pas autorisée.

Attribution des points :

- 4 points par réponse juste
- −1 point par réponse fausse
- 0 point par non-réponse

Question 1. Agnès et Françoise ont deux ans d'écart. La fille de Françoise a trois ans de plus que la fille d'Agnès. Sachant qu'il y a 8 ans la fille de Françoise avait en années le carré du nombre 2. Quel sera l'âge de la fille d'Agnès dans 2 ans ?

A. 8 ans

B. 9 ans

C. 11 ans

D. 12 ans

E. 14 ans

Question 2. Le carré d'un nombre vaut la moitié du triple de 96. Quel est ce nombre ?

A. 288

B. 144

C. 48

D. 16

E. 12

Question 3. Quelles sont les dimensions d'un terrain rectangulaire de surface 50 m^2, dont la longueur vaut le double de la largeur ?

A. 50 m × 50 m

B. 5 m × 10 m

C. 10 m × 20 m

D. 5 m × 5 m

E. 2,5 m × 5 m

Question 4. François achète des fleurs pour sa fiancée. Il achète trois roses et cinq marguerites. Sachant que la rose coûte 5,25 euros pièce et que François a payé 28,25 euros le bouquet, quel est le prix en euros d'une marguerite ?

A. 2,5

B. 5,25

C. 11,25

D. 12,5

E. 15,75

Question 5. Un moteur tourne à mille deux cent tours par minute. Cela signifie qu'en une seconde, il a effectué :

A. 72 000 tours

B. 1 200 tours

C. 40 tours

D. 20 tours

E. $\frac{1}{3}$ tours

Question 6. Si on ajoute les numéros obtenus au lancer simultané de deux dés équilibrés, quelle est la somme la plus probable ?

A. 12

B. 8

C. 7

D. 6

E. 1

Question 7. Résoudre le système suivant : $\begin{cases} 2x + y = 4 \\ x^2 = 4 \end{cases}$

A. $x = 2$ et $y = 0$

B. $x = -2$ et $y = 8$

C. $x = 2$ et $y = 0$ ou $x = -2$ et $y = 8$

D. Il n'y a pas de solution

E. Il y a une infinité de solutions

Question 8. Un train se dirige d'une ville A vers une ville B à une vitesse de 120 km/h. Il marque 10 minutes d'arrêt dans une ville C, puis continue son chemin vers B. Sachant qu'il arrive à destination à 10 h 05 et que les villes sont distantes de 240 km, à quelle heure est-il parti de A ?

A. 7 h 50

B. 7 h 55

C. 8 h 05

D. 9 h 55

E. 10 h 05

Question 9. Jean roule à une vitesse de 26 mètres par seconde. Sachant que la vitesse est limitée à 90 km/h, est-il en excès de vitesse ? Et combien de km aura-t-il parcouru en une heure ?

A. Oui et il parcourt 93,6 km en une heure.

B. Oui et il parcourt 90 km en une heure.

C. Non et il parcourt 72 km en une heure.

D. Non et il parcourt 52 km en une heure.

E. On ne peut pas calculer la vitesse de Jean en km par heure.

Question 10. Quelle est la vitesse en km/h de la pointe de la grande aiguille d'une horloge de diamètre 16 cm ?

A. Environ 0,0005 km/h

B. Environ 0,5 km/h

C. Environ 5 km/h

D. Environ 50 km/h

E. On ne peut pas la calculer.

Question 11. Mélodie et Caroline font les soldes. Mélodie achète un ensemble à 56 euros. Sachant qu'elle a bénéficié d'une remise de 30 %, quel était le prix initial ?

A. 39,20 euros

B. 56 euros

C. 80 euros

D. 95,20 euros

E. 119,20 euros

Question 12. Juliette passe son bac et la probabilité qu'elle révise est de 0,4. La probabilité qu'un élève réussisse au bac sachant qu'il a révisé est de 90 % dans son lycée. Sachant que le taux de réussite au bac est de 80 % dans son lycée, quelle est la probabilité qu'elle ait révisé sachant qu'elle a eu son bac ?

A. 0,4

B. 0,45

C. 0,8

D. 0,9

E. 0,95

Question 13. Combien peut-on installer de carreaux de forme circulaire de rayon 10 cm dans une salle de bain de forme carrée et de surface 16 m^2 ?

A. 200
B. 400
C. 800
D. 1 600
E. 16 000

Question 14. Quelle est la surface d'une chambre de 20 mètres cube et d'une hauteur de 2,50 m ?

A. 8 m^2
B. 9 m^2
C. 10 m^2
D. 12 m^2
E. 50 m^2

Question 15. Quel est le volume en litres d'une brique de lait de 20 cm de hauteur, de 10 cm de profondeur et de largeur 10 cm ?

A. 2 dl
B. 200 litres
C. 20 litres
D. 2 litres
E. 2 centilitres = 0,2 litre

Sous-test 3 : Raisonnement / Argumentation

20 mn

Consignes :

L'épreuve Raisonnement est constituée de 15 questions pour chacune desquelles le candidat doit analyser une situation-problème qui lui est présentée dans un petit paragraphe, avant de répondre à une question. Il s'agit d'une épreuve de raisonnement logique qui ne nécessite pas de connaissance approfondie des principes fondamentaux de la logique formelle.

Les deux formes de raisonnement, inductif et déductif, sont évaluées. Les situations-problèmes présentent des contextes problématiques parfois relativement flous et pour lesquels deux types de bonnes réponses sont proposés. Pour le premier type, la bonne réponse est explicitement unique. Pour le deuxième type – ce qui constitue une situation de prise de décision fréquente dans la vie quotidienne –, plusieurs réponses sont possibles et le candidat doit alors choisir celle qui convient le mieux.

Attribution des points :

- 4 points par réponse juste
- –1 point par réponse fausse
- 0 point par non réponse

Question 1. Dans une urne contenant trois boules indiscernables au toucher, il y a une boule de couleur verte, une boule de couleur rouge et une boule de couleur bleue. Combien Jean a-t-il de manières de tirer deux boules sans remise ?

A. 3

B. 4

C. 5

D. 6

E. 9

Question 2. Quelle proposition se rapproche le plus du proverbe suivant : « Il faut que jeunesse se passe » ?

A. On ne peut pas excuser les erreurs d'un individu jeune.

B. Il faut s'amuser lorsque l'on est jeune.

C. Il convient d'excuser les erreurs de jeunesse dues au manque d'expérience.

D. Aucune erreur n'est excusable.

E. Il faut se contenter de sa jeunesse.

Question 3. Fanny et Manon jouent aux cartes. Fanny a un jeu de 10 cartes contenant deux rois, deux dames, quatre valets, et deux cartes avec des chiffres. Manon pioche des cartes dans son jeu. Combien doit-elle tirer au minimum de cartes sans remise pour obtenir au moins une figure (carte présentant un valet, une dame ou un roi) ?

A. 2

B. 3

C. 4

D. 5

E. 6

Question 4. Antoine a cinq ans de plus que sa sœur et sa sœur a cinq ans de plus qu'un de ses frères lui-même plus âgé de deux ans que leur autre frère qui a 12 ans. Quel est l'âge d'Antoine ?

A. 12 ans

B. 14 ans

C. 19 ans

D. 24 ans

E. 25 ans

Question 5. Dans un club de sport, les participants peuvent pratiquer le foot, la natation ou le volley ou aucun sport (ceux qui ne pratiquent aucun sport peuvent s'occuper de l'organisation des événements sportifs par exemple). Le club compte 250 membres, dont 118 pratiquent la natation, 64 le foot et 68 le volley. Sachant qu'ils ne pratiquent qu'un seul sport à la fois, combien n'en pratiquent aucun ?

A. 0

B. 10

C. 26
D. 31
E. 250

Question 6. Dans une trousse, se trouvent des stylos bleus, rouges, verts ou noirs. Combien Marie doit-elle tirer de stylos sans remise pour en avoir au moins deux identiques ?

A. 2
B. 3
C. 4
D. 5
E. 6

Question 7. Le nombre d'abeilles dans une certaine ruche triple d'un jour à l'autre. Il est aujourd'hui de 10. Combien de temps en heures, cela prendra-t-il pour qu'il y ait 30 abeilles ?

A. 1 jour
B. 24 heures
C. 30 jours
D. 30 heures
E. 10 heures

Question 8. « Ainsi la valeur n'est pas inhérente aux biens ; elle n'en est pas une propriété ; elle n'est pas une chose qui existe en soi ; c'est un jugement que les sujets économiques portent sur l'importance des biens dont ils peuvent disposer pour maintenir leur vie et leur bien-être. (...) »

Grundsätze der Volkswirtschatftslehre, Carl Menger, 1871

Extrait de *Histoire de la pensée économique*, Ghislain Deleplace et Christophe Lavialle, p.102, Dunod

Dans ce passage, l'auteur dit que :

A. La valeur et le bien sont étroitement liés.
B. La valeur peut être assimilée à un objet.
C. La valeur et le bien ne sont pas liés.
D. La valeur du bien permet de lui donner une importance.
E. Les sujets économiques définissent leur bien-être par la valeur de leurs biens.

Question 9. « De la peau du Lion l'Âne s'étant vêtu
Était craint partout à la ronde,
Et bien qu'animal sans vertu,
Il faisait trembler tout le monde.
Un petit bout d'oreille échappé par malheur
Découvrit la fourbe et l'erreur,
Martin fit alors son office.
Ceux qui ne savaient pas la ruse et la malice

S'étonnaient de voir que Martin
Chassât les Lions au moulin.
Force gens font du bruit en France,
Pour qui cet Apologue est rendu familier.
Un équipage cavalier
Fait les trois quarts de leur vaillance. »

Fable XXI, livre V, Jean de La Fontaine

« Martin fit alors son office » signifie que :

A. Martin avait découvert la ruse de l'Âne.

B. Martin préparait l'office.

C. Martin se rendait à la messe.

D. Martin allait prendre une décision.

E. Martin accomplissait sa tâche ou son travail.

Question 10. Le passage :

« Un équipage cavalier
Fait les trois quarts de leur vaillance. »
de la fable citée précédemment signifie que :

A. Il ne faut pas se fier aux apparences.

B. Les ânes se déguisent en lion.

C. L'apparence n'est pas représentative du pouvoir.

D. Le lion est un animal terrifiant.

E. L'apparence fait la puissance.

Question 11. « *L'économie politique pure* est essentiellement la théorie de la détermination des prix sous un régime hypothétique de libre concurrence absolue. L'ensemble de toutes les choses, matérielles ou immatérielles, qui sont susceptibles d'avoir un prix parce qu'elles sont rares, c'est-à-dire à la fois *utiles* et *limitées en quantité*, forme la *richesse sociale*. C'est pourquoi l'économie politique pure est aussi la *théorie de la richesse sociale*. ».

Éléments d'économie politique pure et théorie de la richesse sociale, 4e édition, 1900, Léon Walras.

Extrait de *Histoire de la pensée économique*, Ghislain Deleplace et Christophe Lavialle, p. 86, Dunod.

L'objet de l'économie pure consiste à :

A. Attribuer des prix aux choses selon certaines hypothèses.

B. Attribuer des prix aux choses rares

C. Attribuer des prix aux choses immatérielles

D. Expliquer la théorie de la richesse sociale

E. Ne pas attribuer de prix aux choses définies comme étant rares.

Question 12. Si Frédéric a trois sœurs plus jeunes que lui et un frère plus jeune que ses trois sœurs alors la plus âgée de ses sœurs est :

A. L'aînée de la famille et a deux sœurs et deux frères.
B. La cadette de la famille et a deux frères et deux sœurs.
C. La troisième de la famille et a deux sœurs et deux frères.
D. La puînée de la famille et a deux sœurs et deux frères.
E. La seconde de la famille et a deux sœurs plus âgées et deux frères plus jeunes.

Question 13. « C'est une jeune fille ordinaire, jolie ou laide à ses heures, insipide comme un garçon en robe. Elle a fait trop de pieds de nez avec son nez un peu écrasé. Elle regarde tout, également intéressée, et on renforcerait d'un coup de pouce ses yeux qui ressortent. Elle montre sa langue pour s'amuser, et dès qu'on l'en défie, avec la pointe de cette langue, elle se lèche le menton. »

L'Écornifleur, Jules Renard

Dans ce passage, l'auteur décrit une jeune fille :

A. D'une grande beauté
B. D'une grande laideur
C. Espiègle
D. Insupportable
E. D'une extrême gentillesse

Question 14. « La nuit, tous les chats sont gris ».
Ce proverbe signifie que :

A. Tous les chats sont effectivement gris la nuit.
B. On ne peut pas très bien voir ou distinguer les choses la nuit.
C. On ne voit que des chats gris la nuit.
D. La nuit il ne faut pas sortir.
E. Il faut réfléchir la nuit.

Question 15. « Entre l'arbre et l'écorce il ne faut pas mettre le doigt. »
Ce proverbe signifie que :

A. Il faut se mêler de ses affaires.
B. Il ne faut pas intervenir lorsque deux personnes proches se querellent.
C. Il faut préserver la nature.
D. Il faut faire attention à ne pas mettre son doigt sous l'écorce d'un arbre.
E. Il faut regarder deux personnes se disputer.

Sous-test 4 : Conditions minimales

20 mn

Consignes :

Cette épreuve vise à contrôler la capacité d'analyse de la pertinence d'informations en vue de la résolution d'un problème. Ce sous-test repose sur le même champ de compétence que l'épreuve de Calcul.

Chacun des énoncés de cette épreuve comprend généralement des informations initiales (qui à elles seules ne permettent pas de répondre à la question), et deux informations notées (1) et (2) correspondant chacune d'elles à une information complémentaire.

Le candidat doit décider si l'une des propositions (1) ou (2), ou les deux combinées fournissent des informations suffisantes pour répondre à la question. Plus précisément, le candidat doit choisir l'une des 5 réponses **A**, **B**, **C**, **D** ou **E** définies comme suit :

A. Si l'information (1) permet à elle seule de répondre à la question, et si l'information (2) à elle seule ne permet pas de répondre à la question.

B. Si l'information (2) permet à elle seule de répondre à la question, et si l'information (1) à elle seule ne permet pas de répondre à la question.

C. Si les deux informations (1) et (2) ensemble permettent de répondre à la question, et aucune séparément ne le peut.

D. Si chaque information permet séparément de répondre à la question.

E. Si les deux informations ensemble ne permettent pas de répondre à la question.

REMARQUE

S'il s'agit d'un énoncé de géométrie comportant une figure, alors cette dernière ne tiendra compte que des informations contenues dans l'énoncé proprement dit, compte non tenu des informations (1) et (2).

Attribution des points :

- 4 points par réponse juste
- –1 point par réponse fausse
- 0 point par non réponse

Question 1. Calculez x et y :

(1) $2x+3y=5$

(2) $x+y=2$

Question 2. Calculez la circonférence du cercle défini par :

(1) Le rayon du cercle vaut r = 5 cm

(2) Le diamètre du cercle vaut d = 10 cm

Question 3. Calculez la longueur des côtés du triangle défini par :

(1) Le périmètre du triangle vaut 15 cm.

(2) Le triangle est rectangle et isocèle.

Question 4. Quel est l'âge de Françoise ?

(1) Françoise a deux ans de plus que sa sœur.

(2) La sœur de Françoise a 25 ans.

Question 5. Quel est le rayon du domaine défini ci-dessous ?

(1) L'aire du domaine de forme circulaire est 25π m^2.

(2) Ce domaine a pour diamètre 10 m.

Question 6. Déterminez les réels a et b définis par :

(1) a est pair

(2) $2a+b=12$

Question 7. Calculer la longueur des côtés d'un carré sachant que :

(1) Son périmètre mesure 16 cm

(2) Son aire mesure 16 cm^2

Question 8. Déterminez deux chiffres définis par :

(1) La somme de ces deux chiffres est égale à 5.

(2) Le produit de ces deux chiffres est égal à 6.

Question 9. Déterminez le nombre défini par :

(1) Le carré de ce nombre est égal à 25.

(2) Le cube de ce nombre est strictement positif.

Question 10. Jean a oublié le code de chez lui. Pouvez-vous l'aider à retrouver la mémoire ?

(1) Ce code est composé de trois chiffres suivis de la lettre A.

(2) Les trois chiffres sont consécutifs.

Question 11. Déterminez le réel x :

(1) $x^2+x+1=0$

(2) $x>0$

Question 12. Déterminez le réel x :

(1) $x^3=8$

(2) $x>0$

Question 13. Déterminez la longueur des côtés du triangle défini par :

(1) Le triangle est équilatéral.

(2) Le périmètre du triangle vaut 12 cm.

Question 14. Combien de temps faut-il pour remplir la baignoire définie par :

(1) Le robinet a un débit de 8 litres par minute.

(2) La baignoire a un volume de 0,5 mètre cube.

Question 15. Quel est le prix initial de l'article ?

(1) L'article soldé à 30 % coûte désormais 70 euros.

(2) Jean achète cet article : il donne 100 euros et la vendeuse lui en rend 30.

Sous-test 5 : Expression

20 mn

Consignes :

Cette épreuve comporte différents types d'exercices :

- Évaluer le degré de synonymie dans les reformulations.
- Choisir la formulation qui reprend le mieux (correction et clarté) l'énoncé initial.
- Choisir les mots qui assurent la cohérence du texte.

Attribution des points :

- 4 points par réponse juste
- –1 point par réponse fausse
- 0 point par non réponse

1. Recherche de synonymie

Questions 1 à 5 : Trouver la formule la plus proche des mots ou groupes de mots soulignés.

Question 1. Une nouvelle condition a été apposée.

A. Exceptionnelle
B. Appliquée
C. Posée
D. Justifiée
E. Niée

Question 2. L'entreprise a supplanté certaines de ses machines dans la salle d'impression.

A. Réparé
B. Acheté
C. Demandé
D. Négocié
E. Remplacé

Question 3. Dans son article la problématique économique était réellement mise en exergue.

A. Ressortie
B. Remplaçable
C. Démontrée
D. Niée
E. Indéniable

Question 4. La schizophrénie est une maladie mentale dont la prévalence est proche de 1 %.

A. La schizophrénie a un taux de guérison de 1 %.
B. La schizophrénie représente 1 % des maladies mentales.
C. La schizophrénie représente 1 % des maladies qui ne guérissent pas.
D. La schizophrénie ne se guérit pas dans 1 % des cas.
E. La schizophrénie touche environ 1 % de la population.

Question 5. « Charles n'en resta pas moins fort penaud vis-à-vis d'Emma ». *Madame Bovary*, Gustave Flaubert.

A. Charles n'éprouvait rien pour Emma.
B. Charles ne souhaite pas revoir Emma.
C. Charles se sentait mal à l'aise vis-à-vis d'Emma.
D. Charles éprouvait beaucoup de rancune pour Emma.
E. Charles se sentait indifférent vis-à-vis d'Emma.

2. Correction d'expressions incorrectes

Questions 6 à 10 : Corriger les phrases soulignées en choisissant la formulation correcte parmi les cinq proposées.

Question 6. Les pommes qu'elle a cueilli sont bonne.

A. Les pommes qu'elle a cueillies sont bonnes.
B. Les pommes qu'elle a cueilli sont bonnes.
C. Les pommes qu'elle a cueillies sont bonne.
D. Les pommes qu'elle a cueillie sont bonnes.
E. Les pommes qu'elle a cueillis sont bonne.

Question 7. Veuillez trouver les documents ci-joint.

A. Veuillez trouver les documents ci-joints.
B. Veuillez trouver les documents ci joint.

C. Veuillez trouvez les documents ci-joint.

D. Veuiller trouver les documents ci-joints.

E. Veuillez trouver les document ci-joints.

Question 8. Fanny ne fait pas beaucoup de fautes d'hortographe. Sa maman lui répètait sans cesse : « Relie tes leçons » !

A. Fanny ne fait pas beaucoup de fautes d'hortographe. Sa maman lui répétait sans cesse : « Relis tes leçons » !

B. Fanny ne fait pas beaucoup de fautes d'orthographe. Sa maman lui répétait sans cesse : « Relis tes leçons » !

C. Fanny ne fait pas beaucoup de fautes d'orthographe. Sa maman lui répétait sans cesse : « Relies tes leçons » !

D. Fanny ne fait pas beaucoup de fautes d'orthographe. Sa maman lui répètait sans cesse : « Relies tes leçons » !

E. Fanny ne fait pas beaucoup de fautes d'hortographe. Sa maman lui répètait sans cesse : « Relies tes leçons » !

Question 9. Le CV au nouveau candidat est dans une enveloppe à l'attention de Monsieur le directeur des ressources humaines.

A. Le CV au nouveau candidat est dans une enveloppe à l'intention de Monsieur le directeur des ressources humaines.

B. Le CV au nouveau candidat est dans une enveloppe à l'intention de Monsieur le directeur des ressources humaines.

C. Le CV du nouveau candidat est dans une enveloppe à l'attention de Monsieur le directeur des ressources humaines.

D. Le CV du nouveau candidat est dans une enveloppe à l'attention de Monsieur le directeur des ressources humaines.

E. Le CV du nouveau candidat est dans une enveloppe à l'attention de Monsieur le directeur des ressource humaine.

Question 10. Il ne veut ni des pâtes et du dessert que j'ai préparé. Il préfère les délices savoureux du restaurant en face.

A. Il ne veut ni des pattes et du dessert que j'ai préparés. Il préfère les délices savoureuses du restaurant en face.

B. Il ne veut ni des pâtes et du dessert que j'ai préparé. Il préfère les délices savoureuses du restaurant en face.

C. Il ne veut ni des pâtes ni du dessert que j'ai préparés. Il préfère les délices savoureuses du restaurant en face.

D. Il ne veut ni des pâtes ni du dessert que j'ai préparé. Il préfère les délices savoureuses du restaurant en face.

E. Il ne veut ni des pâtes ni du dessert que j'ai préparés. Il préfère les délices savoureux du restaurant en face.

3. Textes à compléter avec cohérence

Question 11. Complétez le passage suivant :

« Le problème n'est jamais ... une « valeur absolue » de la monnaie mais seulement de savoir comment et quand la monnaie ... sur les valeurs relatives des biens et à quelles conditions elle n'affecte pas ses valeurs relative ou, pour reprendre une expression heureuse de Wicksell, quand la monnaie est neutre par rapport aux biens. »

Prix et production, 1931, Friedrich Hayek

A. D'expliquer / influe
B. De modifier / varie
C. D'expliquer / mise
D. De modifier / analyse
E. D'expliquer / organise

Question 12. Complétez le proverbe suivant :

« Bonne renommée vaut mieux que ceinture ... »

A. Cassée
B. Dorée
C. Brisée
D. Bouclée
E. Ornée

Question 13. Complétez l'extrait suivant :

« Mais il se glisse ... d'erreurs dans les conversations du monde, il s'y fait avec légèreté des maux si profonds, que l'historien des mœurs est obligé de sagement ... les assertions insouciamment émises par tant d'insouciants. ».

La femme de trente ans, Honoré de Balzac

A. tant / peser
B. beaucoup / peser
C. pas / mesurer
D. à peine / peser
E. peu / mesurer

Question 14. Complétez la réplique suivante :

« Camille

Je suis bien aise que mon refus vous soit ...

Perdican

Il ne m'est point indifférent, Camille. Ton Amour m'eût donné la vie, mais ton amitié m'en consolera. Ne quitte pas le château demain ; hier, tu as refusé de faire un tour de jardin, parce que tu voyais en moi un mari dont tu ne voulais pas. Reste ici quelques jours ; laisse-moi ... que notre vie passée n'est pas morte à jamais dans mon cœur. »

On ne badine pas avec l'amour, Acte II scène Première, Alfred de Musset

A. Fâcheux / espérer
B. Fâcheux / penser
C. Indifférent / espérer

D. Indifférent / la certitude

E. Pénible / espérer

Question 15. Complétez la réplique suivante :

« La Tisbe

Ah ! Tenez, ne ... pas. Il était là ! Vos places sont encore marquées par vos fauteuils. Vous auriez dû les ... au moins. Et que vous disiez-vous ? Mille choses tendres, n'est-ce pas ? Mille choses charmantes, n'est-ce-pas ? Je t'aime ! Je t'adore ! Je suis à toi !... – Ah ! Ne me touchez pas, madame ! »

Angelo, Tyran de Padoue, Deuxième journée, Scène V, Victor Hugo

A. Niez / déranger

B. Mentez pas / montrer

C. Niez / montrer

D. Bougez / montrer

E. Bougez / plier

Logique

20 mn

Consignes :

Le sous-test de logique évalue les capacités de raisonnement inférentiel sur des séries d'informations. Concrètement, chaque question est constituée d'une liste de données possédant entre elles un lien logique. Le raisonnement consiste à inférer la règle de ce lien logique.

À partir de là, il s'agit pour le candidat, de déterminer parmi les cinq réponses qui lui sont proposées, celle qui respecte le lien logique qu'il a pu inférer.

Les données sont de nature spatiale ou constituées de lettres et de chiffres.

Attribution des points :

- 4 points par réponse juste
- –1 point par réponse fausse
- 0 point par non réponse

Question 1. Complétez la série suivante :

	121	
	144	
155 – 105 –	?	– 505 – 305
	81	
	25	

A. 625

B. 196

C. 243

D. 425

E. 525

Question 2. Complétez la série suivante :

17
26
27 - 1 - ? - 343 - 1000
143
350

A. 81
B. 64
C. 25
D. 125
E. 206

Question 3. Complétez la série suivante :

20
45
121 - 132 - ? - 242 - 33
75
15

A. 55
B. 35
C. 125
D. 143
E. 28

Question 4. Complétez la série suivante :

16
48
21 - 28 - ? - 140 - 56
160
80

A. 42
B. 35
C. 128
D. 70
E. 112

Question 5. Complétez la série suivante :

17
29
224 - 150 - ? - 200 - 22
37
71

A. 31
B. 45
C. 56
D. 121
E. 35

Question 6. Complétez la série suivante :

	AZC		
	BBF		
ABC – BCD –	?	– DEF – EFG	
	DFD		
	EGC		

A. ABC
B. ADE
C. EFD
D. CDE
E. EDE

Question 7. Complétez la série suivante :

	ABO	
	CID	
ABE – ITE –	?	– ATI – ALO
	LAR	
	EPI	

A. BCD
B. BOC
C. URE
D. BEA
E. TUV

Question 8. Complétez la série suivante :

	IAB	
	RIV	
TRI – GBI –	?	– KOI – PUI
	IOK	
	TIF	

A. ITE
B. TIU
C. POI
D. RES
E. RIF

Question 9. Complétez la série suivante :

VAB
CAB
BAR – BAY – ? – BAU – BAP
TAB
RAB

A. BAB
B. GAB
C. VAB
D. BAT
E. ABR

Question 10. Complétez la série suivante :

AMK
ZYM
LMW – NMZ – ? – EZH – AYW
EHZ
MWL

A. TZW
B. NZW
C. MWZ
D. TFK
E. AWM

Question 11. Complétez la série de symboles suivante :

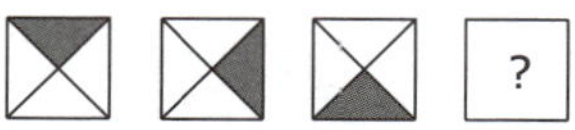

A 

B 

C 

D 

E 

Question 12. Complétez la série de symboles suivante :

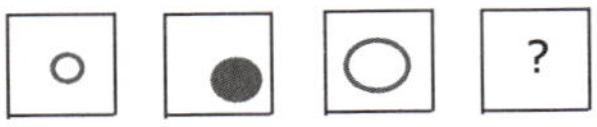

A 

B 

C 

D 

E 

Question 13. Complétez la série de symboles suivante :

A 

B 

C 

D 

E 

Question 14. Complétez la série de symboles suivante :

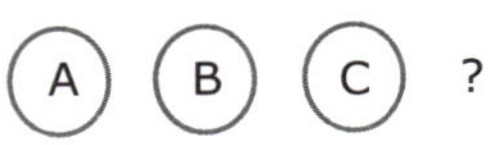

A 

B 

C 

D 

E 

Question 15. Complétez la série de symboles suivante :

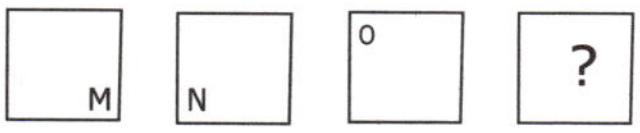

A 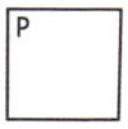

B 

C 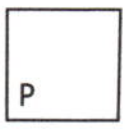

D 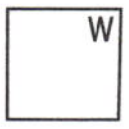

E 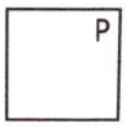

Corrigés

Sous-test 1 : Compréhension de textes

Tableau des réponses :

1	2	3	4	5	6	7	8	9	10	11	12	13	14	15
C	A	A	B	C	C	B	E	B	C	B	B	A	C	D

Score entre – 15 et 60 : …/60

Réponses détaillées :

1. Léon Walras assure dans sa thèse que les économistes qui ne semblent pas familiarisés avec les mathématiques et qui affirment que l'économie ne peut pas être mathématisée peuvent « s'en aller répétant que la liberté humaine ne se met pas en équations. ». En d'autres termes, il exprime la possibilité d'une mise en équations de l'économie. La bonne réponse est donc **C**.

2. L'analyse économique est une science qui consiste à étudier et expliquer les phénomènes économiques. « Toute question peut être traitée par l'analyse économique. ». Ainsi la bonne réponse est **A**.

3. L'extrait du texte « Aujourd'hui les prétentions économiques ont impressionné les autres représentants d'autres branches des études sociales » prouve que la science économique a été reconnue au même titre que les autres sciences. La bonne réponse est **A**.

4. Léon Walras cite les économistes qui « sans savoir en quoi consistent les mathématiques ont décidé qu'elles ne sauraient servir à l'éclaircissement des principes économiques ». La bonne réponse est donc **B**, car il parle de certains économistes.

5. La science économique est, selon Lionel Robbins, une théorie qui permet d'étudier les comportements humains au niveau économique. La bonne réponse est donc **C**.

6. La Fable de Jean de La Fontaine citée ci-dessus est bien écrite en vers (contrairement à la prose). Elle est également composée de rimes embrassées (de la forme ABBA), de rimes croisées (ABAB) et de rimes plates (AA BB). Ainsi la bonne réponse est **C**.

7. Le mot « fort » signifie repaire, cachette. Ainsi la bonne réponse est **B**.

8. Le bout de phrase « il le pousse » signifie « il le poursuit » dans le contexte de la fable. Ainsi la bonne réponse est **E**.

9. Le vers « La pauvrette avait compté » signifie que la Perdrix était trop sûre d'elle et s'est, à son tour, faite piéger. Et la bonne réponse est **B**.

10. La morale de la fable peut se deviner dès le début : il ne faut pas se moquer de plus malheureux ou misérable que soi, car l'adversité peut toucher tout le monde y compris les moqueurs qui, en général, ne s'y attendent pas. La bonne réponse est **C**.

11. Le marketing est, selon le texte, un phénomène économique récent qui est né avec la « standardisation et la massification de l'offre des biens de consommation et d'équipement ». Tous les ménages, depuis la seconde moitié du XXe siècle, aspirent à un certain confort (équipement électroménager, voiture de tourisme, etc.). Ainsi la bonne réponse est **B**. Le marketing est né de l'accessibilité plus grande des ménages aux différents biens de consommation.

12. Le marketing, selon les auteurs, touche très rapidement des secteurs très diversifiés : la politique, les associations à but non lucratif, etc. Au début limité au secteur de l'industrie des biens de consommation, il s'est maintenant étendu à presque tous les domaines. Les auteurs citent plusieurs exemples (associations, sociétés de transports, etc.). La bonne réponse est donc **B**.

13. Les trois types de marketing cités par les auteurs sont bien visibles dans le texte : il s'agit du « marketing politique », du « marketing territorial » et du « marketing culturel ». Ainsi la bonne réponse est **A**.

14. La logique du marketing consiste, selon les auteurs, à adapter des stratégies pour séduire et attirer des clients. Le but est la satisfaction du client. Et la bonne réponse est **C**.

15. Selon les auteurs, le marketing s'est généralisé à toute personne. Pour préparer un événement tel que le goûter d'anniversaire de son enfant, un couple de parents va tout mettre en œuvre pour satisfaire ses invités. Ou bien pour rechercher un emploi, une personne va essayer de séduire au maximum le recruteur en adoptant une certaine stratégie marketing. Ainsi « toute personne est l'acteur de son propre marketing ». Ainsi la bonne réponse est **D**.

Sous-test 2 : Calcul

Tableau des réponses :

1	2	3	4	5	6	7	8	9	10	11	12	13	14	15
C	E	B	A	D	C	C	B	A	A	C	B	B	A	D

37

Score entre – 15 et 60 : .../60

Réponses détaillées :

1. Soient F l'âge de la fille de Françoise aujourd'hui et A celui de la fille d'Agnès aujourd'hui. L'énoncé vous permet d'écrire :

$$\begin{cases} F = 3 + A \\ F - 8 = 4 \end{cases} \longleftrightarrow \begin{cases} 12 = 3 + A \\ F = 12 \end{cases} \longleftrightarrow \begin{cases} A = 9 \\ F = 12 \end{cases}$$

Aujourd'hui la fille de Françoise a 12 ans et celle d'Agnès a 9 ans. Dans 2 ans elles auront respectivement 14 ans et 11 ans. Ainsi l'âge de la fille d'Agnès sera de 11 ans dans deux ans et la bonne réponse est **C**.

REMARQUE

La première phrase indiquant que Françoise et Agnès ont deux ans d'écart n'intervient pas dans la résolution du problème. Il faut donc prêter attention à ce qui est utile dans un énoncé !

2. Le triple de 96 est 288, la moitié de 288 est 144. Et 144 est le carré de 12. Ainsi le nombre cherché est 12. La bonne réponse est **E**.

3. Les données de l'énoncé permettent d'écrire en notant L la longueur et l la largeur :

$$\begin{cases} L \times l = 50 \\ L = 2l \end{cases} \longleftrightarrow \begin{cases} 2l \times l = 50 \\ L = 2l \end{cases} \longleftrightarrow \begin{cases} 2l^2 = 50 \\ L = 2l \end{cases} \longleftrightarrow \begin{cases} l^2 = 25 \\ L = 2l \end{cases} \longleftrightarrow \begin{cases} l = 5 \\ L = 2l \end{cases} \longleftrightarrow \begin{cases} l = 5 \\ L = 10 \end{cases}$$

La bonne réponse est donc **B**.

4. Le coût des trois roses est de $3 \times 5,25 = 15,75$. Jean dépense donc $28,5 - 15,75 = 12,50$ euros pour les cinq marguerites. Ainsi le prix d'une marguerite est égal au coût des cinq marguerites divisé par cinq, soit : $\frac{12,5}{5} = 2,50$ euros. Le prix d'une marguerite est donc de 2,50 euros. Et **A** est la bonne réponse.

5. Le moteur fonctionne à 1 200 tours par minute et une minute correspond à 60 secondes. Pour obtenir le nombre de tours en une seconde, il vous suffit de diviser 1 200 par 60, soit $\frac{1\,200}{60} = \frac{120}{6} = 20$ tours par secondes. Et **D** est la bonne réponse.

6. Les résultats possibles pour la somme des numéros obtenus sur les deux dés lancés simultanément est de :

2 = 1 + 1 une seule possibilité

3 = 2 + 1 = 1 + 2 (1 obtenu avec le 1er dé et 2 avec le 2nd ou 2 obtenu avec le 1er dé et 1 avec le 2nd) deux possibilités

4 = 2 + 2 = 3 + 1 = 1 + 3 trois possibilités

5 = 3 + 2 = 2 + 3 = 4 + 1 = 1 + 4 quatre possibilités

6 = 3 + 3 = 4 + 2 = 2 + 4 = 5 + 1 = 1 + 5 cinq possibilités

7 = 3 + 4 = 4 + 3 = 5 + 2 = 2 + 5 = 6 + 1 = 1 + 6 six possibilités

8 = 4 + 4 = 3 + 5 = 5 + 3 = 6 + 2 = 2 + 6 cinq possibilités

9 = 3 + 6 = 6 + 3 = 4 + 5 = 5 + 4 quatre possibilités

10 = 5 + 5 = 4 + 6 = 6 + 4 trois possibilités

11 = 5 + 6 = 6 + 5 deux possibilités

12 = 6 + 6 une seule possibilité

Attention ici à tenir compte de l'apparition du numéro et du dé (1er ou 2nd) sauf dans le cas où vous obtenez des numéros identiques (1 et 1, ou 2 et 2, etc.)

Ainsi 7 est la somme qui est la plus représentée avec six possibilités, ainsi **C** est la bonne réponse.

7. $\begin{cases} 2x+y=4 \\ x^2=4 \end{cases} \longleftrightarrow \begin{cases} y=0 \\ x=2 \end{cases}$ *ou* $\begin{cases} y=8 \\ x=-2 \end{cases}$ il y a donc deux solutions et la bonne réponse est **C**.

8. Le train parcourt la distance entre les deux villes A et B en deux heures. En effet la vitesse du train étant de 120 km/h, il parcourt 120 km en une heure, donc 240 km en deux heures. À ces deux heures, il faut rajouter les 10 minutes d'arrêt à la ville C. Ainsi le voyage dure en tout 2 heures et 10 minutes. Or le train arrive à destination à 10h05. En retranchant 2h10 à 10h05, vous obtenez 7h55. Ainsi le train est parti à 7h55 et la bonne réponse est donc **B**.

9. 26 mètres par seconde représentent $26 \times \frac{3600}{1000} = 26 \times 3,6 = 93,6$ km/h. Ainsi il y a excès de vitesse et Jean parcourt 93,6 km en une heure et la bonne réponse est **A**.

REMARQUES

Pour obtenir des km/h à partir de m/s, il vous suffit de multiplier par 3,6.
Pour obtenir des m/s à partir de km/h, il vous suffit de diviser par 3,6.

10. La grande aiguille de l'horloge fait un tour en une heure. Le diamètre de l'horloge est de 16 cm, donc son rayon est de 8 cm. La circonférence, égale à 2πrayon vaut donc $2\pi \times 8 = 16\pi \approx 50$ cm $\approx 0,5$ m $\approx 0,0005$ km. Donc la pointe de la grande aiguille a une vitesse de 0,0005 km/h et la bonne réponse est **A**.

11. Une réduction de 30 % revient à multiplier le prix d'origine par $(1-0,3)=0,7$. Ainsi le prix initial x est de :

$x \times 0,7 = 56$ et $x = \frac{56}{0,7} = 80$ euros et la bonne réponse est **C**.

12. Soient B = « l'élève a son bac » et R = « l'élève a révisé », vous pouvez écrire :

$P_B(R) = \frac{P(R \cap B)}{P(B)} = P_R(B) \times \frac{P(R)}{P(B)} = \frac{0,9 \times 0,4}{0,8} = \frac{0,36}{0,8} = 0,45$ et la bonne réponse est **B**.

13. La salle de bain a une surface de 16 m^2. Cette pièce est de forme carrée, donc chacun de ses côtés a une longueur de 4 m = 400 cm. Sur chaque côté vous pouvez donc placer 20 carrelages de 20 cm de diamètre (10 cm de rayon). Vous pouvez donc disposer 20 × 20 = 400 carrelages dans cette salle de bain. La bonne réponse est **B**.

14. Pour obtenir la surface, il vous suffit de diviser le volume par la hauteur, soit S $= \frac{20}{2,5} = 8$ m^2. La surface de la chambre est de 8 m^2 et la bonne réponse est **A**.

15. Le volume de la brique de lait est de 20 × 10 × 10 = 2000 cm^3 = 2 dm^3 = 2 litres et la bonne réponse est **D**.

Sous-test 3 : Raisonnement argumentation

Tableau des réponses :

1	2	3	4	5	6	7	8	9	10	11	12	13	14	15
D	C	B	D	A	D	B	C	E	E	A	D	C	B	B

Score entre – 15 et 60 : …/60

Réponses détaillées :

1. Jean effectue deux tirages sans remise. Ainsi pour le premier il a 3 possibilités, pour le second il a 2 possibilités. Soit en tout $3 \times 2 = 6$ possibilités de tirer deux boules parmi trois sans remise. Et la bonne réponse est **D**.

2. Le proverbe « il faut que jeunesse se passe » signifie qu'il faut excuser les erreurs des individus jeunes car ils n'ont pas encore assez d'expérience. La bonne réponse est **C**.

3. Manon doit tirer au minimum 3 cartes pour être sûre d'avoir au moins une figure. Car en tirant trois cartes, si elle obtient des chiffres aux 1er et 2e tirages, elle aura forcément une figure au 3e tirage puisqu'il n'y aura plus de chiffre (le tirage s'effectue sans remise). Et la bonne réponse est **B**.

4. L'âge d'Antoine est 12 + 2 + 5 + 5 = 24 ans. La bonne réponse est **D**.

5. En additionnant le nombre de participants à chaque sport, vous obtenez : 118 + 64 + 68 = 250. Il n'y aucun sportif qui ne pratique aucun sport. La bonne réponse est **A**.

6. Pour avoir au moins deux stylos identiques Marie doit en piocher au minimum 5 sans remise. Si elle obtient 4 stylos différents lors des quatre premiers tirages, elle aura, au 5e, forcément un stylo d'une couleur identique à l'un des quatre premiers. La bonne réponse est **D**.

7. Si aujourd'hui, il y a 10 abeilles dans la ruche, et que cela prend un jour pour que leur nombre triple, alors il y aura $3 \times 10 = 30$ abeilles dans la ruche demain. Ainsi il faut 1 jour, soit 24 heures pour que le nombre d'abeilles passe de 10 à 30. Et la bonne réponse est **B**.

8. « Inhérent à » signifie lié à, inséparable de, etc. La valeur et le bien ne sont donc pas liés. Et la bonne réponse est **C**.

9. « Faire son office » signifie faire son devoir, accomplir son travail. La bonne réponse est donc **E**.

10. « Un équipage cavalier fait les trois quarts de leur vaillance » signifie que l'apparence fait la puissance. Et **E** est la bonne réponse.

11. D'après le texte, vous déduisez que *l'économie pure* attribue des prix aux choses selon certaines hypothèses. La bonne réponse est **A**.

12. L'énoncé permet de déduire que Frédéric est l'aîné, viennent ensuite ses trois sœurs puis le cadet. L'aînée des sœurs est donc le deuxième enfant de la famille, soit la puinée. La bonne réponse est **D**.

13. L'auteur décrit une jeune fille espiègle. La bonne réponse est **C**.

14. Le proverbe « la nuit tous les chats sont gris » signifie que la nuit on ne peut pas voir distinctement les choses. La bonne réponse est **B**.

15. Le proverbe « entre l'arbre et l'écorce il ne faut pas mettre le doigt » signifie qu'il ne faut pas se mêler d'une dispute entre des proches. La bonne réponse est **B**.

Sous-test 4 : Conditions minimales

Tableau des réponses :

1	2	3	4	5	6	7	8	9	10	11	12	13	14	15
C	D	C	C	D	E	D	C	C	E	E	A	C	C	A

Score entre – 15 et 60 : .../60

Réponses détaillées :

1. Il s'agit d'un système de deux équations à deux inconnues. Ainsi les deux conditions ensemble permettent de résoudre le système mais ne le peuvent pas séparément. Vous trouvez que le système a une unique solution $x = 1$ et $y = 1$. Ainsi la bonne réponse est **C**.

2. La circonférence (ou le périmètre) d'un cercle est égale à $2\pi \times$ rayon. Ainsi la première information à elle seule permet de répondre à la question. La seconde information permet aussi à elle seule de répondre à la question car à partir du diamètre, vous obtenez le rayon (en le divisant par 2). La bonne réponse est donc **D**.

3. Sans hypothèse sur la nature du triangle, vous ne pouvez pas déduire les dimensions de ses côtés à partir du périmètre pour seule information. Ainsi (1) à elle seule ne permet pas de résoudre l'exercice. De même (2) n'est pas suffisante car la nature d'un triangle ne permet pas d'en déterminer les dimensions. En revanche les deux informations ensemble permettent d'obtenir la longueur de chaque côté. La bonne réponse est donc **C**.

4. L'énigme de cet énoncé revient à un système de deux équations à deux inconnues. Si vous notez F l'âge de Françoise et S celui de sa sœur, vous obtenez le système suivant :

$$\begin{cases} F = S + 2 \\ S = 25 \end{cases} \longleftrightarrow \begin{cases} F = 27 \\ S = 25 \end{cases}$$

Vous avez besoin des deux informations pour obtenir l'âge de Françoise. Ainsi **C** est la bonne réponse.

5. Le rayon d'une surface circulaire peut être obtenu à partir de la valeur de cette aire. Car l'aire d'un disque est donnée par $A = \pi \times$ rayon^2, soit rayon$^2 = \frac{A}{\pi}$ et donc rayon $= \sqrt{\frac{A}{\pi}}$. Donc (1) permet à elle seule de résoudre le problème. Il en est de même pour (2) car en divisant le diamètre par 2 vous trouvez le rayon. Ainsi (2) permet elle aussi de répondre seule à la question. Vous obtenez avec l'une ou l'autre des informations un rayon égal à 5 m. La bonne réponse est **D**.

6. Le fait que a soit pair ne permet pas de répondre à la question. De même la condition (2) est une équation à deux inconnues. Elle ne permet pas non plus de trouver les valeurs de a et de b. Les deux informations combinées ne permettent pas non plus de répondre à la question. Ainsi **E** est la bonne réponse.

7. Les côtés d'un carré ont la même longueur, donc à partir du périmètre vous pouvez obtenir la valeur de cette longueur. Périmètre d'un carré = $4 \times$ longueur d'un de ses côtés. Ainsi à partir de (1) vous obtenez que la longueur des côtés du carré est de $\frac{16}{4} = 4$ cm. Donc (1) permet à elle seule de répondre à la question. À partir de l'aire d'un carré, vous obtenez aussi la longueur de ses côtés : Aire = côté^2. Vous obtenez là aussi côté = 4 en prenant la racine carrée de 16 (il convient de ne retenir que la racine positive étant donné qu'une longueur est toujours positive ou nulle). Ainsi (2) permet aussi de résoudre le problème. La bonne réponse est **D**.

8. Lorsque les deux informations sont combinées, vous avez un système de deux équations à deux inconnues a et b :

$\begin{cases} a+b=5 \\ ab=6 \end{cases}$ et vous obtenez $a = 2$ et $b = 3$ ou $a = 3$ et $b = 2$

Ainsi là aussi, vous avez besoin des deux conditions pour répondre à la question. Vous avez bien trouvé deux réels vérifiant les deux informations. La bonne réponse est **C**.

9. La première information seule ne permet pas de répondre à la question : 5 ou – 5 sont la racine carrée de 25. Car vous ne savez pas si la racine carrée de 25 est positive ou négative.

La deuxième information vous donne le signe du cube du nombre cherché. Or le cube d'un nombre est du signe de ce nombre. Vous retenez ainsi le chiffre 5. La bonne réponse est **C** car là encore vous avez besoin des deux informations.

10. Vous ne disposez pas d'assez de renseignements pour déterminer le code de Jean. Vous savez qu'il se termine par la lettre A avec la première information. La seconde information vous dit que le code est composé de trois chiffres consécutifs : cela peut être 012, ou 123, ou 234, ou 345, ou 456, ou 567, ou 678, ou 789. Vous pouvez seulement déduire que le code de Jean est l'une de ces séries de trois chiffres suivies de la lettre A. Il a le choix entre ses huit possibilités. Mais vous ne pouvez pas répondre au problème. Ainsi la bonne réponse est **E** et Jean n'a plus qu'à tâtonner !

11. La première condition est une équation du second degré. Vous obtenez un discriminant négatif. Ainsi, il n'y a pas de solution réelle mais deux solutions complexes conjuguées. (1) ne permet donc pas de répondre à la question. (2) ne permet pas non plus de trouver la valeur de x car elle vous apprend seulement qu'il est strictement positif. La bonne réponse est **E**.

12. La racine cubique de 8 est 2. Ainsi (1) permet de déterminer le chiffre cherché. Par ailleurs (2) vous informe que ce chiffre est strictement positif, elle ne permet donc pas de répondre à la question. Ainsi (1) seule permet de déterminer l'inconnue. La bonne réponse est **A**.

13. Vous avez besoin des deux informations pour répondre au problème. Le fait qu'un triangle soit équilatéral ne vous permet pas d'en déterminer les dimensions, donc (1) n'est pas suffisante. De même le périmètre d'un triangle ne vous donne pas la mesure de ses côtés si vous ne connaissez pas sa nature. Ainsi vous avez besoin des deux conditions pour répondre à la question. En sachant que le triangle est équilatéral, vous obtenez que la longueur de ses côtés est égale à : périmètre divisé par 3, soit $\frac{12}{3} = 4$ cm. La bonne réponse est **C**.

14. Vous avez besoin des deux informations pour résoudre le problème. La première vous donne le débit en litre par minute. Vous devez obligatoirement convertir le volume en litres ! 0,5 mètres cubes = 500 litres (c'est une grande baignoire !). Ainsi la baignoire prend $\frac{500}{8} = 62,5$ minutes, soit une heure, deux minutes et 30 secondes pour se remplir ! La bonne réponse est **C**.

15. (1) vous permet à elle seule de déterminer le prix initial de l'article qui est donné par la formule :

Prix initial $\times (1 - 0,3) = 70$

Soit :

Prix initial $\times 0,7 = 70$

Prix initial $= \frac{70}{0,7} = 100$ euros.

(2) ne vous permet pas de connaître le prix initial. Elle vous donne seulement le prix que Jean a payé. La bonne réponse est donc **A**.

Sous-test 5 : Expression

Tableau des réponses :

1	2	3	4	5	6	7	8	9	10	11	12	13	14	15
B	E	A	E	C	A	A	B	D	C	A	B	A	C	A

Score entre – 15 et 60 : ..../60

Réponses détaillées :

1. Apposer signifie mettre en application, appliquer. La bonne réponse est donc **B**.

2. Supplanter signifie remplacer. La bonne réponse est donc **E**.

3. Mettre en exergue signifie mettre en valeur, faire ressortir. Ainsi la bonne réponse est **A**.

4. La prévalence d'une maladie dans une population donnée est le rapport du nombre de personnes atteintes de cette maladie par le nombre total d'individus dans cette population. Pour l'exprimer en pourcentage, il vous suffit de multiplier ce rapport par 100. La phrase signifie que la schizophrénie touche environ 1 % de la population. La bonne réponse est **E**.

5. Penaud signifie embarrassé, mal à l'aise, confus, etc. Ainsi la bonne réponse est **C**.

6. Le participe passé de « cueillir » est « cueillies » car il s'accorde en genre et en nombre avec le nom « pommes ». « Les pommes » est le COD (complément d'objet direct) et ce COD étant placé avant le verbe, le participe passé s'accorde avec lui.

En revanche si vous avez la phrase :

« Elle a cueilli des pommes qui sont bonnes », le participe passé de « cueillir » reste « cueilli » et ne s'accorde pas avec le COD qui est placé cette fois après le verbe.

L'adjectif « bonnes » s'accorde avec le nom « pommes ».

La bonne réponse est donc **A**.

ATTENTION

Lorsque le COD est placé avant le verbe, le participe passé s'accorde en genre et en nombre avec lui.

Lorsque le COD est placé après le verbe, le participe passé ne s'accorde pas avec lui.

7. Veuillez trouver les documents ci-joints. Le participe passé du verbe « joindre » s'accorde en genre et en nombre avec « Les documents ». Ainsi la bonne réponse est **A**.

8. La bonne réponse est **B** :

Fanny ne fait pas beaucoup de fautes d'orthographe. Sa maman lui répétait sans cesse : « Relis tes leçons ».

Le mot orthographe s'écrit orthographe.

La conjugaison du verbe répéter à la troisième personne du singulier s'écrit « répétait ».

L'impératif présent du verbe relire à la deuxième personne du singulier donne « relis ».

9. La bonne réponse est **D** :

Le CV du nouveau candidat est dans une enveloppe à l'attention de Monsieur le directeur des ressources humaines.

Il n'est pas correct d'écrire le CV au nouveau candidat. L'expression correcte est le CV du nouveau candidat.

L'enveloppe est destinée : destinée s'accorde en genre et en nombre avec enveloppe.

Lorsqu'un courrier est destiné à quelqu'un, on emploie le terme « à l'attention » et non « à l'intention ».

Le terme « intention » correspond à une initiative, un projet tandis que « à l'attention » signifie aux bons soins du destinataire. L'expéditeur souhaite que ce dernier soit attentif à sa demande ou à sa requête.

10. La bonne réponse est **C**.

Il ne veut ni des pâtes ni du dessert que j'ai préparés. Il préfère les délices savoureuses du restaurant en face.

Le mot pâtes en termes culinaires s'écrit « pâtes ». Les pattes sont les membres d'un animal.

En ce qui concerne la construction de la phrase, il est nécessaire d'avoir deux fois « ni », donc le « et » n'est pas correct.

Le participe passé du verbe préparer s'accorde en genre et en nombre avec le COD. Vous devez donc écrire « préparés ».

Le nom délice est masculin au singulier mais devient féminin au pluriel. L'adjectif « savoureuses » est accordé en genre et en nombre avec un nom féminin pluriel.

11. Seule la réponse **A** est possible et correspond au contexte.

12. Seule la réponse **B** convient au contexte.

13. À la lecture du passage, seule la réponse **A** convient.

14. Seule la réponse **C** convient aux répliques.

15. Seule la réponse **A** convient à la réplique.

Sous-test 6 : Logique

Tableau des réponses :

1	2	3	4	5	6	7	8	9	10	11	12	13	14	15
A	D	A	E	A	D	C	C	A	B	D	A	A	C	E

Score entre – 15 et 60 : .../60

Réponses détaillées :

1. La suite horizontale est constituée de nombres se terminant par 0 ou 5, ce sont donc des multiples de 5. Vous devez donc éliminer toutes les réponses qui ne sont pas des multiples de 5. La suite verticale est composée de carrés parfaits. Vous devez donc retenir un carré parfait parmi les réponses restantes. Et la bonne réponse est **A**. En effet 625 est à la fois un multiple de 5 et un carré parfait ($625 = 25^2$).

2. La suite horizontale est constituée de cubes et la suite verticale de nombres dont la somme des chiffres est égale à 8. Ainsi vous devez retenir parmi les propositions, le nombre qui est à la fois un cube et dont la somme des chiffres est égale à 8. Et la bonne réponse est **D**. En effet 125 est un cube ($125 = 5^3$) et la somme de ses chiffres est égale à $1 + 2 + 5 = 8$.

3. Vous remarquez que la suite horizontale est constituée de multiples de 11 (apprenez votre table de 11 !) et la suite verticale de multiples de 5. Vous devez éliminer les propositions qui ne sont pas des multiples de 11 et de 5. **A** est la bonne réponse. 55 est bien un multiple de 11 et de 5 : $55 = 5 \times 11$.

4. Vous remarquez que la suite horizontale est constituée de multiples de 7 et la suite verticale de multiples de 16. Vous devez éliminer les propositions qui ne sont pas des multiples de 7 et de 16. **E** est la bonne réponse. 112 est bien un multiple de 7 et de 16 : $112 = 7 \times 16$.

5. La suite horizontale est constituée de nombres dont la somme des chiffres est égale à un chiffre pair (8, 6, 2 ou 4). La suite verticale ne contient que des nombres premiers (nombres qui ne sont divisibles que par 1 et par eux-mêmes). Ainsi vous devez retenir la proposition qui est un nombre premier dont la somme des chiffres est un chiffre pair. Et la bonne réponse est **A**. En effet 31 est un nombre premier et la somme de ses chiffres est égale à $3 + 1 = 4$ qui est pair.

6. La suite horizontale contient une série de lettres consécutives dont chaque lettre est augmentée d'un rang d'un terme à l'autre. La suite verticale est constituée de série de lettres dont la première augmente d'un rang à chaque terme. Les autres lettres de cette série verticale semblent être choisies de manière aléatoire. Ainsi la série de trois lettres manquante doit commencer par C. Puis pour répondre à la logique horizontale, vous devez avoir DE qui suivent le C. Ainsi la bonne réponse est **D**, CDE.

7. La suite horizontale est constituée de trois lettres dont la disposition est voyelle - consonne - voyelle. La suite verticale contient alternativement des séries de trois lettres de la forme voyelle - consonne - voyelle puis consonne - voyelle - consonne, etc. Ainsi la série cherchée doit avoir obligatoirement une disposition de la forme voyelle - consonne - voyelle pour respecter les deux logiques. Ainsi la seule bonne réponse est **C**. URE est la seule proposition de la forme voyelle - consonne - voyelle.

8. Vous remarquez que dans la suite horizontale, les termes se terminent tous par un « I ». Vous devez donc retenir les propositions finissant par un « I ». La suite verticale est constituée de termes où la position du I change. Il est d'abord en première position, puis en seconde, puis en troisième, puis de nouveau en première, etc. Pour respecter la logique verticale, le terme doit avoir son « I » en troisième position. Et la bonne réponse est ainsi **C** POI.

9. La suite horizontale est constituée des termes commençant tous par « BA » et la suite verticale de termes finissant tous par « AB ». Ainsi la bonne réponse est **A** avec la proposition BAB.

10. Vous remarquez que les deux suites (horizontale et verticale) contiennent des termes ayant une même logique. La somme des barres constituant leurs lettres est égale à 10. Ainsi la bonne réponse est **B** avec NZW. En effet N a trois barres, Z également et W en a quatre. Et 3 + 3 + 4 = 10.

11. Vous remarquez qu'entre deux symboles consécutifs s'est produite une rotation de 90° dans le sens des aiguilles d'une montre (sens indirect en mathématiques).

Vous déduisez donc que la bonne réponse est la figure correspondant à une rotation de 90° dans le sens indirect par rapport au schéma précédent. Soit la réponse **D**.

12. Vous remarquez qu'entre deux symboles consécutifs, le cercle à l'intérieur du carré s'est agrandi et il est alternativement coloré ou incolore. Si le cercle de la figure précédente est coloré, alors le suivant ne l'est pas ; et si le cercle de la figure précédente est incolore, alors le suivant est coloré. La bonne réponse est donc **A**.

13. Vous remarquez que le nombre de barres constituant la lettre à l'intérieur de la figure est égale au nombre de côtés de la figure moins 1. Par exemple pour le premier symbole, la figure a trois côtés (c'est un triangle) et la lettre V a deux barres. Vous avez bien 3 = 2 - 1. Ainsi la bonne réponse est **A**. La figure a en effet trois côtés et la lettre L a bien 2 barres.

14. Les cercles qui se suivent sont constitués d'une lettre consécutive d'un schéma à l'autre. Ainsi la bonne réponse est **C**. les lettres se suivent : **A**, **B**, **C** et **D**.

15. Vous remarquez que les lettres sont consécutives d'un symbole à l'autre. Il s'effectue également un déplacement de la lettre au niveau des angles du rectangle. Elle se déplace dans le sens des aiguilles d'une montre. La bonne réponse est donc **E**.

Calculez votre score total !

Partie	Épreuve	Score par épreuve	Score par partie	Score total
1. Résolution de problèmes	Calcul	37…/60	87…/120	score 1 + score 2 + score 3 /6 x100
	Conditions minimales	50…/60		
2. Aptitudes verbales	Compréhension	55…/60	115…/120	
	Expression	60…/60		
3. Raisonnement logique	Logique	…/60	60…/120	**…/600**
	Raisonnement	40…/60		

175
87
262 | 6
22 | 43,6
40

Tage Mage blanc 2

Sous-test 1 : Compréhension d'un texte écrit

20 mn

Consignes :

Cette épreuve comporte trois textes numérotés 1, 2 et 3. Chacun de ces textes est suivi d'une série de questions. Chaque question vous présente cinq propositions qui peuvent porter sur différents niveaux de lecture :

- informations « isolées » contenues dans le texte ;
- idées principales, traitées dans un ou plusieurs paragraphes ;
- position de l'auteur telle qu'elle se reflète dans le texte, etc.

Parmi les cinq propositions présentées dans le cadre de chaque question, certaines sont en contradiction flagrante avec le texte ; d'autres abordent des aspects qui n'y sont pas traités ; d'autres encore se rapprochent plus ou moins de ce qui est exprimé – directement ou indirectement – dans ce même texte.

La seule proposition considérée comme exacte est celle qui se rapproche le plus de ce qui est dit dans le texte. Les quatre autres propositions sont considérées comme fausses.

Attribution des points :

- 4 points par réponse juste
- – 1 point par réponse fausse
- 0 point par non réponse

Texte 1 : Extrait de *Culture générale administrative, L'état des politiques publiques*, Patrick Horusitzky, p. 49, Dunod

La naissance de l'élan centralisateur

Le rôle des qualités personnelles des monarques

L'énergie de certains rois du Moyen Âge, l'habilité entre autres, va modifier cet équilibre féodal au profit exclusif du monarque et va transformer le réseau acentrique en une pyramide traversée par la seule autorité absolue du monarque. Le modèle contractuel fait place au système hiérarchique, qui conduit la France, d'une entité faite d'une juxtaposition de provinces, à un état unitaire.

Ce processus connaît ses moments clés, que l'on peut regrouper sous l'égide des deux qualités dont les plus grands Capétiens ont fait preuve : l'énergie et l'habileté.

L'énergie nécessaire pour fédérer l'ancien Royaume des Francs – à la cohérence largement fictive dès l'origine, voire inexistante sous l'absence d'autorité des « rois fainéants » puis les Carolingiens qui, après l'éclatement en trois royaumes, lors du procès de Verdun de 843, de l'empire constitué par Charlemagne, sont retombés dans la logique du morcellement féodal antérieur – est illustrée notamment par l'action de Philippe Auguste. La victoire qu'il remporte à la tête d'une armée composite mais nombreuse, à Bouvines en 1214 est décisive (...) en ce qu'elle révèle un attachement à une certaine entité française en cours d'émergence, au moment où elle risque sur le champs de bataille d'être annexée par l'Empereur d'Allemagne, chef du Saint empire romain germanique.

Sur la base de l'acquis de Bouvines, la guerre de Cent Ans renforce paradoxalement l'autorité du roi en France, la crainte de la conquête anglaise poussant la plupart des grands féodaux à affirmer (non sans encore quelque ambiguïté) leur allégeance à Charles VII.

Une des origines de ce conflit séculaire, la querelle dynastique provoquée par le principe nouveau, imposé par la France, d'hérédité par les descendants mâles en ligne masculine (jusqu'au XIIIe siècle, il s'agissait, en théorie du moins, d'une monarchie élective) consacre d'ailleurs aussi la suprématie d'un personnage – le roi – qui transcende de plus en plus l'aristocratie féodale formée par ses pairs, pour devenir un être semi-divin secrétant ses propres règles de succession.

Si Philippe Auguste et Charles VII firent preuve d'énergie pour amener vers l'unité les Grands du Royaume, l'œuvre de Louis XI à cet égard se caractérise avant tout par l'habileté et la ruse.

Question 1. Que peut-on retenir sur Charlemagne ?

A. Il appartient à la dynastie des Carolingiens.
B. Il appartient à la dynastie des Capétiens.
C. Il est à l'origine de l'éclatement en trois royaumes de l'Empire.
D. Il est à l'origine de la renaissance des Carolingiens.
E. Son empire a éclaté en trois royaumes lors du traité de Verdun en 843.

Question 2. Quelles sont les conséquences des qualités personnelles développées par les différents monarques sur la société ?

A. La France se divise en Provinces.
B. L'équilibre féodal est modifié et l'empire est sous l'autorité absolue du monarque.
C. La Moyen Âge se termine.
D. Le règne des Capétiens est à son apogée.
E. La guerre de Cent Ans éclate.

Question 3. Citez une des origines de la guerre de Cent Ans.

A. L'hérédité des descendants mâle par lignée masculine.
B. La crainte de la conquête anglaise.
C. L'avancée de l'Empereur d'Allemagne.
D. La division en trois royaumes de l'empire constitué par Charlemagne.
E. L'autorité absolue du monarque.

Question 4. Par quel Capétien l'énergie est-elle illustrée ?

A. Louis XI
B. Charles VII
C. Philippe Auguste
D. Charlemagne
E. Charles le Téméraire

Question 5. Quels sont les qualités développées par Louis XI au cours de son règne ?

A. L'habileté et le respect.
B. L'énergie et le courage.
C. L'énergie et l'habileté.
D. L'énergie et la vaillance.
E. L'habileté et la ruse.

Texte 2 : Extrait de *La pollution de l'air, Sources, effets, prévention*, Christian Elichegaray, p. 58, Encart 4.3, Dunod

Les rayons UV

Les effets des rayons ultraviolets sur la santé

Les UV qui parviennent à la surface du sol ont des effets bénéfiques ; par exemple, ils contribuent à la prévention du rachitisme en produisant de la vitamine D dans la peau. Néanmoins, des expositions prolongées aux rayons du soleil peuvent provoquer, à long terme, le développement de cancers de la peau.

Ils provoquent des troubles de la vision en diminuant les performances de la rétine et en favorisant les cataractes. Ils affaiblissent le système immunitaire et rendent ainsi l'organisme plus sensible à des atteintes virales de la peau comme l'herpès.

Les effets des rayons ultraviolets sur les plantes

L'examen de plus de 200 espèces de plantes (essentiellement cultivées) a montré que 70 % d'entre elles étaient sensibles à une augmentation du rayonnement ultraviolet. Ce dernier provoque, entre autres, une diminution de la photosynthèse et de la taille des feuilles. Le soja, végétal fragile et riche *en protéines, est particulièrement sensible*.

Les effets des rayons ultraviolets sur les écosystèmes aquatiques

Le phytoplancton, qui est à la base de l'alimentation de la faune marine, voit sa productivité diminuer. Il en est de même pour le zooplancton qui se nourrit de phytoplancton. Par exemple, les larves d'anchois, qui font partie du zooplancton, seraient affectées. Il en résulterait une difficulté de reconstitution des populations de poissons commercialisables, déjà menacées.

Les effets des rayons ultraviolets sur les matériaux

Les rayons UV provoquent une détérioration plus rapide des peintures et des plastiques qui doivent être renouvelés plus souvent.

Question 6. Quelle est l'affirmation exacte ?

A. Les rayons ultraviolets favorisent la prévention d'une certaine maladie de la croissance.

B. Les rayons ultraviolets n'ont aucune vertu sur la santé.

C. Les rayons ultraviolets ont des vertus contre l'obésité grâce à leur apport en vitamine D.

D. Les rayons ultraviolets peuvent être responsables d'une maigreur extrême.

E. Tous les rayons ultraviolets provoquent le cancer de la peau.

Question 7. Quels sont les effets des rayons ultraviolets sur les plantes ?

A. Les rayons UV limitent leur croissance.

B. Les rayons UV sont responsables d'une maladie dont les symptômes sont visibles sur les feuilles.

C. Les rayons UV perturbent un processus bioénergétique qui se fait par les plantes à partir de la lumière du soleil.

D. Les rayons UV n'influent que sur le soja.

E. Les rayons UV n'ont aucune influence sur le soja.

Question 8. Quels sont les effets des rayons ultraviolets sur les écosystèmes aquatiques ?

A. Le zooplancton se nourrit de phytoplancton.

B. Les poissons se nourrissent de zooplancton.

C. Les poissons commercialisables ne peuvent plus se nourrir.

D. Le phytoplancton se nourrit de zooplancton.

E. La productivité du phytoplancton est diminuée.

Question 9. Quel est la proposition exacte ?

A. Les UV n'agissent que sur les êtres vivants.

B. Les UV ne proviennent pas de la lumière du soleil.

C. Les UV peuvent augmenter la productivité du phytoplancton.

D. Les UV peuvent détériorer des peintures ou des objets.

E. Les UV ont une influence néfaste sur exactement 200 espèces de plantes.

Question 10. Quelle est la réponse exacte ?

A. Les UV sont la principale cause de la cataracte.

B. Les UV ont des vertus contre l'herpès.

C. Les UV peuvent provoquer des troubles de la vision.

D. Les UV permettent de repeupler des populations aquatiques.

E. Les UV permettent la conservation de certains matériaux.

Texte 3 : Extrait de *L'art de la médecine*, Hippocrate.

Le Serment

« Je jure par Apollon médecin, par Asclépios, par Hygie et Panacée, par tous les dieux et toutes les déesses, les prenant à témoin, de remplir, selon ma capacité et mon jugement, ce serment et ce contrat ; de considérer mon maître en cet art à l'égal de mes propres parents ; de mettre à sa disposition, et s'il est dans le besoin, de lui transmettre une part de mes biens ; de considérer sa descendance à l'égal de mes frères, et de leur enseigner cet art, s'ils désirent l'apprendre, sans salaire ni contrat ; de transmettre les préceptes, les leçons orales et le reste de l'enseignement à mes fils, à ceux de mon maître, et aux disciples liés par un contrat et un serment, suivant la loi médicale, mais à nul autre.

J'utiliserai le régime pour l'utilité des malades, suivant mon pouvoir et mon jugement ; mais si c'est pour leur perte ou pour une injustice à leur égard, je jure d'y faire obstacle. Je ne remettrai à personne une drogue mortelle si on me la demande, ni ne prendrai l'initiative d'une telle suggestion. De même, je ne remettrai pas à une femme un pessaire abortif. C'est dans la pureté et la piété que je passerai ma vie et exercerai mon art. je n'inciserai pas non plus les malades atteints de lithiase, mais je laisserai cela aux hommes spécialistes de cette intervention. Dans toutes les maisons où je dois entrer, je pénétrerai dans l'utilité des malades, me tenant à l'écart de toute injustice volontaire, de tout acte corrupteur, en général et en particulier des relations amoureuses avec les femmes ou les hommes, libres ou esclaves. Tout ce que je verrai ou entendrai au cours du traitement, ou même en dehors du traitement, concernant la vie des gens, si cela ne doit jamais être répété au-dehors, je le tairai, considérant que de telles choses sont secrètes.

Eh bien donc, si j'exécute ce serment sans l'enfreindre, qu'il me soit donné de jouir de a vie et de mon art, honoré de tous les hommes pour l'éternité. En revanche, si je le viole ou le parjure, que ce soit le contraire. »

Question 11. Quels mots se rapproche le plus du sens de « subsides » ?

A. Collègues

B. Documents

C. Stagiaires

D. De l'argent

E. Un soutien

Question 12. À quoi le mot « art » fait-il référence dans le texte ?

A. La médecine.

B. La peinture.

C. La générosité.

D. Le fait de taire les choses secrètes.

E. La lutte contre l'injustice.

Question 13. Parmi les informations suivantes, laquelle est vérifiée dans le texte ?

A. Le médecin ne doit pas révéler ce qu'il a vu ou entendu au cours de son activité.

B. Le médecin peut réaliser tous les actes médicaux.

C. Le médecin peut entretenir des relations en tout genre avec ses patients.

D. Le médecin se doit de lutter contre l'injustice.

E. Le médecin doit léguer une partie de ses biens à son professeur.

Question 14. Quelle proposition est fausse ?

A. Le médecin doit soutien et assistance à ses maîtres ou professeurs comme s'ils étaient ses parents.

B. Le médecin doit garder le secret sur ce qu'il voit ou il entend dans le cadre de l'exercice de ses fonctions.

C. Le médecin doit enseigner la médecine à tout descendant de ses maîtres si celui-ci le désire.

D. Le médecin doit exercer sa profession dans l'authenticité et la dévotion.

E. Le médecin peut réaliser toute intervention médicale

Question 15. En vous aidant du contexte devinez le sens du mot « lithiase ». Il s'agit selon vous :

A. D'une maladie nécessitant une intervention.

B. D'une sorte de folie.

C. D'une maladie orpheline.

D. D'une maladie incurable.

E. D'une maladie de l'appareil digestif.

Sous-test 2 : Calcul

20 mn

Consignes :

Cette épreuve est constituée de 15 questions pour lesquelles vous disposez de 20 minutes. Les questions ne sont pas classées par ordre de difficulté.

L'utilisation de la calculatrice n'est pas autorisée.

Attribution des points :

- 4 points par réponse juste
- – 1 point par réponse fausse
- 0 point par non réponse

Question 1. Clément joue aux dés. Il ne lui est pas demandé de mise pour participer. La règle est la suivante : s'il obtient 6, il a le droit de relancer le dé et gagne en euros le résultat obtenu au 2nd lancer ; s'il n'a pas eu 6 au premier lancer, alors, il perd 6 euros. Sachant que le dé est équilibré, quelle est la réponse exacte ?

A. Le jeu est équitable.

B. Le jeu est défavorable au joueur.

C. Le jeu est favorable au joueur.

D. On ne peut pas savoir si ce jeu est équitable, favorable ou défavorable.

E. Le gain moyen de clément est de six euros.

Question 2. La surface d'une piscine rectangulaire est de 12 m^2. Quelle doit être sa profondeur pour que son volume soit de 24 000 litres ?

A. 2 m
B. 3 m
C. 4 m
D. 5 m
E. 6 m

Question 3. La somme de trois nombres entiers consécutifs est égale à 12. Quels sont-ils ?

A. 2, 5, 5
B. 4, 4, 4
C. 2, 3, 7
D. 3, 4, 5
E. 1, 5, 6

Question 4. François achète un ordinateur à 500 euros. Sachant que son prix a été augmenté de 10 % puis diminué de 20 %, quel est son prix initial ?

A. 400 euros
B. 450 euros
C. 490 euros
D. 550 euros
E. Environ 568 euros

Question 5. Jean a oublié le code de sa porte d'entrée. Il se souvient seulement qu'il est composé de trois chiffres consécutifs suivis de la lettre B. Combien a-t-il de possibilités de combinaisons ?

A. 8
B. 9
C. 10
D. 24
E. 1000

Question 6. Quelle est la valeur de $x - y$ sachant que $x^2 + y^2 = 5$ et $xy = 2$?

A. 1
B. 2
C. 3
D. 4
E. $\sqrt{5}$

Question 7. Résoudre le système suivant : $\begin{cases} 2x^2 + y^2 = -4 \\ \ln(x) = 0 \end{cases}$

A. $x = 1$ et $y = 0$
B. Le système admet une infinité de solutions.

Résolution des problèmes
Raisonnement logique
Aptitudes verbales
Tage Mage blancs

C. Le système n'admet pas de solutions.

D. L'ensemble des solutions est $\{0\}$

E. Il y a exactement deux solutions.

Question 8. Sur la route pour se rendre chez ses grands parents, Stéphanie voit que la vitesse limite autorisée est de 90 km/h. À combien de mètres par seconde cela correspond-il ?

A. 1,5 m/s

B. 324 m/s

C. 25 m/s

D. 5,4 m/s

E. 3,24 m/s

Question 9. Combien existe-t-il d'anagrammes du mot JOIE ?

A. 4

B. 24

C. 16

D. 64

E. 256

Question 10. Une baignoire se remplit de 20 décilitres en une seconde. Combien de minutes cela prend-il de la remplir aux trois quarts sachant que son volume est de 0,24 mètres cube ?

A. 1 minute et 30 secondes

B. 24 minutes

C. 15 minutes

D. 24 heures

E. On ne peut pas la calculer.

Question 11. Une balle de tennis rebondit. À chaque rebond, sa hauteur diminue de 20 %. Si Jean la lâche d'une hauteur de 1 mètre, quel sera la hauteur du troisième rebond ?

A. 80 cm

B. 64 cm

C. 51,2 cm

D. 180 cm

E. 295,2 cm

Question 12. On reprend le problème précédent. Quelle est la distance parcourue par la balle au troisième rebond ?

A. 295,2 cm

B. 51,2 cm

C. 244 cm

D. 4,392 m

E. 4,904 m

Question 13. Combien y a-t-il de bonbons en forme de sphère de volume π centimètres cube dans un bocal de volume 120 centimètres cube ?

A. Un peu moins de 40

B. Environ 120

C. Environ 60

D. Environ 30

E. Un peu plus de 60

Question 14. Marie place 100 euros à intérêts composés sur un compte rémunéré 5 % par an. Combien a-t-elle sur son compte au bout d'un an et demi ?

A. $100 \times \sqrt{(1,05)^3}$

B. $\sqrt{(1,05)^3}$

C. $\frac{100}{\sqrt{1,05)^2}}$

D. $100 \times \sqrt{(0,95)^3}$

E. $\frac{100}{\sqrt{(0,95)^2}}$

Question 15. Quelle est l'aire d'une demi-sphère de rayon r ?

A. $\frac{2\pi r^2}{3}$

B. $2\pi r^2$

C. $\frac{7\pi r^2}{3}$

D. $3\pi r^2$

E. $\frac{2\pi r^3}{3}$

Sous-test 3 : Raisonnement / Argumentation

20 mn

Consignes :

L'épreuve Raisonnement est constituée de 15 questions pour chacune desquelles le candidat doit analyser une situation-problème qui lui est présentée dans un petit paragraphe, avant de répondre à une question. Il s'agit d'une épreuve de raisonnement logique qui ne nécessite pas de connaissance approfondie des principes fondamentaux de la logique formelle.

Les deux formes de raisonnement, inductif et déductif, sont évaluées. Les situations-problèmes présentent des contextes problématiques parfois relativement flous et pour lesquels deux types de bonnes réponses sont proposés. Pour le premier type, la bonne réponse est explicitement unique. Pour le deuxième type – ce qui constitue une situation de prise de décision fréquente dans la vie quotidienne –, plusieurs réponses sont possibles et le candidat doit alors choisir celle qui convient le mieux.

Attribution des points :

- 4 points par réponse juste
- – 1 point par réponse fausse
- 0 point par non réponse

Question 1. Conjecture et conjoncture sont ?

A. Des synonymes
B. Des paronymes
C. Des homonymes
D. Des hétéronymes
E. Des anagrammes

Question 2. Quelle proposition se rapproche le plus du proverbe suivant : « L'oisiveté est mère de tous les vices ».

A. L'inaction peut conduire à toutes les tentations ou tous les vices.
B. L'hyperactivité peut conduire à tous les vices.
C. L'envie conduit à tous les vices
D. Le surplus d'énergie conduit à tous les vices.
E. L'hyperactivité peut éviter certains vices.

Question 3. Dans une classe de Terminale, l'âge médian est 18 ans, cela signifie que :

A. Il y a autant d'élèves qui ont moins de 18 ans que d'élèves qui ont plus de 18 ans.
B. L'âge moyen est 18 ans
C. La moitié de la classe a 18 ans
D. Le quart de la classe a au moins 18 ans
E. La moitié de la classe a une moyenne d'âge égale à 18 ans

Question 4. Antoine mesure 2 cm de plus que son frère qui mesure 3 cm de moins que son frère cadet. Quel est le plus petit de la famille ?

A. Antoine
B. Le puiné
C. Le cadet
D. L'aîné
E. On ne peut pas savoir.

Question 5. « Je voudrais faire un livre qu'on attende pas de moi. Il faudrait pour la première condition qu'il pût être mis entre toutes les mains des jeunes filles. Donc, pas de passion violente, rien qu'une idylle. Refaisons donc *Paul et Virginie*... ».

Émile Zola, parlant de son roman *Le rêve*

Quelle est la bonne réponse ?

A. Émile Zola a écrit *Paul et Virginie*.
B. Ce roman parle d'une idylle entre une jeune fille et un garçon.
C. Ce roman traite de problèmes familiaux.

D. Ce roman parle d'une guerre.

E. Ce roman relate une histoire autour du travail des femmes.

Question 6. Le poids s'exprime en physique sous la forme du produit de la masse exprimée en kg par l'intensité de la pesanteur égale à 9,81 $N.kg^{-1}$. Quelle est la réponse correcte ?

A. Le poids s'exprime en Newton (N).

B. Le poids s'exprime en kg.

C. Le poids s'exprime en $N.kg^{-1}$.

D. Sur la balance on voit son poids en Newton.

E. Plus la masse diminue plus le poids augmente.

Question 7. Dans une forêt, le quart de la population d'arbres est représenté par des chênes, le sixième est représenté par des bouleaux, les cinq douzièmes sont des platanes. Les pommiers représentent un quart de la population de la forêt et sont au nombre de 125. Quelle est la bonne réponse ?

A. Le nombre d'arbre dans cette forêt est de 250.

B. Le texte présente une erreur dans les fractions.

C. L'énoncé ne présente pas d'erreur dans le nombre de pommiers.

D. Il y a 250 chênes.

E. Le nombre de bouleaux est plus grand que le nombre de chênes.

Question 8. « Le sommeil, l'insomnie, l'un et l'autre lorsqu'ils dépassent la juste mesure, sont une mauvaise chose. ». Extrait de *L'art de la médecine*, aphorismes, Hippocrate

Ce passage est équivalent à :

A. L'insomnie n'est jamais une bonne chose.

B. L'excès de sommeil peut être une mauvaise chose.

C. L'excès de sommeil n'est jamais mauvais.

D. Le sommeil est le contraire de l'insomnie.

E. L'insomnie est la preuve d'une maladie certaine.

Question 9. Au cours d'un vote pour élire le nouveau président du conseil administratif d'une société, les électeurs ont le choix entre cinq candidats. Le premier a 30 % de chances d'être élu tandis que le deuxième et le troisième ont la même probabilité d'être élus. Le quatrième a une chance sur deux d'occuper le poste et enfin le cinquième 10 %.

Quelle est la réponse exacte ?

A. Le deuxième et le troisième ont chacun 10 % d'être élus.

B. Le deuxième a dix fois moins de chances d'être élu que le quatrième.

C. Le deuxième et le troisième n'ont aucune chance d'être élus.

D. Le troisième a 10 % de chances d'avoir le poste.

E. Le cinquième candidat a autant de chances d'être élu que le deuxième.

Question 10. Le nombre de tomates produites double d'un jour à l'autre. En combien de temps le nombre de tomates passe-t-il de 10 à 80 ?

A. 4 jours

B. 3 jours

C. 2 jours

D. 24 heures

E. 12 heures

Question 11. Les chats ont les yeux bleus. Jean a les yeux bleus. Donc Jean est un chat.

A. Il s'agit d'une métaphore dont la conclusion est fausse.

B. Il s'agit d'un syllogisme dont la conclusion est vraie.

C. Il s'agit d'un syllogisme dont la conclusion est fausse.

D. Il s'agit d'un zeugme avec une fausse conclusion.

E. Il s'agit d'un zeugme avec une vraie conclusion.

Question 12. Stéphanie a peur que sa petite sœur lise ses lettres. Ainsi à chaque lettre reçue, elle la range dans un de ses trois tiroirs. Pour induire sa sœur en erreur, elle a écrit des informations sur chaque tiroir. Une seule dit la vérité.

Tiroir 1 : « La lettre est rangée dans le 3e tiroir »

Tiroir 2 : « La lettre n'est pas dans ce tiroir »

Tiroir 3 : « La lettre n'est pas dans le 1er tiroir »

A. La lettre est dans le 2e tiroir.

B. La lettre est dans le 3e tiroir.

C. La lettre est dans le 1er tiroir.

D. La lettre ne peut être ni dans le 3e tiroir ni dans le 1er.

E. Vous ne pouvez pas savoir où se trouve la lettre.

Question 13. Combien y a-t-il de possibilités d'écrire un mot comportant trois lettres différentes ?

A. $26 \times 25 \times 24$

B. 26^3

C. $26 \times 25 \times 4$

D. 26×3

E. $26 + 25 + 24$

Question 14. « Le concept de « rigidité des prix » désigne en théorie économique la difficulté ou l'impossibilité pour les prix de s'ajuster pour équilibrer l'offre et la demande. Pour désigner cette réalité, le terme « viscosité » est également souvent employé. » Extrait de *Sciences économiques*, Bertrand Blancheton, p.38, Dunod

Quelle est la bonne réponse ?

A. La rigidité des prix résulte d'un équilibre entre l'offre et la demande.

B. La rigidité des prix est aussi appelée « viscosité ».

C. La rigidité des prix est le contraire du terme « viscosité ».

D. La viscosité résulte d'un équilibre de l'offre et de la demande.

E. Lorsque la demande est égale à l'offre, on parle de « viscosité ».

Question 15. « Il y a déjà quelque temps que je me suis aperçu que, depuis mes premières années, j'avais reçu quantité de fausses opinions pour véritables, et que ce que j'ai depuis fondé sur des principes si mal assurés, ne pouvait être que fort douteux et incertain ; de façon qu'il me fallait entreprendre sérieusement une fois en ma vie de me défaire de toutes les opinions que j'avais reçues jusques alors en ma créance, et commencer tout de nouveau dès les fondements, si je voulais établir quelque chose de ferme et de constant dans les sciences. » Extrait de *Méditations métaphysiques*, première méditation, Descartes

Quelle est l'affirmation exacte ?

A. L'auteur remet en question certaines opinions.

B. L'auteur doit oublier les principes inculqués dans l'enfance pour avancer dans ses recherches.

C. L'auteur peut se fonder sur des principes connus dès l'enfance pour avancer dans ses recherches.

D. Il faut prendre toutes les opinions en compte dans ses recherches.

E. Il faut utiliser tout ce que l'on connaît pour créer de nouveaux fondements.

Sous-test 4 : Conditions minimales

20 mn

Consignes :

Cette épreuve vise à contrôler la capacité d'analyse de la pertinence d'informations en vue de la résolution d'un problème. Ce sous-test repose sur le même champ de compétence que l'épreuve de Calcul.

Chacun des énoncés de cette épreuve comprend généralement des informations initiales (qui à elles seules ne permettent pas de répondre à la question), et deux informations notées (1) et (2) correspondant chacune d'elles à une information complémentaire.

Le candidat doit décider si l'une des propositions (1) ou (2), ou les deux combinées fournissent des informations suffisantes pour répondre à la question. Plus précisément, le candidat doit choisir l'une des 5 réponses **A**, **B**, **C**, **D** ou **E** définies comme suit :

A. Si l'information (1) permet à elle seule de répondre à la question, et si l'information (2) à elle seule ne permet pas de répondre à la question.

B. Si l'information (2) permet à elle seule de répondre à la question, et si l'information (1) à elle seule ne permet pas de répondre à la question.

C. Si les deux informations (1) et (2) ensemble permettent de répondre à la question, et aucune séparément ne le peut.

D. Si chaque information permet séparément de répondre à la question.

E. Si les deux informations ensemble ne permettent pas de répondre à la question.

REMARQUE

S'il s'agit d'un énoncé de géométrie comportant une figure, alors cette dernière ne tiendra compte que des informations contenues dans l'énoncé proprement dit, compte non tenu des informations (1) et (2).

Attribution des points :

- 4 points par réponse juste
- – 1 point par réponse fausse
- 0 point par non réponse

Question 1. Calculez x :

(1) $x > 0$

(2) $x^3 = 27$

Question 2. Quelle est la mesure des angles du triangle ABC défini par :

(1) Le triangle ABC est rectangle et isocèle en A

(2) $\widehat{B} = \widehat{C}$

Question 3. Quel est la vitesse du train ?

(1) Le train est parti à 10 h.

(2) Le train est arrivé à 15 h.

Question 4. Une bouteille d'eau d'un litre est remplie à l'aide d'un robinet. En combien de temps la bouteille est-elle remplie ?

(1) Le débit du robinet est de 0,2 litre en une minute.

(2) Au bout d'une minute $\frac{1}{5}$ de la bouteille est rempli.

Question 5. Les soldes sont arrivées ! Combien paie un client qui a acheté 5 articles ayant chacun pour prix initial 100 euros ?

(1) La première démarque consiste en une réduction de 30 %.

(2) À partir de trois articles achetés, le client bénéficie d'une réduction supplémentaire de 20 % sur l'ensemble des achats.

Question 6. Déterminez le réel a défini par :

(1) $a < 0$

(2) $a^2 = 64$

Question 7. Calculez la longueur des côtés d'un trapèze sachant que :

(1) Son périmètre mesure 24 cm.

(2) Sa grande base est égale au double de sa petite base.

Question 8. Quelle est le diamètre d'une roue de vélo définie par :

(1) Le diamètre de la roue mesure 26 pouces.

(2) Un pouce = 2,54 cm.

Question 9. En combien de temps la bouteille se vide ?

(1) La bouteille d'un litre fuit de 1 ml par seconde.

(2) La bouteille a une hauteur de 15 cm.

Question 10. Antoine fait du shopping. De quel pourcentage de réduction a-t-il bénéficié ?

(1) Il paye un jean 80 euros.

(2) Le prix initial du jean est de 150 euros.

Question 11. Déterminer les réels x et y :

(1) $x^2 - y^2 = 0$

(2) $x^2 + y^2 = 2$

Question 12. Déterminer le réel x :

(1) $\sqrt[3]{x} = 2$

(2) $x^{\frac{1}{3}} = 2$

Question 13. Fanny joue aux dés. Quelle est la probabilité qu'elle obtienne une somme égale à 10 ?

(1) Le dé est pipé $P(1) = P(2) = P(3) = \frac{1}{6}$, $P(4) = P(6) = 0$, $P(5) = \frac{1}{2}$

(2) Elle lance le dé deux fois

Question 14. François doit apprendre une tirade de 250 mots. Quelle est la probabilité qu'il fasse une erreur ?

(1) François a une probabilité de 10 % de faire une erreur à chaque mot et les erreurs sont supposées indépendantes.

(2) François ne fait d'erreur dans le 1er paragraphe qui contient 80 mots.

Question 15. Manon pioche cinq cartes. Quelle est la probabilité qu'elle obtienne les quatre as ?

(1) Le jeu contient 32 cartes.

(2) Elle effectue son tirage sans remise et simultanément.

Sous-test 5 : Expression

20 mn

Consignes :

Cette épreuve comporte différents types d'exercices :

- Évaluer le degré de synonymie dans les reformulations.
- Choisir la formulation qui reprend le mieux (correction et clarté) l'énoncé initial.
- Choisir les mots qui assurent la cohérence du texte.

Attribution des points :

- 4 points par réponse juste
- – 1 point par réponse fausse
- 0 point par non réponse

1. Recherche de synonymie

Questions 1 à 5 : Trouver la formule la plus proche des mots ou groupes de mots soulignés.

Question 1. Face au destin inexorable, il n'avait aucune chance pour le poste sollicité.

A. Sans pitié
B. Exceptionnel
C. Justifié
D. Nié
E. Démontré

Question 2. Il comprenait soudain l'acuité du problème.

A. Facilité
B. Gravité
C. Justesse
D. Véritable
E. Démonstration

Question 3. Lorsque les beaux jours arrivaient, elle se promenait avec son face-à-main.

A. Sac à main
B. Maquillage
C. Miroir de poche
D. Brosse à cheveux
E. Portefeuille

Question 4. Il pouvait faire preuve de duplicité.

A. Gentillesse
B. Honnêteté
C. Attention
D. Générosité
E. Hypocrisie

Question 5. Il susurrait la réplique à l'autre acteur.

A. Donnait
B. Chuchotait
C. Supprimait

D. Soufflait

E. Prenait

2. Correction d'expressions incorrectes

Questions 6 à 10 : Corriger les phrases soulignées en choisissant la formulation correcte parmi les cinq proposées.

Question 6. Vas dans ta chambre et révises tes leçons mal apprises.

A. Vas dans ta chambre et révise tes leçons mal apprises.

B. Va dans ta chambre et révise tes leçons mal apprises.

C. Vas dans ta chambre et révises tes leçons mal apprise.

D. Va dans ta chambre et révise tes leçons mal apprise.

E. Vas dans ta chambre et révises tes leçons mal apprises.

Question 7. Manon suit des cours de tennis mais préfère l'activité de danse dont elle m'a parlée.

A. Manon suie des courts de tennis mais préfère l'activité de danse dont elle m'a parlée.

B. Manon suit des cours de tennis mais préfére l'activité de danse dont elle m'a parlée.

C. Manon suie des cours de tennis mais préfère l'activité de danse dont elle m'a parlé.

D. Manon suit des courts de tennis mais préfère l'activité de danse dont elle m'a parlé.

E. Manon suit des cours de tennis mais préfère l'activité de danse dont elle m'a parlé.

Question 8. Mélodie est débordée, elle est psychiatre et soigne en ce moment un patient atteint de schizofrénie et un autre de paranoïa.

A. Mélodie est débordée, elle est psychiatre et soigne en ce moment un patient atteint de schyzophrénie et un autre de paranoilla.

B. Mélodie est débordée, elle est psychiatre et soigne en ce moment un patient atteint de schisophrénie et un autre de paranoïa.

C. Mélodie est débordée, elle est psychiatre et soigne en ce moment un patient atteint de schizophrénie et un autre de paranoïa.

D. Mélodie est débordée, elle est psichiatre et soigne en ce moment un patient atteint de schizophrénie et un autre de paranoïa.

E. Mélodie est débordée, elle est psychiatre et soigne en ce moment un patient atteint de schyzophrénie et un autre de paranoïa.

Question 9. Les mots ancre et encre sont des homonymes tandis que les mots attention et intention sont des paronimes.

A. Les mots ancre et encre sont des homonimes tandis que les mots attention et intention sont des paronimes.

B. Les mots ancre et encre sont des homonimes tandis que les mots attention et intention sont des paronymes.

C. Les mots ancre et encre sont des homonymes tandis que les mots atention et intention sont des paronimes.

D. Les mots ancre et encre sont des homonymes tandi que les mots atention et intention sont des paronymes.

E. Les mots ancre et encre sont des homonymes tandis que les mots attention et intention sont des paronymes.

Question 10. Ils se reménnoraient leurs jeunes amours semés d'embûches qu'ils décidèrent de partager en écrivant un livre les relatant.

A. Ils se remémmoraient leurs jeunes amours semés d'embûches qu'ils décidèrent de partager en écrivant un livre les relatant.

B. Ils se remémoraient leurs jeunes amours semés d'embûches qu'ils décidèrent de partager en écrivant un livre les rellatant.

C. Ils se remémoraient leurs jeunes amours semés d'embûches qu'ils décidèrent de partager en écrivant un livre les relatant.

D. Ils se remémoraient leurs jeunes amours semées d'embûches qu'ils décidèrent de partager en écrivant un livre les relatant.

E. Ils se remémoraient leurs jeunes amours semées d'embûches qu'ils decidèrent de partagées en écrivant un livre les relatant.

3. Textes à compléter avec cohérence

Question 11. Complétez l'extrait du poème suivant :

« Je suis belle, ô mortels ! Comme un rêve de pierre,
Et mon sein, où chacun s'est meurtri tour à tour,
Est fait pour inspirer au poète ... amour
Éternel et muet ainsi que la matière.

Les fleurs du mal, Spleen et idéal, XVII, Charles Baudelaire

A. Des

B. Une

C. Pour

D. Et

E. Un

Question 12. Complétez le proverbe suivant :

« Le mieux est l'ennemi du ... »

A. Travail

B. Bien

C. Mal

D. Service

E. Sens

Question 13. Complétez l'extrait suivant :

« C'est avec une extrême répugnance que j'amuse de mes lecteurs oisifs qui se soucient très peu de la vérité : mais la manière dont on vient l'attaquer me force à prendre sa ... encore une fois, afin que mon silence ne soit pas pris par la multitude pour un aveu, ni pour un dédain par les philosophes. ».

Discours sur l'origine et les fondements de l'inégalité parmi les hommes, discours sur les sciences et les arts, Jean-Jacques Rousseau

A. Peine
B. Force
C. Défense
D. Beauté
E. Vérité

Question 14. Complétez l'extrait suivant :

« Candide, dans le ... de son cœur, n'avait aucune ... d'épouser Cunégonde ; mais l'impertinence du baron le déterminait à conclure le mariage, et Cunégonde le pressait si vivement qu'il ne pouvait s'en ... .

Candide ou l'optimisme, chapitre trentième, Voltaire

A. Fond / envie / dédire
B. Font / envie / défaire
C. Fond / joie / défaire
D. Bas / envie / éloigner
E. Bas / joie / éloigner

Question 15. Complétez le passage suivant :

« Quand il était tout petit et qu'elle avait une crise nerveuse, il se sauvait en ... , épouvanté par la décomposition de son visage ; puis il revenait timidement après l'attaque, prêt à se ... encore comme si la pauvre vieille ... été capable de le battre.

La fortune des Rougon, Émile Zola

A. Pleurant / sauver / eut
B. Pleurant / sauver / eût
C. Panique / fuir / eût
D. Panique / faufiler / eut
E. Pleurant / faufiler / eut

Sous-test 6 : Logique

20 mn

Consignes :

Le sous-test de logique évalue les capacités de raisonnement inférentiel sur des séries d'informations. Concrètement, chaque question est constituée d'une liste de données possédant entre elles un lien logique. Le raisonnement consiste à inférer la règle de ce lien logique.

À partir de là, il s'agit pour le candidat, de déterminer parmi les cinq réponses qui lui sont proposées, celle qui respecte le lien logique qu'il a pu inférer.

Les données sont de nature spatiale ou constituées de lettres et de chiffres.

Attribution des points :

- 4 points par réponse juste
- – 1 point par réponse fausse
- 0 point par non réponse

Question 1. Complétez la série suivante :

200
84
111 - 333 - ? - 444 - 555
154
218

A. 100
B. 222
C. 134
D. 111
E. 150

Question 2. Complétez la série suivante :

41
50
17 - 31 - ? - 37 - 53
14
104

A. 23
B. 32
C. 103
D. 101
E. 206

Question 3. Complétez la série suivante :

121
33
12 - 48 - ? - 72 - 96
143
154

A. 111
B. 122
C. 132
D. 254
E. 314

Question 4. Complétez la série suivante :

341
891
143 - 154 - ? - 253 - 242
561
451

A. 153
B. 152
C. 352
D. 243
E. 305

Question 5. Complétez la série suivante :

96
24
121 - 131 - ? - 151 - 161
27
111

A. 22
B. 303
C. 421
D. 141
E. 204

Question 6. Complétez la série suivante :

EBA
AEB
AEB – EAB – ? – BEA – EBA
EBA
AEB

A. ABE
B. AEI
C. BEA
D. BAE
E. IAB

Question 7. Complétez la série suivante :

WLT
MLT
LAF – ETV – ? – AHT – ALH
LTW
LWT

A. ALT
B. EVW
C. LTM
D. KLW
E. EKM

Question 8. Complétez la série suivante :

BEF
CFG
ADE – CFG – ? – RUV – MPQ
EHI
FIJ

A. RTU
B. DIJ
C. DGH
D. RUV
E. DJK

Question 9. Complétez la série suivantes :

AKA
BCB
ABC – DEF – ? – FED – CBA
EFE
TRT

A. ABA
B. DEF
C. GHI
D. GHG
E. BCD

Question 10. Complétez la série suivante :

STU
VXY
AYV – RTY – ? – BYR – CGY
BCD
EFG

A. ZAB
B. YZA
C. XYZ
D. YAB
E. ABC

Question 11. Complétez la série de symboles suivante :

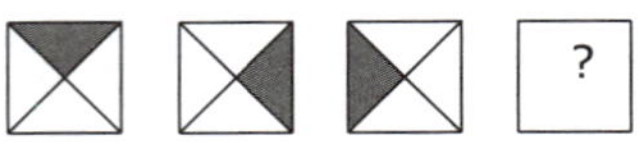

A 

B 

C 

D 

E 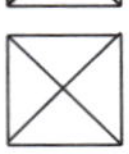

Question 12. Complétez la série de symboles suivante :

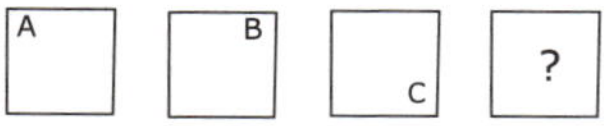

A 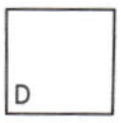

B 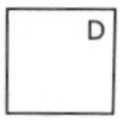

C 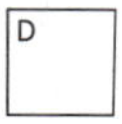

D 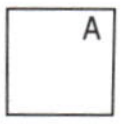

E 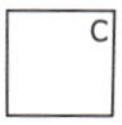

Question 13. Complétez la série de symboles suivante :

A 

B 

C 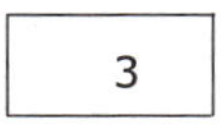

D 

E 

Question 14. Complétez la série de symboles suivante :

A 

B 

C 

D 

E 

Question 15. Complétez la série de symboles suivante :

A 

B 

C 

D 

E 

Corrigés

Sous - test 1 : Compréhension de textes

Tableau des réponses :

1	2	3	4	5	6	7	8	9	10	11	12	13	14	15
E	B	A	C	E	A	C	E	D	C	E	A	A	E	A

Score entre – 15 et 60 : .../60

Réponses détaillées :

1. Même si Charlemagne est bien à l'origine de la renaissance des Carolingiens, et que la proposition **D** est vraie, cela n'est pas mentionné dans le texte. Vous ne pouvez donc pas cochez cette réponse. En lisant le texte vous apprenez que l'empire de Charlemagne a été divisé en trois royaumes. La bonne réponse est donc **E**.

2. La conséquence des qualités des monarques est l'autorité absolue du monarque (information située dans le premier paragraphe du texte). Ainsi la bonne réponse est **B**.

3. Une des origines de la guerre de Cent Ans est « l'hérédité par la descendance des mâles dans la lignée masculine » (début du cinquième paragraphe). La bonne réponse est **A**.

4. Le monarque par qui les qualités énergie et habileté ont été illustrées est Philippe Auguste. La bonne réponse est **C**.

5. Les qualités du roi Louis XI sont l'habileté et la ruse (dernières lignes du texte). La bonne réponse est **E**.

6. Les rayons ultra violets favorisent la prévention contre le rachitisme qui est une maladie de la croissance. Ainsi la bonne réponse est **A**.

7. Les rayons ultra violets agissent sur les plantes. Ils diminuent en particulier la photosynthèse qui consiste en un processus bioénergétique s'effectuant à partir de la lumière du soleil. Ainsi la bonne réponse est **C**.

8. La productivité du phytoplancton qui est la base de l'alimentation de la faune marine est diminuée par les ultraviolets. Ainsi la bonne réponse est **E**.

9. Les rayons ultraviolets peuvent aussi être néfastes pour les matériaux et les peintures. Ils n'agissent donc pas que sur les êtres vivants. Ils proviennent de la lumière du soleil et diminuent la productivité du phytoplancton. Donc la bonne réponse est **D**.

10. Les rayons ultraviolets sont responsables de certains troubles de la vision comme la cataracte mais n'en sont pas la seule cause. Ils peuvent favoriser des troubles de la peau comme l'herpès. Ainsi la bonne réponse est **C**.

11. Le mot subside signifie aide, soutien, secours, allocation etc. Ainsi la bonne réponse est **E**.

12. Le mot « art » dans le texte est employé pour désigner la médecine. La bonne réponse est donc **A**.

13. Le médecin est tenu au secret professionnel. Il doit se référer à un spécialiste pour certaines interventions. Donc il ne peut pas réaliser tous les actes médicaux. Il ne peut pas entretenir toute sorte de relations avec ses malades. Il doit léguer une partie de ses biens à ses maîtres si ceux-ci sont dans le besoin. Ainsi la bonne réponse est **A**.

14. Le médecin ne peut pas réaliser certaines interventions médicales, il doit les laisser aux spécialistes. Et la bonne réponse est **E**.

15. La lithiase est une maladie nécessitant une intervention médicale d'après le texte. Il s'agit d'une maladie qui se manifeste par des calculs dans les organes. Ainsi la bonne réponse est **A**.

Calcul

Tableau des réponses :

1	2	3	4	5	6	7	8	9	10	11	12	13	14	15
B	A	D	E	A	A	C	C	B	A	C	D	A	A	D

Score entre – 15 et 60 : .../60

Réponses détaillées :

1. Soit G le gain de Clément en euros. Son gain peut varier de – 6 euros à 6 euros : $G(\Omega) = \{-6, 1, 2, 3, 4, 5, 6\}$. La loi de probabilité de G est donnée par :

X	-6	1	2	3	4	5	6
Probabilités	$\frac{5}{6}$	$\frac{1}{36}$	$\frac{1}{36}$	$\frac{1}{36}$	$\frac{1}{36}$	$\frac{1}{36}$	$\frac{1}{36}$

$P(X = -6) = P(\text{Clément obtienne 1, 2, 3, 4, ou 5 au 1}^{\text{er}}\text{ lancer}) = \frac{5}{6}$

$P(X = 1) = P(\text{Clément obtienne 6 au premier lancer et 1 au second}) = \frac{1}{36}$

$P(X = 2) = P(\text{Clément obtienne 6 au premier lancer et 2 au second}) = \frac{1}{36}$

$P(X = 3) = P(\text{Clément obtienne 6 au premier lancer et 3 au second}) = \frac{1}{36}$

$P(X = 4) = P(\text{Clément obtienne 6 au premier lancer et 4 au second}) = \frac{1}{36}$

$P(X = 5) = P(\text{Clément obtienne 6 au premier lancer et 5 au second}) = \frac{1}{36}$

$P(X = 6) = P(\text{Clément obtienne 6 au premier lancer et 6 au second}) = \frac{1}{36}$

$E(X) = -6 \times \frac{5}{6} + 1 \times \frac{1}{36} + 2 \times \frac{1}{36} + 3 \times \frac{1}{36} + 4 \times \frac{1}{36} + 5 \times \frac{1}{36} + 6 \times \frac{1}{36}$

$E(X) = -5 + \frac{1}{36} + \frac{2}{36} + \frac{3}{36} + \frac{4}{36} + \frac{5}{36} + \frac{6}{36}$

$E(X) = -5 + \frac{21}{36} = -5 + \frac{7}{12} = \frac{-60}{12} + \frac{7}{12} = \frac{-53}{12}$

$E(X) < 0$ donc le jeu est défavorable au joueur.

REMARQUE

L'espérance ou la moyenne (gain moyen dans cet exercice) permet de dire si le jeu est équitable, défavorable ou favorable au joueur !

$E(X) = 0$ alors le jeu est équitable

$E(X) < 0$ alors le jeu est défavorable au joueur

$E(X) > 0$ alors le jeu est favorable au joueur

La bonne réponse est donc **B**.

2. Le volume de la piscine est égal à la surface multipliée par la profondeur. Il s'exprime en mètres cube ou en litres (suivant les données de l'énoncé). Ainsi pour obtenir un volume égal à 24 000 litres, soit 24 mètres cube, il faut une profondeur égale à 2 mètres. En effet $12 \times 2 = 24$ mètres cube = 24 000 litres. La bonne réponse est **A**.

3. Les propositions présentent une série de trois chiffres dont la somme est bien égale à 12. En revanche seule la réponse **D** propose des chiffres consécutifs. Ainsi la bonne réponse est **D**.

4. Le prix initial de l'ordinateur est donné par la formule :

Prix initial × (1 + 10 %)(1 – 20 %) = 500, soit prix initial = $\frac{500}{1,1 \times 0,8} = \frac{500}{0,88}$ $\approx$ 568 euros. Et **E** est la bonne réponse.

5. Jean a huit possibilités pour son code :
012B 123B 234B 345B 456B 567B 678B 789B
Et **A** est la bonne réponse.

6. $x^2 + y^2 = 5$ et $xy = 2$
Vous pouvez écrire : $(x^2 + y^2 - 2xy) = 5 - 2 \times 2 = 1$, soit $(x - y)^2 = 1$ et donc $(x - y) = 1$.
Ainsi **A** est la bonne réponse.

7. $\begin{cases} 2x^2 + y^2 = -4 \\ \ln x = 0 \end{cases} \longleftrightarrow \begin{cases} y^2 = -6 \\ x = 1 \end{cases}$ Ce système n'admet pas de solution car un carré ne peut pas être négatif. Ainsi **C** est la bonne réponse.

8. 90 km/h correspondent à $\frac{90}{3,6}$ m/s, soit 25 m/s. Et la bonne réponse est **C**.

À RETENIR

Pour convertir des km/h en m/s, il vous suffit de diviser par 3,6.
Pour convertir des m/s en km/h, il vous suffit de multiplier par 3,6.

9. Pour obtenir le nombre d'anagrammes du mot JOIE, il vous suffit de calculer le nombre de possibilités de ranger 4 lettres différentes à 4 endroits différents.
Pour la première lettre, vous avez 4 possibilités
Pour la deuxième lettre vous n'avez plus que 3 possibilités
Pour la troisième lettre vous n'avez plus que 2 possibilités
Pour la quatrième lettre vous n'avez plus qu'une seule possibilité.
Ainsi le nombre de possibilités de ranger quatre lettres différentes à quatre places différentes est de 4 × 3 × 2 × 1 = 4 ! = 24. Le nombre d'anagrammes de JOIE est donc 24 et la bonne réponse est donc **B**.

10. Les trois quarts de 0,24 mètres cube ou 240 litres sont égaux à 0,24 $\times \frac{3}{4}$ = 0,18 mètres cube = 180 litres. La baignoire se remplit de 20 décilitres par seconde = 2 litres par seconde, il faut donc $\frac{180}{2}$ = 90 secondes = 1 minute et 30 secondes. Et **A** est la bonne réponse.

11. À chaque rebond, la hauteur de la balle perd 20 %. Elle est donc multipliée par (1 - 20 %) = 80 %.
La hauteur du premier rebond est de 80 % × 1 = 0,8 mètre.
La hauteur du second rebond est de 80 % × 0,8 = 0,64 mètre.
La hauteur du troisième rebond est de 80 % × 0,64 = 0,512 mètre.
La hauteur du troisième rebond est donc de 0,512 mètre = 51,2 cm. Et la bonne réponse est **C**.

12. La distance parcourue par la balle au troisième rebond est :
1 + 2 × 0,8 + 2 × 0,64 + 0,512 = 1 + 1,6 + 1,28 + 0,512 = 4,392 m. et la bonne réponse est **D**.

ATTENTION

Il faut multiplier par deux la distance parcourue en un rebond car il ne faut pas oublier que la balle monte et redescend. La hauteur du 3e rebond n'est comptée qu'une seule fois, car au 3e rebond, la balle n'est pas encore redescendue au sol.

Il ne faut pas non plus oublier d'ajouter la hauteur de 1 mètre d'où est lâchée la balle.

13. Il vous suffit de diviser le volume du bocal par le volume d'un bonbon, soit $\frac{120}{\pi} = \frac{120}{3,14} < \frac{120}{3} = 40$. Ainsi il y a un peu moins de 40 bonbons dans le bocal et la bonne réponse est **A**.

REMARQUE

Lorsque l'on vous propose des réponses avec des valeurs approchées, n'hésitez pas à arrondir certaines données numériques ! Par exemple, $\pi \approx 3$.

Vous n'avez pas le droit à la calculatrice, alors évitez les calculs fastidieux !

14. Au bout d'un an et demi Marie a sur son compte $100 \times (1 + 5\ \%)^{1,5} = 100 \times 1{,}05^{1,5} = 100 \times 1{,}05^{\frac{3}{2}} = 100 \times (1{,}05^3)^{\frac{1}{2}} = 100 \times \sqrt{(1,05)^3}$ et la bonne réponse est **A**.

15. L'aire d'une sphère de rayon R est égale à $4\pi R^2$. L'aire d'une demi-sphère de rayon R est égale à : aire de la sphère divisé par 2 + aire du cercle de rayon R = $\frac{4\pi R^2}{2} + \pi R^2 = 2\pi R^2 + \pi R^2 = 3\pi R^2$. La bonne réponse est **D**.

ATTENTION

L'aire d'une demi-sphère n'est pas l'aire d'une sphère divisée par deux ! Il faut rajouter l'aire du cercle de même rayon.

Sous-test 3 : Raisonnement argumentation

Tableau des réponses :

1	2	3	4	5	6	7	8	9	10	11	12	13	14	15
B	A	A	B	B	A	B	B	B	B	C	E	A	B	B

Score entre – 15 et 60 : .../60

Réponses détaillées :

1. Les mots conjecture et conjoncture sont des paronymes. Leur écriture et leur prononciation se ressemblent beaucoup mais leur sens est différent. La bonne réponse est **B**.

2. L'oisiveté est le fait de ne rien faire, d'être inactif. Ainsi la proposition correcte est la réponse **A**.

3. L'âge médian est 18 ans signifie qu'il y a autant d'élèves ayant moins de 18 ans que d'élèves ayant plus de 18 ans. La bonne réponse est donc **A**.

4. Antoine est plus grand que son frère de 2 cm qui est plus petit que son frère cadet de 3 cm. Ainsi le plus grand est le cadet, Antoine a une taille intermédiaire entre ses deux frères et le plus petit est le deuxième de la famille ou puiné. Et la bonne réponse est **B**.

5. Il est clair que le roman parle d'une idylle et la seule proposition correcte est la réponse **B**. Une idylle étant une histoire d'amour plutôt naïve et tendre.

6. Le poids s'exprime en Newton. Il est le produit de la masse en kg par l'intensité de la pesanteur exprimée en $N.kg^{-1}$. Ainsi le poids s'exprime en $kg \times N.kg^{-1}$ soit en N. L'unité du poids est le Newton. La bonne réponse est **A**.

7. En additionnant les différentes fractions de l'énoncé, vous obtenez : $\frac{1}{4} + \frac{1}{6} + \frac{5}{12} + \frac{1}{4}$ $= \frac{3}{12} + \frac{2}{12} + \frac{5}{12} + \frac{3}{12} = \frac{13}{12} > 1$. Donc l'énoncé n'est pas correct et la bonne réponse est **B**.

8. L'excès de sommeil ou d'insomnie est une mauvaise chose. L'un ou l'autre devient mauvais quand ils dépassent la juste mesure. Ainsi l'excès de sommeil peut être une mauvaise chose et la bonne réponse est **B**.

9. Pour obtenir les chances d'élection des 2e et 3e candidats, il vous suffit de poser l'équation :

$30\ \% + x + x + 50\ \% + 10\ \% = 100\ \%$

Soit $2x = 10\ \%$ et $x = 5\ \%$.

Ainsi la seule proposition correcte est la réponse **B** car 5 % = un dixième de 50 %.

10. En une journée le nombre de tomates double. Ainsi :

Le premier jour le nombre de tomates passe de 10 à 20.

Le deuxième jour le nombre de tomates passe de 20 à 40.

Le troisième jour le nombre de tomates passe de 40 à 80.

Il faut donc trois jours pour que le nombre de tomates passe de 10 à 80. Et la bonne réponse est **B**.

11. Il s'agit bien d'un syllogisme dont la conclusion est fausse. En aucun cas, on ne peut déduire que Jean est un chat ! La bonne réponse est **C**.

12. En considérant que le deuxième tiroir dit la vérité, vous en déduisez que la lettre n'est pas dans le 2e tiroir. Les deux autres tiroirs mentent. Ainsi la lettre n'est pas dans le troisième tiroir mais dans le premier.

Si vous considérez que le troisième tiroir dit la vérité, alors la lettre n'est pas dans le 1er tiroir. Les deux autres tiroirs mentent donc la lettre n'est pas dans le 3e tiroir, mais dans le 2e.

Enfin, en considérant que le 1er tiroir dit la vérité, vous en déduisez que la lettre est dans le troisième tiroir, mais le 2e tiroir qui devrait donc mentir dit la vérité puisqu'il affirme que la lettre n'est pas dans ce tiroir. Donc ce choix n'est pas possible.

Vous obtenez une contradiction en considérant que le 2e tiroir dit la vérité puis que le 3e dit la vérité. Ainsi vous ne pouvez pas savoir où se trouve la lettre. La bonne réponse est **E**.

13. Pour la première lettre vous avez 26 choix (car l'alphabet a 26 lettres), puis pour la deuxième vous n'en avez plus que 25, enfin pour la troisième, vous n'en avez plus que 24. Soit 26 × 25 × 24 possibilités d'écrire un mot de trois lettres différentes. La bonne réponse est donc **A**.

Si les lettres avaient pu être identiques, vous auriez eu 26^3 possibilités.
Si les lettres étaient toutes identiques, vous n'auriez eu que 26 possibilités.

14. La rigidité des pris est aussi appelée viscosité d'après le texte. La bonne réponse est **B**.

15. L'auteur doit oublier les principes ou opinions inculqués depuis l'enfance pour avancer. La bonne réponse est **B**.

Sous-test 4 : Conditions minimales

Tableau des réponses :

1	2	3	4	5	6	7	8	9	10	11	12	13	14	15
B	A	E	D	C	C	E	C	E	C	E	D	C	C	C

Score entre – 15 et 60 : .../60

Réponses détaillées :

1. L'affirmation (2) suffit a elle seule pour répondre à la question. En effet si x^3 vaut 27, alors, il vous suffit de calculer la racine cubique de 27 pour obtenir $x = 3$. En revanche (1) seule ne permet pas de répondre à la question. Ainsi la bonne réponse est **B**.

2. La proposition (1) permet de savoir que le triangle ABC est rectangle et isocèle en A. Vous en déduisez que l'angle $\hat{A}$ vaut 90° et que les angles $\hat{B}$ et $\hat{C}$ valent chacun 45°. La proposition (2) ne permet pas de répondre à la question car deux angles égaux ne sont pas une condition suffisante pour déterminer la mesure des angles d'un triangle. La bonne réponse est donc **A**.

3. Vous n'avez aucune idée de la distance parcourue par le train. Vous ne pouvez donc pas calculer la vitesse qui est égale au quotient de la distance sur la durée. Aucune des affirmations ne vous permet de répondre au problème. La bonne réponse est donc **E**.

4. Chaque proposition séparément vous permet de résoudre le problème :

Avec (1), vous effectuez l'opération suivante : $\frac{1}{0,2} = 5$ minutes

Avec (2), vous faîtes une « règle de trois » :

À $\frac{1}{5}$ correspond 1 minute

À 1 correspond x minutes

Soit $x = 1 \div \frac{1}{5} = 5$ minutes

Les deux informations permettent d'obtenir la durée de remplissage de la bouteille. Ainsi **D** est la bonne réponse.

5. Vous avez besoin des deux informations pour répondre à la question. La première vous affirme qu'il y a une réduction de 30 % et la seconde vous dit qu'à partir de trois articles achetés, il y a une réduction supplémentaire de 20 % sur l'ensemble des achats. Le montant total des achats s'élève donc à $5 \times 100 \times (1 - 30\ \%) \times (1 - 20\ \%) = 500 \times 0{,}7 \times 0{,}8 = 500 \times 0{,}56 = 280$ euros. La bonne réponse est **C**.

6. Vous avez besoin des deux informations pour répondre à la question : (2) vous permet d'affirmer que $x = 8$ ou -8. L'information (1) donne le signe de x et vous permet de dire $x = -8$.

Les deux informations combinées permettent de répondre à la question. Ainsi **C** est la bonne réponse.

7. Aucune information ne permet de répondre à la question. Le périmètre du trapèze ne permet pas de connaître la longueur des côtés et le fait de savoir que la grande base est égale au double de la petite ne permet pas non plus de déterminer la longueur des côtés. Les deux informations combinées ne peuvent pas répondre à la question non plus. Ainsi la bonne réponse est **E**.

8. Les informations considérées séparément ne vous permettent pas de répondre à la question. Les deux affirmations combinées vous permettent en revanche d'y répondre. Une roue de vélo a un diamètre de 26 pouces et un pouce = 2,54 cm. Vous en déduisez que la roue a un diamètre de $26 \times 2{,}54 = 66{,}04$ cm. La bonne réponse est donc **C**.

9. Aucune des informations seules ou combinées ne permettent de répondre à la question : il vous manque le volume de la bouteille. La bonne réponse est donc **E**.

10. Vous avez besoin des deux informations combinées pour répondre à la question. Ainsi la bonne réponse est **C**. Pour trouver la solution, il vous suffit de poser l'équation : $150 \times (1 - x) = 80$, soit $(1 - x) = \frac{80}{150} = \frac{8}{15}$. Soit $x = 1 - \frac{8}{15} = \frac{7}{15}$. Soit en pourcentage $\frac{700}{15} \approx 47\ \%$. Antoine a bénéficié d'une réduction d'environ 47 %.

11. Les deux conditions aboutissent à $x^2 = y^2 = 1$. Vous ne connaissez ni le signe de x ni celui y. Vous ne pouvez donc pas résoudre le problème car les deux conditions affirment que $x = 1$ ou -1 et $y = 1$ ou -1. Ce qui vous donne 4 couples solution possibles : (1,1) ; (– 1,– 1) ; (– 1,1) et (1,– 1) La bonne réponse est **E**.

12. La racine cubique de x est 2. Ainsi (1) permet de déterminer $x = 8$. Par ailleurs (2) est équivalente à (1) dans la mesure où un nombre élevé à la puissance $\frac{1}{3}$ n'est autre que sa racine cubique. La bonne réponse est **D**.

13. Vous avez besoin des deux informations pour résoudre le problème. La première vous donne les probabilités d'apparition des différentes faces du dé. L'autre condition vous donne le nombre de lancers, ce qui est indispensable au calcul de la probabilité cherchée. Ainsi : P(somme = 10) = P(5 et 5) + P(4 et 6) + P(6 et 4) = $\frac{1}{2} \times \frac{1}{2} = \frac{1}{4}$. La bonne réponse est **C**.

14. Vous avez besoin des deux informations pour répondre au problème. François ne fait pas d'erreur dans les 80 premiers mots. Il reste donc $250 - 80 = 170$ mots où il peut faire des erreurs. Vous considérez ensuite la variable aléatoire X =

nombre d'erreurs de François parmi les 170 mots. Elle suit la loi Binomiale de paramètres 170 et 0,1 par indépendance des erreurs. Vous calculez P(X = 1) = $\binom{170}{1} \times 0,1^1 \times 0,9^{169} = 170 \times 0,1 \times 0,9^{169} \approx 0$. La bonne réponse est donc **C**.

ATTENTION

Si vous n'aviez pas eu d'information concernant l'indépendance ou la dépendance des erreurs, vous n'auriez pas pu résoudre le problème car dans le cas où les erreurs n'auraient pas été indépendantes, la variable aléatoire X aurait suivi une loi Hypergéométrique. Dans ce cas vous auriez choisi **E** comme bonne réponse !

15. Vous avez besoin des deux informations pour résoudre le problème. Les deux séparément ne vous permettent pas de répondre à la question. Ainsi vous obtenez la probabilité cherchée :

$P = \binom{4}{4} \times \frac{\binom{28}{1}}{\binom{32}{5}}$ où $\binom{4}{4} \times \binom{28}{1}$ = nombre de possibilités d'avoir les quatre parmi les 5 cartes piochées sans remise et simultanément et $\binom{32}{5}$ = nombre total de possibilités de tirer 5 cartes sans remise et simultanément parmi 32.

La bonne réponse est donc **C**.

ATTENTION

Les termes simultanément et sans remise sont essentiels pour les calculs de dénombrement. Sans ces conditions, les calculs auraient été très différents.

Sous-test 5 : Expression

Tableau des réponses :

1	2	3	4	5	6	7	8	9	10	11	12	13	14	15
A	B	C	E	B	B	E	C	E	D	E	B	C	A	A

Score entre – 15 et 60 : .../60

Réponses détaillées :

1. « Inexorable » signifie sans pitié, cruel, impitoyable, etc. La bonne réponse est donc **A**.

2. « Acuité » signifie gravité dans le cas d'un problème. Il signifie violence, intensité dans le cas d'une douleur, clairvoyance, lucidité, sagacité dans le cas d'un esprit. La bonne réponse est donc **B**.

3. « Face-à-main » signifie miroir de poche. Ainsi la bonne réponse est **C**.

4. « Duplicité » signifie hypocrisie, fausseté, dissimulation, etc. La bonne réponse est **E**.

5. « Susurrer » signifie chuchoter, parler à voix basse. Ainsi la bonne réponse est **B**.

6. L'impératif présent du verbe « aller » conjugué à la deuxième personne du singulier est « va » sans « s ». Il en est de même pour le verbe « réviser » qui donne « révise ». Ce sont des verbes du 1er groupe, donc qui ne prennent pas de « s » à la deuxième personne du singulier à l'impératif présent. Le participe passé s'accorde en genre et en nombre avec les leçons, soit « apprises ».

La bonne réponse est donc **B**.

ATTENTION

Les verbes du 1er groupe ne prennent pas de « s » lorsqu'ils sont conjugués à la deuxième personne du singulier à l'impératif présent !

Les verbes des 2e et 3e groupes prennent en revanche un « s ».

7. Le présent de l'indicatif du verbe « suivre » conjugué à la troisième personne du singulier donne bien sûr « suit ». Les cours de tennis sont les leçons et non les courts sur lesquels on joue. Ainsi vous retenez « cours » et non « courts ». Le participe passé ne s'accorde pas et reste « parlé ». Ainsi la bonne réponse est **E**.

8. La bonne réponse est **C**. Il faut retenir psychiatre, schizophrénie et paranoïa.

9. La bonne réponse est **E**. Il faut retenir homonymes, tandis que et synonymes.

10. La bonne réponse est **D**. Le nom « amour » est masculin au singulier mais devient féminin au pluriel. Ainsi vous devez retenir « amours semées ». Le verbe « décider » au passé simple conjugué à la troisième personne du pluriel donne décidèrent.

11. Seule la réponse **E** est possible et correspond au contexte et « amour » est masculin au singulier.

12. Seule la réponse **B** convient au contexte.

13. À la lecture du passage, seule la réponse **C** convient. « Défense » s'oppose à « attaquer ».

14. Seule la réponse **A** convient au passage. « Dédire » signifie se rétracter, se raviser.

15. Seule la réponse **A** convient au passage.

Sous-test 6 : Logique

Tableau des réponses :

1	2	3	4	5	6	7	8	9	10	11	12	13	14	15
B	A	C	C	D	D	C	C	D	B	A	A	B	D	A

Score entre – 15 et 60 : .../60

Réponses détaillées :

1. La suite horizontale est constituée de multiples de 111. Vous devez donc éliminer toutes les réponses qui ne sont pas des multiples de 111. La suite verticale est composée de multiples de 2. Vous devez donc retenir un nombre qui soit à la fois multiple de 111 et de 2. Et la bonne réponse est **B**. En effet 222 est à la fois un multiple de 111 et de 2.

2. La suite horizontale est constituée de nombres premiers et la suite verticale est constituée de nombres dont la somme des chiffres est égale à 5. Ainsi vous devez retenir parmi les propositions, le nombre qui est à la fois un nombre premier et dont la somme des chiffres est égale à 5. Et la bonne réponse est **A**. En effet 23 est un nombre premier et la somme de ses chiffres est égale à 2 + 3 = 5.

3. Vous remarquez que la suite horizontale est constituée de multiples de 12 (apprenez votre table de 12 !) et la suite verticale de multiples de 11. Vous devez éliminer les propositions qui ne sont ni des multiples de 12 ni des multiples de 11. **C** est la bonne réponse. 132 est bien un multiple de 12 et de 11 : $132 = 12 \times 11$.

4. Vous remarquez que la suite horizontale et la suite verticale ont la même logique. La somme des 1er et 3e chiffres est égale au 2e. Vous devez éliminer les propositions qui ne vérifient pas cette règle. **C** est la bonne réponse. 352 vérifie bien cette logique : 3 + 2 = 5.

5. La suite verticale est constituée de nombres qui sont des multiples de 3. La suite horizontale contient des nombres dont le premier et le dernier chiffre sont égaux à 1. Elle a aussi une autre règle : le chiffre du milieu est consécutif au chiffre du milieu du terme précédent. Ainsi vous devez retenir la proposition qui est un multiple de 3 et dont le chiffre du milieu est encadré par des 1 et consécutif à 3. Et la bonne réponse est **D**. En effet 141 est un multiple de 3 et 4 est le nombre suivant après 3 et est encadré de deux 1.

6. La suite horizontale contient une série de lettres dont le E occupe la 2e place puis la 1re, puis la 3e puis à nouveau la 2e, la 1re, la 3e etc. La suite verticale est constituée de série de lettres dont les lettres subissent une permutation vers la droite. Ainsi la série de trois lettres manquante doit avoir un E pour 3e lettre et doit commencer par BA pour répondre aux logiques horizontale et verticale. Ainsi la bonne réponse est **D**, BAE.

7. Les suites horizontale et verticale sont constituées de trois lettres dont la somme des barres vaut 8. Le terme cherché doit donc avoir obligatoirement la somme de ses barres égale à 8. Ainsi la seule bonne réponse est **C**. LTM est la seule proposition dont le terme correspond à la règle des deux séries. En effet L a deux barres, T a deux barres et M a quatre barres, ainsi 2 + 2 + 4 = 8.

8. Vous remarquez que dans la suite horizontale, les termes voient leur première lettre suivie de la 2e qui est située trois rangs plus loin dans l'alphabet, elle-même suivie de la 3e situé un rang plus loin dans l'alphabet que la 1re. La suite verticale a des termes dont chaque lettre respectivement est consécutive aux lettres du terme précédent. Vous devez donc retenir les propositions vérifiant ces deux logiques. Et la bonne réponse est ainsi **C** DGH. En effet, G est située trois rangs plus loin que D et H un rang plus loin que G. De plus dans l'alphabet, C est suivie de D, F de G et G de H.

9. La suite horizontale est constituée de termes symétriques par rapport au terme cherché. La suite verticale est constituée de termes dont les première et troisième lettres sont identiques. Ainsi la bonne réponse est **D** avec la proposition GHG.

10. Vous remarquez que la suite horizontale contient des termes où la position du Y varie. Il se situe en 2e puis en 3e, puis en 1er, puis à nouveau en 2e, puis en 3e et enfin en 1er, etc. La suite verticale contient des termes dont les lettres sont consécutives. Ainsi la bonne réponse est **B** avec YZA. En effet, Y occupe bien la première place et YZA sont consécutives dans l'ordre de l'alphabet.

11. Vous remarquez une symétrie axiale entre les 2e et 3e symboles. Cela a l'effet d'un miroir.

Vous déduisez donc que la bonne réponse est le symétrique du 1er symbole par rapport à l'axe vertical située entre les symboles 2 et 3, soit la réponse **A**.

12. Vous remarquez qu'entre deux symboles consécutifs la lettre augmente d'un rang et tourne dans le sens des aiguilles d'une montre dans le carré. La bonne réponse est donc **A**.

13. Vous remarquez que le chiffre situé à l'intérieur ou à l'extérieur du symbole est égale au nombre de côtés de la figure moins 1. Par exemple pour le premier symbole, la figure a trois côtés (c'est un triangle) et le chiffre 2 = 3 – 1 lui est attribué. Pour savoir si le chiffre est à l'intérieur ou à l'extérieur du symbole, il vous suffit de remarquer que la position change d'une figure à l'autre. Vous en déduisez que le chiffre doit être placé à l'extérieur. Ainsi la bonne réponse est **B**.

14. Le nombre de côtés des figures augmente de 1 d'un symbole à l'autre. Ainsi la figure cherchée est un hexagone (figure ayant six côtés), c'est-à-dire la réponse **D** ou **E**. De plus, les dessins sont alternativement colorés et non colorés. Ainsi la figure cherchée doit être non colorée. La bonne réponse est donc **D**.

15. Vous remarquez que les cercles subissent une rotation d'angle 90° dans le sens des aiguilles d'une montre (sens indirect en mathématiques). La bonne réponse est donc **A**.

Calculez votre score total !

Partie	Épreuve	Score par épreuve	Score par partie	Score total
1. Résolution de problèmes	Calcul	.../60	.../120	score 1 + score 2 + score 3 /6 x100
	Conditions minimales	.../60		
2. Aptitudes verbales	Compréhension	.../60	.../120	
	Expression	.../60		
3. Raisonnement logique	Logique	.../60	.../120	**.../600**
	Raisonnement	.../60		

3 Tage Mage blanc

Sous-test 1 : Compréhension de textes

20 mn

Consignes :

Cette épreuve comporte deux textes numérotés 1 et 2. Chacun de ces textes est suivi d'une série de questions. Chaque question vous présente cinq propositions qui peuvent porter sur différents niveaux de lecture :

- Informations « isolées » contenues dans le texte ;
- Idées principales, traitées dans un ou plusieurs paragraphes ;
- Position de l'auteur telle qu'elle se reflète dans le texte, etc.

Parmi les cinq propositions présentées dans le cadre de chaque question, certaines sont en contradiction flagrante avec le texte ; d'autres abordent des aspects qui n'y sont pas traités ; d'autres encore se rapprochent plus ou moins de ce qui est exprimé – directement ou indirectement – dans ce même texte.

La seule proposition considérée comme exacte est celle qui se rapproche le plus de ce qui est dit dans le texte. Les quatre autres propositions sont considérées comme fausses.

Attribution des points :

- 4 points par réponse juste
- – 1 point par réponse fausse
- 0 point par non réponse

Texte 1

Écrits sur la musique, la langue et le théâtre,
Textes historiques et scientifiques,
Jean-Jacques Rousseau, Bibliothèque de La Pléiade

Textes Scientifiques, Traité de Sphère, Chapitre troisième

Il y a peu de siècles que l'on connaît exactement la mesure de la Terre, et sa figure. Jusqu'à Christophe Colomb qui découvrit l'Amérique on ne connaissait qu'un côté du Globe, savoir celui que nous habitons. Chez les anciens, le Vulgaire croyait que la Terre était plate, que le Soleil se couchait dans la mer ; sans trop s'embarrasser de ce que devenait cet Astre pendant la nuit, ni comment s'étant couché d'un côté, il se levait de l'autre. Les gens plus éclairés n'avaient encore que des demi-connaissances. Ils concevaient à la vérité que le soleil tournait autour de la terre, et que la nuit pour notre hémisphère était le jour pour l'hémisphère opposé. Mais ils n'étaient pas venus cependant jusqu'à se figurer que la terre fût peuplée tout autour, et qu'il y eût pour nous des Antipodes ; c'est-à-dire des gens dans l'hémisphère opposé qui eussent les pieds contre les nôtres, pour qui le Soleil se levât quand il se couche pour nous, et se couchât quand il se lève. Le premier qui osa avancer cette vérité fut excommunié par un Pape. Aujourd'hui les Français, les Anglais, les Hollandais, ont des colonies aux Antipodes, et leur Vaisseaux y vont et en reviennent tous les jours. Ainsi c'est un fait bien certain que le globe de la terre est rond ou à peu près, et qu'il a partout des habitants que le soleil éclaire successivement en tournant autour d'elle dans vingt quatre heures d'Orient en Occident. Je dis que le soleil tourne autour de la terre, pour me servir de l'expression vulgaire, et m'accommoder aux apparences. Car il est reconnu que le soleil est fixe, que c'est le globe de la terre, qui tournant sur lui-même en vingt-quatre heures, présente successivement tous les points de son cercle au Soleil (ce qui fait un jour ordinaire), et qui de plus faisant tous les trois cent soixante-cinq jours un grand tour autour du soleil, marque à son retour au même point une année révolue. Mais pour ne pas entrer dans de longues explications, qui demanderaient des sphères et des figures, tenons-nous au Mouvement supposé du Soleil, par lequel on explique d'une manière plus facile et moins embrouillée l'inégalité des jours et des saisons.

Question 1 : Qui l'auteur désigne-t-il de « Vulgaires » ?

A. Les savants
B. Les personnes impolies
C. Les personnes ignorantes
D. Les personnes privées d'empathie
E. Les scientifiques

Question 2 : Qu'arrivait-il à ceux qui affirmaient que la terre possédait deux hémisphères opposés ?

A. Ils étaient emprisonnés
B. Ils étaient excommuniés
C. Ils perdaient leurs droits
D. Ils étaient exilés
E. Ils subissaient les moqueries de leurs camarades

Question 3 : Le texte affirme que :

A. Le Soleil tourne autour de la terre
B. Le Soleil se couche dans la mer
C. La Terre est plate
D. Le Soleil est fixe
E. La Terre ne tourne pas sur elle-même

Question 4 : Quels peuples cités par l'auteur possèdent des colonies aux Antipodes

A. Les Français, les Anglais et les Allemands
B. Les Français, les Allemands et les Espagnols
C. Les Français, les Anglais et les Espagnols
D. Les Anglais, les Allemands et les Espagnols
E. Les Français, les Anglais et les Hollandais

Question 5 : Qu'explique le mouvement du Soleil ?

A. L'inégalité des jours et des saisons
B. La trajectoire circulaire du Soleil
C. Le mouvement de la Terre sur elle-même
D. Le fait que la Terre ne soit pas plate
E. Le fait qu'une année dure trois cent soixante-cinq jours

Texte 2

« Toi ! Sois bénie à jamais », *Les chants du crépuscule*, Victor Hugo, XXXVI

Toi ! Sois bénie à jamais !
Ève qu'aucun fruit ne tente !
Qui de la vertu contente
Habite les purs sommets !
Âme sans tache et sans rides,
Baignant tes ailes candides,
À l'ombre et bien loin des yeux,
Dans un flot mystérieux,
Moiré de reflets splendides !

Sais-tu qu'en te voyant
L'indigent dit quand tu passes ?
– « Voici le front plein de grâces
Qui sourit en suppliant !
Notre infortune la touche.
Elle incline à notre couche
Un visage radieux ;
Et les mots mélodieux
Sortent charmants de sa bouche ! » –

Sais-tu, les yeux vers le ciel,
Ce que dit la pauvre veuve ?
– « Un ange au fiel qui m'abreuve
Est venu mêler son miel.
Comme à l'herbe la rosée,
Sur ma misère épuisée,
Ses bienfaits sont descendus.
Nos cœurs se sont entendus,
Elle heureuse, et moi brisée !

J'ai senti que rien d'impur
Dans sa gaité ne se noie,
Et que son front a la joie
Comme le ciel a l'azur.
Son œil de même a su lire
Que le deuil qui me déchire
N'a que de saintes douleurs.
Comme elle a compris mes pleurs,
Moi j'ai compris son sourire.

Pour parler des orphelins,
Quand, près du foyer qui tremble,

Dans mes genoux je rassemble
Tes enfants de ton cœur pleins ;
Quand je leur dis l'hiver sombre,
La faim et les maux sans nombre
Des petits abandonnés,
Et qu'à peine sont-ils nés
Qu'ils s'en vont pieds nus dans l'ombre ;

Tandis que, silencieux,
Le groupe écoute et soupire,
Sais-tu ce que semblent dire
Leurs yeux pareils à tes yeux ?
– « Vous qui n'avez rien sur terre,
Venez chez nous ! Pour vous plaire
Nous nous empresserons tous ;
Et vous aurez comme nous
Votre part de notre mère ! » –

Sais-tu ce que dit mon cœur ?
– « Elle est indulgente et douce,
Et sa lèvre ne repousse
Aucune amère liqueur.
Mère pareille à sa fille,
Elle luit dans ma famille
Sur mon front que l'ombre atteint.
Le front se ride et s'éteint,
La couronne toujours brille ! » –

Au-dessus des passions,
Au-dessus de la colère,
Ton noble esprit ne sait faire
Que de nobles actions.
Quand jusqu'à nous tu te penches,
C'est ainsi que tu t'épanches
Sur nos cœurs que tu soumets.
D'un cygne il ne peut jamais
Tomber que des plumes blanches !

Question 6 : Quelle est l'affirmation exacte ?

A. Ce poème est un sonnet
B. Ce poème est un hémistiche
C. Ce poème est composé de huit strophes
D. Ce poème est un huitain
E. Ce poème est un neuvain

Question 7 : Chaque strophe est un :

A. Huitain
B. Neuvain
C. Décasyllabe
D. Tercet
E. Distique

Question 8 : Les quatre premiers vers de la deuxième strophe ont des rimes :

A. Embrassées
B. Plates
C. Suffisantes
D. Pauvres
E. Riches

Question 9 : À quel auteur peut faire allusion l'adjectif « candide » ?

A. Jean-Jacques Rousseau
B. Victor Hugo
C. Voltaire
D. Molière
E. Jean Racine

Question 10 : À qui semble s'adresser ce poème ?

A. À un ennemi du poète
B. À un être cher au poète
C. À un être indifférent au poète
D. À un collègue du poète
E. À une personne d'un niveau hiérarchique supérieur

Texte 3

Extrait de *La pollution de l'air, Sources, Effets, Prévention*, Christian Elichegaray, p. 70-71, éditions Dunod

Les polluants d'origine biologique

Les allergènes

Ils émanent essentiellement des acariens, des animaux domestiques, des moisissures.

L'augmentation de la température et du taux d'humidité dans les habitations crée les conditions favorables à la prolifération d'organismes vivants indésirables, expliquant l'augmentation des maladies allergiques.

Les acariens, microscopiques arthropodes, nichent principalement dans les literies, dans les tentures, moquettes, coussins, fauteuils et peluches. Ils se nourrissent de squames et de débris alimentaires. Ils sont responsables à eux seuls de plus de 50 % des allergies à la poussière, et notamment des asthmes allergiques. Leur développement est optimal à la température de 20 à 25 °C et avec une humidité relative importante 70 à 80 %.

Les blattes (ou cafards), se trouvent principalement dans les cuisines ou les endroits humides mal ventilés avec une température élevée. On retrouve leurs allergènes dans la poussière domestique, et l'allergie aux blattes concerne 5 % de la population en France.

Les animaux domestiques. L'allergène de chat est le second responsable des allergies après les acariens. Cet allergène, issu de la salive, des poils ou des glandes sébacées et anales, peut se fixer sur des particules microscopiques en suspension dans l'air. 35 % des habitations en France renferment des allergènes de chien, qui sont cependant moins puissants que ceux du chat.

Les rongeurs domestiques : on observe de plus en plus fréquemment des allergies aux rongeurs domestiques comme les cobayes, les hamsters et les souris.

Les moisissures : l'insuffisance d'aération et l'excès d'humidité, les fuites d'eau favorisent le développement des moisissures que l'on retrouve sous forme de taches sur les murs et papiers peints, principalement dans les cuisines et salles de bains. Ces champignons microscopiques peuvent provoquer chez des sujets sensibilisés des rhinites et de l'asthme, voire des infections respiratoires.

Les plantes d'appartement comme le ficus sont allergisantes. D'autres plantes le sont en raison de leurs pollens. Elles peuvent provoquer des crises d'asthme, des conjonctivites ou des rhinites. Certaines plantes d'ornement, implantées de plus en plus fréquemment dans les jardins (cyprès, noisetiers, etc.) peuvent également provoquer des réactions allergiques surtout au moment des fortes pollinisations.

Question 11 : Quels sont les principaux responsables des allergies ?

A. Les acariens, les animaux domestiques, les moisissures
B. La pollution
C. Les plantes
D. Les blattes
E. L'humidité

Question 12 : Dans quelles conditions se développent les acariens ?

A. Température de 20 à 25 °C avec une humidité importante
B. Température de 25 à 30 °C avec une humidité importante
C. Température de 15 à 20 °C avec une faible humidité
D. Température de 20 à 25 °C avec une faible humidité
E. Température de 20 à 25 °C avec une humidité stable

Question 13 : Quel est le second allergène le plus important ?

A. L'allergène des rongeurs domestiques
B. L'allergène du chien
C. L'allergène des plantes
D. L'allergène des moisissures
E. L'allergène du chat

Question 14 : Quels phénomènes favorisent le développement des moisissures ?

A. L'insuffisance d'aération et l'humidité
B. La chaleur et l'humidité
C. La chaleur et l'insuffisance d'aération
D. Le froid et l'humidité
E. Les variations de température et d'humidité

Question 15 : Comment se manifestent les moisissures ?

A. Décollement du papier peint
B. Écaillement de la peinture
C. Humidité
D. Taches sur les murs
E. Buée sur les vitres

Sous-test 2 : Calcul

20 mn

Consignes :

Cette épreuve est constituée de 15 questions pour lesquelles vous disposez de 20 minutes. Les questions ne sont pas classées par ordre de difficulté.

L'utilisation de la calculatrice n'est pas autorisée.

Attribution des points :

- 4 points par réponse juste
- – 1 point par réponse fausse
- 0 point par non réponse

Question 1 : Pauline veut regarder un DVD mais ne se souvient plus du titre. Elle se rappelle seulement qu'il est composé d'un seul mot, que sa première lettre est M et qu'il est composé de 5 lettres différentes. Combien a-t-elle de possibilités de titres possibles ?

A. 5
B. 20
C. $25 \times 24 \times 23 \times 22$
D. 120
E. $26 \times 25 \times 24 \times 23$

Question 2 : Clément veut offrir un collier de perles à sa maman. Il dispose d'une ficelle de 50 cm. Combien de perles de 2 mm de rayon doit-il enfiler sachant qu'il doit laisser un espace de 8 mm pour la fermeture ?

A. 50
B. 123
C. 125
D. 200
E. 250

Question 3 : Fanny et Manon jouent aux cartes. Manon pioche 2 cartes avec remise dans le jeu de Fanny qui en contient 5. Combien Manon a-t-elle de possibilités de tirer 2 cartes ?

A. 2
B. 4
C. 5

D. 20
E. 25

Question 4 : Combien fait la somme : 1 + 2 + 3 + 4 + 5 + ... + 55 ?

A. 1540
B. 1541
C. 1542
D. 1543
E. 1544

Question 5 : Combien fait la somme : 1 + 2 + 4 + 8 + ... + 1024 ?

A. 2040
B. 2042
C. 2043
D. 2047
E. 2048

Question 6 : Déterminer le réel positif $x + y$: $\begin{cases} x^2 + y^2 = 10 \\ xy = 3 \end{cases}$

A. 4
B. 10
C. 6
D. 3
E. 7

Question 7 : Déterminer le réel x tel que : $x^2 + x - 2 = 0$ et $x > 0$

A. -2
B. 1
C. 0
D. -1
E. 2

Question 8 : Quel est le nombre maximal de cubes d'arêtes 5 cm dans un cube d'arête 15 cm.

A. 3
B. 9
C. 27
D. 81
E. 243

Question 9 : Marie calcule sa moyenne de maths. Elle a eu 9/20 à une interrogation qui a un pour coefficient. Quelle note doit-elle obtenir au contrôle coefficient 2 pour avoir 12/20 de moyenne ?

A. 12
B. 12,5
C. 13

D. 13,5
E. 14

Question 10 : Combien y a-t-il de possibilités pour un code composé de trois chiffres identiques et une lettre ?

A. 4
B. 10
C. 26
D. 78
E. 260

Question 11 : François souhaite refaire sa salle de bain qui a pour surface 12 m^2 au sol. Combien doit-il disposer de carreaux de 15 cm par 20 cm pour recouvrir le sol ?

A. 4
B. 40
C. 400
D. 4000
E. On ne peut pas déterminer le nombre de carreaux

Question 12 : Jacques lit un livre de 250 pages en 5 h. En combien de temps a-t-il lu une page ?

A. 1 h 12 minutes
B. 72 minutes
C. 1 minute et 12 secondes
D. 1 h et 12 secondes
E. 12 secondes

Question 13 : La somme de trois entiers pairs consécutifs est égale à 210. Quel est le plus petit de ces entiers ?

A. 68
B. 70
C. 71
D. 72
E. 74

Question 14 : Pierre place 100 euros sur un compte. Chaque mois il perçoit 5 % de son capital de départ. Combien de temps au minimum doit-il placer son argent pour doubler son capital initial ?

A. 1 an
B. 2 ans
C. 10 mois
D. 20 mois
E. On ne peut pas le déterminer

Question 15 : Michèle place un capital sur un compte. Quelle somme doit-elle placer au taux 5 % pour obtenir au moins 2 000 euros en deux ans ?

A. 1812
B. 1813
C. 1814
D. 1815
E. On ne peut pas savoir

Sous-test 3 : Raisonnement argumentation

20 mn

Consignes :

L'épreuve Raisonnement est constituée de 15 questions pour chacune desquelles le candidat doit analyser une situation-problème qui lui est présentée dans un petit paragraphe, avant de répondre à une question. Il s'agit d'une épreuve de raisonnement logique qui ne nécessite pas de connaissance approfondie des principes fondamentaux de la logique formelle.

Les deux formes de raisonnement, inductif et déductif, sont évaluées. Les situations-problèmes présentent des contextes problématiques parfois relativement flous et pour lesquels deux types de bonnes réponses sont proposés. Pour le premier type, la bonne réponse est explicitement unique. Pour le deuxième type – ce qui constitue une situation de prise de décision fréquente dans la vie quotidienne –, plusieurs réponses sont possibles et le candidat doit alors choisir celle qui convient le mieux.

Attribution des points :

- 4 points par réponse juste
- – 1 point par réponse fausse
- 0 point par non réponse

Question 1 : Les dix acteurs d'une troupe de théâtre se serrent la main une seule fois. Combien y a-t-il de poignées de mains possibles ? (On se serre la main avec la main droite).

A. 9
B. 10
C. 20
D. 45
E. 90

Question 2 : Combien y a-t-il d'anagrammes du mot TRAHISON ?

A. 8
B. 72
C. 80
D. 8 !
E. 8^8

Question 3 : Deux trains roulent en sens inverse, l'un roule à 90 km/h et l'autre à 120 km/h. À quelle vitesse se croisent-ils ?

A. 90
B. 105

C. 120

D. 150

E. 210

Question 4 : S'il ne pleut pas, il ne fera pas ses devoirs.
Cette phrase signifie :

A. S'il pleut, il fera ses devoirs.

B. S'il ne pleut pas, il fera ses devoirs.

C. S'il pleut, il ne fera pas ses devoirs.

D. S'il ne pleut pas, il fera peut-être ses devoirs.

E. Il ne fera pas ses devoirs s'il ne pleut pas.

Question 5 : EPI et PIE sont des ...

A. Anagrammes

B. Homonymes

C. Synonymes

D. Paronymes

E. Antonymes

Question 6 : Sachant qu'en solfège, une double croche mesure la moitié d'un demi-temps, une ronde quatre temps, combien une ronde représente-t-elle de doubles croches ?

A. 2

B. 4

C. 8

D. 16

E. 32

Question 7 : Son frère est bien incapable de jamais aimer.
Cette phrase signifie :

A. Son frère est capable d'aimer.

B. Son frère est incapable de ne pas aimer.

C. Son frère est incapable d'aimer.

D. Son frère est incapable de ne jamais aimer.

E. Aucune de ces affirmations.

Question 8 : Dans une forêt la population d'arbre double chaque année. Aujourd'hui on y compte 20 000 arbres. Dans combien de temps, la population aura été multipliée par 8 ?

A. 8 ans

B. 4 ans

C. 3 ans

D. 2 ans

E. 1 an

Question 9 : Sa soeur ne manque pas des plus belles qualités. Quelle figure de style cette phrase met-elle en valeur ?

A. Litote
B. Énumération
C. Métaphore
D. Syllogisme
E. Antithèse

Question 10 : Certains voient le verre à moitié plein. Cette phrase signifie :
A. Le verre est presque plein
B. Le verre est presque vide
C. Certains ont une vision pessimiste d'une situation
D. Certains ont une vision positive d'une situation
E. Aucune des propositions n'est correcte

Question 11 : Une bouteille de vin a une contenance de 75 cl. Combien de verres de 100 ml peut-on remplir aux trois quarts avec 5 bouteilles ?
A. 75
B. 50
C. 10
D. 5
E. 2

Question 12 : Que signifie le proverbe suivant : « Rien ne sert de courir, il faut partir à point. »
A. Il faut se presser de faire les choses obligatoires
B. Il faut faire les choses régulièrement
C. Il ne faut pas forcément partir à l'heure
D. Il ne faut pas être en retard
E. Aucune des propositions n'est correcte

Question 13 : Que signifie le proverbe suivant : « Une hirondelle ne fait pas le printemps. »
A. Il n'y a pas d'hirondelle au printemps
B. Une hirondelle annonce le printemps
C. On ne peut pas déduire un résultat à partir d'une seule observation
D. On peut conclure à un résultat à partir d'une seule observation
E. Aucune de ces propositions n'est correcte

Question 14 : Pierre lit beaucoup. Son frère Jean lit un livre de plus que lui par semaine. Sa sœur lit moins que Jean. Vous pouvez déduire que :
A. La sœur de Pierre lit moins que Pierre
B. Jean lit moins que Pierre
C. Jean lit plus que Pierre
D. Jean, Pierre et leur sœur lisent autant
E. Aucune des propositions n'est correcte

Question 15 : Pauline prépare son audition de théâtre. Elle apprend une réplique de dix lignes. Malgré ses efforts, elle fait une erreur avec une probabilité de 0,1 par ligne. Elle est reçue si elle ne fait aucune erreur. Quelle est la probabilité qu'elle réussisse ?

A. $(0,9)^{10}$
B. $0,1 \times 0,9$
C. $0,9 \times 0,5$
D. $0,9^2$
E. $\frac{0,9}{10}$

Sous-test 4 : Conditions minimales

20 mn

Consignes :

Cette épreuve vise à contrôler la capacité d'analyse de la pertinence d'informations en vue de la résolution d'un problème. Ce sous-test repose sur le même champ de compétence que l'épreuve de Calcul.

Chacun des énoncés de cette épreuve comprend généralement des informations initiales (qui à elles seules ne permettent pas de répondre à la question), et deux informations notées (1) et (2) correspondant chacune d'elles à une information complémentaire.

Le candidat doit décider si l'une des propositions (1) ou (2), ou les deux combinées fournissent des informations suffisantes pour répondre à la question. Plus précisément, le candidat doit choisir l'une des 5 réponses **A**, **B**, **C**, **D** ou **E** définies comme suit :

A. Si l'information (1) permet à elle seule de répondre à la question, et si l'information (2) à elle seule ne permet pas de répondre à la question.

B. Si l'information (2) permet à elle seule de répondre à la question, et si l'information (1) à elle seule ne permet pas de répondre à la question.

C. Si les deux informations (1) et (2) ensemble permettent de répondre à la question, et aucune séparément ne le peut.

D. Si chaque information permet séparément de répondre à la question.

E. Si les deux informations ensemble ne permettent pas de répondre à la question.

REMARQUE

S'il s'agit d'un énoncé de géométrie comportant une figure, alors cette dernière ne tiendra compte que des informations contenues dans l'énoncé proprement dit, compte non tenu des informations (1) et (2).

Attribution des points :

- 4 points par réponse juste
- – 1 point par réponse fausse
- 0 point par non réponse

Question 1 : Déterminer les réels positifs x et y :

(1) x est égal au carré de y

(2) $x^2 - 2x - 3 = 0$

Question 2 : Quel est l'âge de Francesca ?

(1) Francesca a le double de l'âge de sa nièce.

(2) L'âge de sa nièce ajouté au sien est égal à 24 ans.

Question 3 : Quel est le prix d'un journal ?

(1) Stéphanie achète des journaux et paie à la caisse 54 euros.

(2) Le prix d'un journal dépend de son nombre de pages.

Question 4 : Déterminer le plus petit entier tel que :

(1) La somme de trois entiers pairs consécutifs est égale à 120.

(2) Le plus grand de ces entiers est 42.

Question 5 : Marie joue aux cartes. Combien y a-t-il de manières qu'elle obtienne exactement les 4 rois ?

(1) Elle pioche sans remise et simultanément 5 cartes.

(2) Le jeu contient 52 cartes.

Question 6 : Quel est le rang de Jean dans la fratrie ?

(1) Jean a trois ans de plus que sa sœur et quatre de moins que son frère aîné.

(2) Jean est le puiné de la famille

Question 7 : Combien de manières y a-t-il pour Marie d'interroger ses élèves ?

(1) Marie est professeur de mathématiques

(2) Marie interroge simultanément trois élèves parmi les 30 élèves de la classe.

Question 8 : Alexandre, poète et écrivain, souhaite inventer un mot. Combien a-t-il de possibilités ?

(1) Le mot est composé de 5 lettres

(2) Les lettres sont obligatoirement différentes

Question 9 : Quelle est la formule de location de voiture la plus avantageuse ?

(1) La formule A propose 5 euros par km sans frais d'inscription

(2) La formule B propose 50 euros d'inscription puis un euros par km

Question 10 : Stéphanie aura-t-elle le temps de préparer le repas de ses enfants pendant que le bain coule ?

(1) La baignoire a un volume de 0,120 mètres cube et un débit de 10 litres/min.

(2) Stéphanie prépare le repas de ses enfants en 15 minutes.

Question 11 : Quelle est la solution au problème ?

(1) Une distance x, exprimée en km, vérifie l'équation : $x^2 + 3x - 4 = 0$

(2) x est un entier

Question 12 : Quelle est la proportion de femmes cadres dans l'entreprise ?

(1) 25 % des cadres sont des femmes

(2) 30 % des salariés sont des cadres, 50 % des employés et 20 % des ouvriers

Question 13 : À quelle heure le train arrive-t-il à destination ?

(1) Le train part à 12 h 05 et effectue une distance de 100 km

(2) Le train roule à une vitesse constante

Question 14 : Calculez la poussée d'Archimède du problème :

(1) La poussée d'Archimède est donnée par la formule suivante : $\Pi_A = \rho V g$ ρ est la masse volumique en $kg.m^{-3}$, V le volume en mètres cube et g l'accélération de pesanteur en $N.kg^{-1}$

(2) $\rho = 0{,}001\ kg/m^3$, V = 30 000 litres et $g \approx 10\ N.kg^{-1}$

Question 15 : Quelle est l'unité de la grandeur suivante ?

(1) La poussée d'Archimède est donnée par la formule suivante : $\Pi_A = \rho V g$

(2) ρ est la masse volumique en $kg.m^{-3}$, V le volume en mètres cube et g l'accélération de pesanteur en $N.kg^{-1}$

Sous-test 5 : Expression

20 mn

Consignes :

Cette épreuve comporte différents types d'exercices :

- Évaluer le degré de synonymie dans les reformulations.
- Choisir la formulation qui reprend le mieux (correction et clarté) l'énoncé initial.
- Choisir les mots qui assurent la cohérence du texte.

Attribution des points :

- 4 points par réponse juste
- – 1 point par réponse fausse
- 0 point par non réponse

1. Recherche de synonymie

Questions 1 à 5 : Trouvez la formule la plus proche des mots ou groupes de mots soulignés.

Question 1 : C'est à chaque fois la même litanie.

A. Rengaine

B. Chose

C. Problème

D. Conditions

E. Situation

Question 2 : Il avait le teint exsangue.

A. Rose
B. Pâle
C. Halé
D. Sensationnel
E. Jovial

Question 3 : Son caractère opiniâtre lui permettra de réussir.

A. Sa douceur lui permettra de réussir.
B. Sa gentillesse lui permettra de réussir.
C. Son empathie lui permettra de réussir.
D. Son entêtement lui permettra de réussir.
E. Son affection lui permettra de réussir.

Question 4 : Extrait d'*Andromaque*

« La haine, le mépris, contre moi tout s'assemble ;
Vous me haïssez plus que tous les Grecs ensemble.
Jouissez à loisir d'un si noble courroux. »

Andromaque, Acte III scène 6, Andromaque et Pyrrhus, Racine

A. Profitez d'un grand amour
B. Ayez une vie remplie de joie
C. Profitez de cette colère
D. Accordez votre pardon
E. Ayez de l'empathie

Question 5 : Il énerve beaucoup de personnes avec son caractère hâbleur.

A. Niais
B. Plaintif
C. Égoïste
D. Colérique
E. Vantard

2. Correction d'expressions incorrectes

Questions 6 à 10 : Corrigez les phrases soulignées en choisissant la formulation correcte parmi les cinq proposées.

Question 6 : Les livres que j'ai lus sont remplis de fautes d'orthographe.

A. Les livres que j'ai lu sont remplis de fautes d'orthographes.
B. Les livres que j'ai lus sont remplits de fautes d'orthographe.
C. Les livres que j'ai lu sont rempli de fautes d'orthographe.
D. Les livres que j'ai lues sont remplis de fautes d'orthographe.
E. Les livres que j'ai lus sont remplis de fautes d'orthographe.

Question 7 : Il y a pleins de roses dans le vase à Michèle. Ces roses lui ont été offertes par son équipe.

A. Il y a plein de roses dans le vase de Michèle. Ces roses lui ont été offertes par son équipe.

B. Il y a plein de roses dans le vase à Michèle. Ces roses lui ont été offertes par son équipe.

C. Il y a pleins de roses dans le vase de Michèle. Ces roses lui ont été offertes par son équipe.

D. Il y a pleins de roses dans le vase à Michèle. Ces roses lui ont été offertes par son équipe.

E. Il y a pleins de roses dans le vase de Michèle. Ces roses lui ont été offert par son équipe.

Question 8 : Il est impératif de trouver une solution pour palier aux difficultés.

A. Il est impératif de trouver une solution pour palier aux difficultés.

B. Il est impératif de trouver une solution pour pallier les difficultés.

C. Il est impératif de trouver une solution pour palier les difficultés.

D. Il est impératif de trouver une solution pour pallier aux difficultés.

E. Il est impératif de trouver une solution pour palier difficultés.

Question 9 : Les amis à Jean lui ont préparé un anniversaire surprise. Beaucoup de cadeaux lui ont été donnés. Il du même faire un discours.

A. Les amis à Jean lui ont préparé un anniversaire surprise. Beaucoup de cadeaux lui ont été donnés. Il dut même faire un discours.

B. Les amis de Jean lui ont préparé un anniversaire surprise. Beaucoup de cadeaux lui ont été donné. Il dû même faire un discours.

C. Les amis de Jean lui ont préparé un anniversaire surprise. Beaucoup de cadeaux lui ont été donnés. Il dut même faire un discours.

D. Les amis de Jean lui ont préparé un anniversaire surprise. Beaucoup de cadeaux lui ont été donné. Il dut même faire un discours.

E. Les amis à Jean lui ont préparé un anniversaire surprise. Beaucoup de cadeaux lui ont été donnés. Il dû même faire un discours.

Question 10 : Arrêtes avec tes affabulations, lis plutôt les fables que Stéphanie t'a apportées.

A. Arrêtes avec tes affabulations, lis plutôt les fables que Stéphanie t'a apportées.

B. Arrête avec tes affabulations, lis plutôt les fables que Stéphanie t'a apportées.

C. Arrête avec tes afabulations, lis plutôt les fables que Stéphanie t'a apporté.

D. Arrêtes avec tes afabulations, lis plutôt les fables que Stéphanie t'a apporter.

E. Arrête avec tes afabulations, lit plutôt les fables que Stéphanie t'a apportées.

3. Textes à compléter avec cohérence

Question 11 : Un homme ... en vaut deux !

- **A.** Brillant
- **B.** Averti
- **C.** Prévoyant
- **D.** Beau
- **E.** Riche

Question 12 : Extrait de *Le roi s'amuse*, Acte III scène II, de Victor Hugo

Le roi

Je t'ai, sans le vouloir, blessée.
Ne sanglote donc pas comme une ...
Oh ! Plutôt que de faire ainsi pleurer tes yeux,
J'aimerais mieux mourir, Blanche ! J'aimerais mieux
Passer dans mon royaume et ma seigneurie
Pour un roi sans courage et sans chevalerie !
Un roi qui fait pleurer une femme ! ô mon Dieu !
Lâcheté !

- **A.** Pauvresse
- **B.** Petite fille
- **C.** Gamine
- **D.** Délaissée
- **E.** Idiote

Question 13 : Extrait de *Histoire des faits économiques*, Bertrand Blancheton, Dunod

L'étalon-or désigne le système ... international en vigueur entre les années 1870 et 1914.

- **A.** D'échange
- **B.** De droits
- **C.** Monétaire
- **D.** De devoirs
- **E.** Vente

Question 14 : Extrait de *Écrits sur la musique, la langue et le théâtre - Textes historiques et scientifiques*, Rousseau

La ... excitée l'année dernière à l'Opéra n'ayant abouti qu'à des injures, dites d'un côté avec beaucoup d'esprit et de l'autre avec beaucoup d'animosité, je n'y voulus prendre aucune part ; (...)

- **A.** Querelle
- **B.** Douceur
- **C.** Chaleur
- **D.** Courtoisie
- **E.** Gentillesse

Question 15 : Extrait de *Le rose et le vert*, Stendhal

Mais, Mademoiselle, ou vous avez joué de malheur, ou bien vous n'avez pas ... donner toute votre attention : ces gens vulgaires, grossiers, etc., etc., étaient remarquables par quelque supériorité.

A. Refusé
B. Nié
C. Nier
D. Daigner
E. Daigné

Sous-test 6 : Logique

20 mn

Question 1 : Complétez la série suivante

144
196
400 – 202 – ? – 103 – 220
289
225

A. 121
B. 442
C. 301
D. 324
E. 165

Question 2 : Complétez la série suivante

144
146
729 – 512 – ? – 125 – 216
249
245

A. 729
B. 125
C. 625
D. 343
E. 256

Question 3 : Complétez la série suivante

225
125
412 – 224 – ? – 433 – 227
285
245

A. 125
B. 445
C. 315
D. 324
E. 121

Question 4 : Complétez la série suivante

123
213
121 - 242 - ? - 143 - 220
312
132

A. 484
B. 442
C. 231
D. 321
E. 165

Question 5 : Complétez la série suivante

248
199
521 - 445 - ? - 203 - 120
212
224

A. 234
B. 312
C. 324
D. 325
E. 326

Question 6 : Complétez la série suivante

AZE
BJK
RFG – UYR – ? – RYU – GFR
DLI
ERT

A. CDE
B. CFC
C. GVF
D. GVG
E. CSE

Question 7 : Complétez la série suivante

AZE
TZK
RFG – QYR – ? – OYU – NFR
UZI
PZT

A. JHT
B. BFG
C. PZR
D. PQR
E. CZS

Question 8 : Complétez la série suivante

DAT
ATD
RTY – SER – ? – UBF – VXC
DTA
ADT

A. DFG
B. TFG
C. TDA
D. TDV
E. DTF

Question 9 : Complétez la série suivante

BBA
CCJ
ABK – BDJ – ? – BCH – CDG
EER
FFT

A. ABL
B. ABM
C. DDV
D. DDI
E. DFD

Question 10 : Complétez la série suivante

ADJ
KNF
RFG – KTU – ? – WST – NLM
RUD
GJF

A. BEF
B. VBG

C. TWZ
D. ZER
E. QSD

Question 11 : Compléter la série de symboles

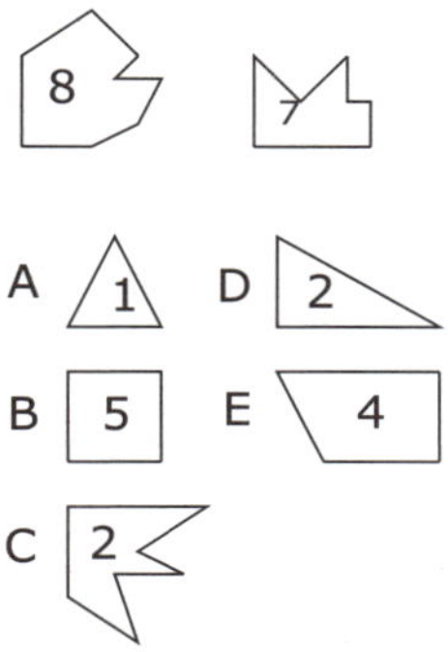

Question 12 : Compléter la série de symboles

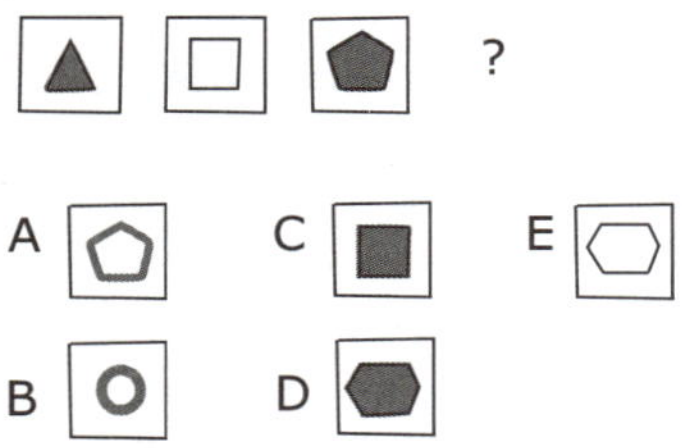

Question 13 : Compléter la série de symboles

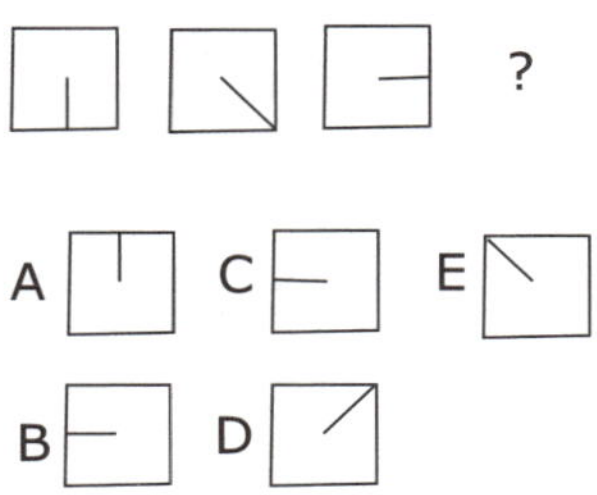

Question 14 : Compléter la série de symboles

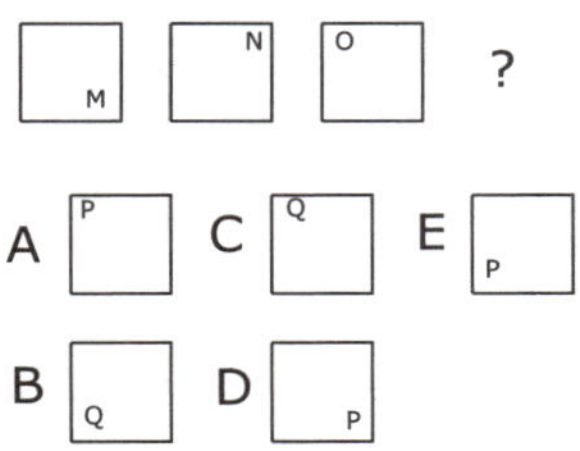

Question 15 : Compléter la série de symboles

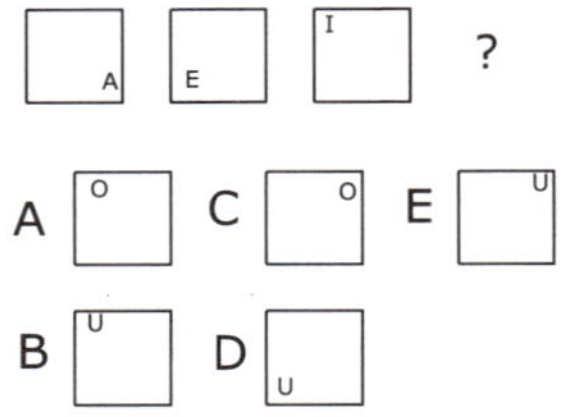

Corrigés

Sous-test 1 : Compréhension de textes

Tableau des réponses

1	2	3	4	5	6	7	8	9	10	11	12	13	14	15
C	B	D	E	A	C	B	A	C	B	A	A	E	A	D

Réponses détaillées

1. Jean-Jacques Rousseau qualifie de Vulgaires les personnes ignorantes. La bonne réponse est **C**.

2. Les scientifiques qui affirmaient que la terre possédait deux hémisphères étaient excommuniés par le Pape. La bonne réponse est **B**.

3. La seule affirmation correcte d'après le texte est le fait que le Soleil est fixe. La bonne réponse est **D**.

4. Les peuples possédant des colonies aux Antipodes sont les Français, les Anglais et les Hollandais selon l'auteur. La bonne réponse est **E**.

5. L'inégalité des jours et des saisons est expliquée par le mouvement du Soleil. La bonne réponse est **A**.

6. Le poème est composé de huit strophes. La bonne réponse est donc **C**.

7. Chaque strophe est composé de neuf vers. Il s'agit donc de neuvains. La bonne réponse est donc **B**.

8. Les quatre premiers vers de la deuxième strophe ont des rimes embrassées. La bonne réponse est donc **A**.

9. L'adjectif candide rappelle le roman *Candide* de Voltaire. La bonne réponse est donc **C**.

10. Ce poème s'adresse à un être cher au poète. Vous pouvez aussi déduire que cette personne est jeune. En effet l'utilisation d'un vocabulaire relatif à la candeur et à la jeunesse le prouve. La bonne réponse est **B**.

11. Les principaux responsables d'apparition d'allergies sont cités au début du texte : il s'agit des acariens, des animaux domestiques et des moisissures. La bonne réponse est donc **A**.

12. Le développement des acariens est favorisé par une température s'élevant de 20 à 25 °C et par une forte humidité. La bonne réponse est **A**.

13. Le second allergène le plus important est celui du chat. La bonne réponse est **E**.

14. Les moisissures se développent plus facilement dans un environnement mal aéré et humide. La bonne réponse est **A**.

15. Les moisissures se manifestent par des taches sur les murs et le papier peint. La bonne réponse est **D**.

Sous-test 2 : Calcul

Tableau des réponses

1	2	3	4	5	6	7	8	9	10	11	12	13	14	15
C	B	E	A	D	A	B	C	D	E	C	C	A	D	D

Réponses détaillées

1. Le titre commence par la lettre M. Il manque donc 4 lettres à découvrir. Pour cela Pauline a le choix parmi 26 – 1 = 25 lettres pour la deuxième lettre, 24 pour la troisième, 23 pour la quatrième et 22 pour la cinquième. La bonne réponse est **C**.

2. Il faut d'abord convertir les cm en mm. 50 cm = 500 mm et 2 mm de rayon = 4 mm de diamètre. (500 – 8) ÷ 4 = 492 ÷ 4 = 123. Clément peut donc enfiler 123 perles. Attention ! Il ne faut pas oublier de retrancher 8 mm pour la fermeture. La bonne réponse est **B**.

3. Manon a 5 possibilités pour la première carte et 5 pour la seconde car le tirage s'effectue avec remise. Donc $5 \times 5 = 25$ possibilités en tout et la bonne réponse est **E**.

4. La somme des *n* premiers termes d'une suite arithmétique de raison 1 est égale à nombre de termes $\times \frac{\text{1er terme + dernier terme}}{2}$. Donc $1 + \ldots + 55 = 55 \times \frac{1+55}{2} = 55 \times \frac{56}{2} = 1540$. La bonne réponse est **A**.

5. La somme des *n* premiers termes d'une suite géométrique de raison 2 est égale à premier terme $\times \frac{1 - \text{raison}^{\text{nombre de termes}}}{1 - \text{raison}}$. Donc $1 + \ldots + 1024 = 1 \times \frac{1-2^{11}}{1-2} = 1 \times \frac{1-2048}{1-2} = 2047$. La bonne réponse est **D**.

6. En additionnant judicieusement les deux équations vous mettez en valeur l'identité remarquable de la forme $(a + b)^2 = a^2 + 2ab + b^2$. Ainsi vous obtenez : $x^2 + y^2 + 2xy = 10 + 2 \times 3 = 10 + 6 = 16$. Soit $(x + y)^2 = 16$ et donc $x + y = 4$ en optant pour la racine carrée positive. La bonne réponse est **A**.

7. Vous êtes face à un polynôme du second degré dont vous devez déterminer les racines. Pour cela vous calculez le déterminant : $\Delta = 1^2 - (-8) = 9$. Le trinôme admet donc deux racines réelles qui sont :

$x = \frac{-1-3}{2} = -2$ ou $x = \frac{-1+3}{2} = 1$

Or il est précisé dans le problème que $x > 0$, donc seule la solution 1 convient.

La bonne réponse est donc **B**.

8. Sur une arête de 15 cm vous pouvez disposer 3 arêtes de 5 cm car $15 = 3 \times 5$. De même que sur une surface carrée de 15 cm de côté vous pouvez disposer $3^2 = 9$ surfaces carrées de côté 5 cm. Enfin dans un cube de 15 cm d'arête vous pouvez disposer $3^3 = 27$ cubes de 5 cm d'arête. Ainsi la bonne réponse est **C**.

9. Pour que Marie ait 12/20 de moyenne, il faut que la somme de ses notes affectées de leur coefficient soit égale à $3 \times 12 = 36$, soit avec x la note cherchée :

$9 \times 1 + x \times 2 = 36$ car x est affecté du coefficient 2

$9 + 2x = 36$

$2x = 36 - 9$

$2x = 27$

$x = 13{,}5$

Marie doit obtenir au 13,5/20 pour avoir 12/20 de moyenne. La bonne réponse est **D**.

10. Pour le choix du chiffre vous avez 10 possibilités. Et une fois le chiffre choisi, vous avez les trois premiers caractères du code fixés. Vous n'avez donc plus qu'à choisir une lettre parmi les 26 que contient l'alphabet. Soit en tout $10 \times 26 = 260$ possibilités. La bonne réponse est donc **E**.

11. Tout d'abord vous devez calculer la surface des carreaux en cm^2 : $15 \times 20 = 300\ cm^2$. Puis vous ne devez pas oublier de convertir la surface en cm^2 : $12\ m^2 = 120\ 000\ cm^2$. Enfin, vous divisez la surface totale par l'aire d'un carreau : $120\ 000 \div 300 = 400$. La bonne réponse est **C**.

12. Tout d'abord, il paraît judicieux de convertir les heures en secondes. $5\ h = 5 \times 3\ 600 = 18\ 000$ secondes. Puis vous divisez la durée en seconde par le nombre de pages : $18\ 000 \div 250 = 72$ secondes. Or une minute contient 60 secondes, ainsi le temps que met Jacques pour lire une page est de une minute et 12 secondes. Et la bonne réponse est **C**.

13. Par convention, en mathématiques, vous notez un entier pair $2n$ et un entier impair $2n + 1$. Ainsi la somme de trois entiers pairs consécutifs peut s'écrire par exemple : $2n - 2 + 2n + 2n + 2$ et est égale à $6n$. L'énoncé se traduit par : $6n = 210$, soit $n = 35$. Enfin le plus petit de ces entiers est $2n - 2 = 2 \times 35 - 2 = 70 - 2 = 68$. Les trois nombres pairs sont donc 68, 70, 72 : $68 + 70 + 72 = 210$. Et le plus petit d'entre eux est 68. La bonne réponse est **A**.

14. Chaque mois, Pierre perçoit 5 % de 100 euros, soit 5 euros. Pour doubler son capital initial, il doit avoir 200 euros sur son compte, soit 100 euros de plus. il doit donc avoir reçu $100 \div 5 = 20$ mensualités. Soit 20 mois pour doubler son capital. La bonne réponse est **D**.

15. Pour obtenir au moins 2 000 euros, Michèle doit placer une somme S vérifiant l'équation :

$S \times (1 + 0{,}05)^2 = 2000$, soit $S = 2000 \div (1{,}05)^2 = 2000 \div 1{,}1025 \approx 1814{,}06$. Michèle doit donc placer au minimum 1815 € (et non 1814 €) pour avoir au moins 2 000 € sur son compte dans deux ans. La bonne réponse est **D.**

Sous-test 3 : Raisonnement / Argumentation

Tableau des réponses

1	2	3	4	5	6	7	8	9	10	11	12	13	14	15
D	D	E	E	A	D	C	C	A	D	B	B	C	C	A

Réponses détaillées

1. Les dix acteurs d'une troupe ont 90 ÷ 2 = 45 manières de se serrer la main. La bonne réponse est donc **D**.

2. Le mot TRAHISON a huit lettres différentes. Ainsi pour la première, il y a huit possibilités de places, pour la deuxième sept possibilités, pour la troisième six possibilités, et ainsi de suite. Il y a donc en tout $8 \times 7 \times 6 \times 5 \times 4 \times 3 \times 2 \times 1 = 8\,!$ possibilités. La bonne réponse est donc **D**.

3. La vitesse de croisement des deux trains est égale à la somme des deux vitesses : 120 + 90 = 210 km/h. La bonne réponse est **E**.

4. Il ne fera pas ses devoirs s'il ne pleut pas. La bonne réponse est donc **E**.

5. EPI et PIE sont des anagrammes. Ils sont composés des mêmes lettres placées dans un ordre différent. La bonne réponse est **A**.

6. Une double croche représente $\frac{1}{4}$ de temps, une ronde représente 4 temps. Ainsi une ronde vaut 16 doubles croches. La bonne réponse est **D**.

7. Cette phrase signifie que son frère est incapable d'aimer. La bonne réponse est **C**.

8. En un an le nombre d'arbres double, ainsi en un an il passe de 20 000 à 40 000, en deux ans de 40 000 à 80 000 et en trois ans de 80 000 à 160 000. En trois ans le nombre d'arbres est passé de 20 000 à 160 000, il a donc été multiplié par 8. La bonne réponse est **C**.

9. Cette figure de style est une litote. La bonne réponse est **A**.

10. Cette phrase signifie que certains ont une vision positive d'une situation par opposition à d'autres qui envisagent le verre à moitié vide. La bonne réponse est **D**.

11. Vous devez convertir les cl en ml : 75 cl = 750 ml. Les cinq bouteilles ont un volume de 5 × 750 = 3 750 ml. Les trois quarts de 100 ml sont égaux à 75 ml. Il ne vous reste plus qu'à effectuer la division : 3 750 ÷ 75 = 50. Vous pouvez donc remplir aux trois quarts 50 verres de 100 ml avec 5 bouteilles de 75 cl. La bonne réponse est **B**.

12. Le proverbe « Rien de sert de courir, il faut partir à point » signifie qu'il ne faut pas se laisser submerger par les différentes choses à faire. Il faut les effectuer régulièrement. La bonne réponse est **B**.

13. Le proverbe « Une hirondelle ne fait pas le printemps » signifie qu'une seule observation ne peut pas permettre d'émettre une conclusion. La bonne réponse est **C**.

14. Vous pouvez déduire seulement que Jean lit plus que Pierre. La bonne réponse est **C**.

15. La probabilité que Pauline ne fasse aucune erreur est de 1 – 0,1 = 0,9 pour une ligne. La probabilité qu'elle ne fasse aucune erreur dans l'ensemble de la réplique est $(0{,}9)^{10}$. La bonne réponse est **A**.

Sous-test 4 : Conditions minimales

Tableau des réponses

1	2	3	4	5	6	7	8	9	10	11	12	13	14	15
C	C	E	D	C	D	B	C	E	C	A	C	E	C	C

Réponses détaillées

1. Vous avez besoin des deux conditions pour répondre à la question. La première vous donne l'expression de y en fonction de x. La seconde vous permet de déterminer x à l'aide du discriminant. $\Delta = 4 + 12 = 16 > 0$ donc deux racines réelles. Cependant x est positif d'après l'énoncé car il s'agit d'un carré. Vous ne retenez donc que la racine positive, à savoir 3. Ainsi $x = 3$ et $y = 3^2 = 9$. La bonne réponse est **C**.

2. Vous avez là aussi besoin des deux conditions pour résoudre le problème. Vous êtes ainsi face à un système de deux équations à deux inconnues. En notant F l'âge de Francesca et N celui de sa nièce, vous obtenez :

$F = 2N$

$F + N = 24$

Soit $F = 16$ et $N = 8$

La bonne réponse est donc **C**.

3. Aucune des conditions ne vous permet de répondre à la question. Ainsi la bonne réponse est **E**.

4. Chacune des conditions (1) ou (2) séparément vous permettent de répondre à la question. La première vous donne une équation du type : $2n - 2 + 2n + 2n + 2 = 120$, soit $n = 20$. Ainsi le plus petit des entiers pairs est donc $2n - 2 = 40 - 2 = 38$. La seconde vous donne le plus grand entier pair qui est 42. Ainsi vous déduisez que le plus petit entier pair est 38. La bonne réponse est donc **D**.

5. Vous avez besoin des deux conditions pour déterminer le nombre de manières possibles de tirer les 4 rois exactement parmi les cartes tirées simultanément et sans remise dans un jeu de 52 cartes. Il y a $\binom{4}{4} \times \binom{48}{1}$ possibilités de tirer les 4 rois parmi les 5 cartes. La bonne réponse est **C**.

6. Les deux conditions seules vous permettent de répondre à la question. La première vous apprend que Jean est le second en classant les membres de la fratrie par âge. La seconde vous informe que Jean est le puiné de la famille. Cela vous donne aussi son rang dans la fratrie. La bonne réponse est donc **D**.

7. Seule la seconde information vous permet de répondre à la question. Marie a $\binom{30}{3}$ manières d'interroger simultanément trois élèves. La première ne vous donne aucun renseignement pour répondre à la question. Elle vous informe juste que Marie est prof de maths ! Ce qui ne vous est d'aucun secours pour résoudre le problème ! La bonne réponse est **B**.

8. Vous avez besoin des deux conditions pour répondre à la question posée. Vous déduisez que le nombre de possibilités pour Alexandre de créer un mot comportant 5 lettres différentes est 5 ! La bonne réponse est **C**.

9. Aucune des informations ne vous permet de répondre à la question car vous ne connaissez pas le nombre de km effectués. La bonne réponse est **E**.

10. Les deux conditions vous sont indispensables pour répondre à la question. la première vous donne à l'aide d'un calcul simple le temps de remplissage de la baignoire : 120 ÷ 10 = 12 minutes. N'oubliez pas de convertir les mètres cube en litres ! (0,120 mètres cube = 120 litres). La seconde vous donne le temps de préparation du repas des enfants de Stéphanie. Ainsi la bonne réponse est **C**. Stéphanie n'a pas le temps de préparer le repas pendant que le bain coule (12 < 15).

11. La première condition seulement vous permet de répondre à la question. En calculant le discriminant, vous obtenez deux racines réelles : –4 et 1. Comme il s'agit d'une distance, vous ne retenez que la solution positive. Ainsi x = 1 km. La bonne réponse est donc **A**.

12. Vous avez besoin des deux conditions pour répondre à la question. Vous déduisez que la proportion des femmes cadres dans l'entreprise est de 0,25 × 0,3 = 0,075 = 7,5%. La bonne réponse est donc **C**.

13. Vous n'avez pas assez d'éléments pour répondre à la question. La bonne réponse est donc **E**.

14. Vous avez besoin des deux informations pour répondre à la question. la première vous donne la formule de la poussée d'Archimède, et la seconde les données numériques. Vous en déduisez que la poussée d'Archimède est égale à 0,001 × 30 × 10 = 0,3 N. Là aussi n'oubliez pas de convertir les litres en mètres cube ! 30 000 litres = 30 mètres cube ! La bonne réponse est donc **C**.

15. Vous avez besoin des deux conditions pour répondre à la question. vous en déduisez grâce à une analyse dimensionnelle que la poussée d'Archimède s'exprime en Newton (N). La bonne réponse est donc **C**.

Sous-test 5 : Expression

Tableau des réponses

1	2	3	4	5	6	7	8	9	10	11	12	13	14	15
A	B	D	C	E	E	A	B	C	B	B	D	C	A	E

Réponses détaillées

1. « Litanie » signifie rengaine, même chanson. La bonne réponse est **A**.

2. Un teint exsangue est un teint pâle, verdâtre. La bonne réponse est donc **B**.

3. Un caractère est dit opiniâtre lorsqu'il s'agit d'un caractère entêté, têtu. La bonne réponse est **D**.

4. « Jouir à loisir d'un si noble courroux » signifie profiter d'une si noble colère. Le courroux est un autre mot pour désigner la colère. La bonne réponse est **C**.

5. Un personnage est dit hâbleur lorsqu'il est vantard, qu'il parle beaucoup, qu'il est très sûr de lui. La bonne réponse est **E**.

REMARQUE

Le mot hâbleur a la même racine que le verbe *hablar* en espagnol qui signifie parler.

6. Les livres que j'ai lus sont remplis de fautes d'orthographe. Les participes passés s'accordent en genre et en nombre avec les livres. La bonne réponse est **E**.

7. Il y a plein de roses dans le vase de Michèle. Ces roses lui ont été offertes par son équipe. Plein est invariable dans cette phrase, il ne prend jamais de « s » lorsqu'il est employé avant le nom auquel il se rapporte. La possession est marquée par « de » et non « à ». Le participe passé du verbe offrir s'accorde en genre et en nombre avec le nom roses. La bonne réponse est **A**.

8. Il est impératif de trouver une solution pour pallier les difficultés. Le verbe « pallier » prend deux « l » en opposition au nom « palier » qui n'en prend qu'un seul. Par ailleurs, il est d'usage de dire pallier les difficultés et non pallier aux difficultés. La bonne réponse est donc **B**.

9. Les amis de Jean lui ont préparé un anniversaire surprise. Beaucoup de cadeaux lui ont été donnés. Il dut même faire un discours. La possession est marquée par « de » et non « à ». Le participe passé du verbe donner s'accorde en genre et en nombre avec le nom cadeaux car le COD est placé avant le verbe. Le verbe devoir est conjugué au passé simple, ce qui donne dut et non dû qui est le participe passé du verbe devoir. La bonne réponse est donc **C**.

10. Arrête avec tes affabulations, lis plutôt les fables que Stéphanie t'a apportées. L'impératif du verbe arrêter à la 2e personne du singulier donne arrête (pas de « s » car arrêter est un verbe du 1er groupe). Le nom affabulation prend deux « f ». Le participe passé du verbe apporter s'accorde en genre et en nombre avec le nom fables. La bonne réponse est **B**.

11. Un homme averti en vaut deux ! La bonne réponse est **B**.

12. Ne sanglote donc pas comme une délaissée. La bonne réponse est **D**.

13. L'étalon-or désigne le système monétaire international en vigueur entre les années 1870 et 1914. La bonne réponse est **C**.

14. La querelle excitée l'année à l'Opéra n'ayant abouti qu'à des injures dites d'un côté avec beaucoup d'esprit et de l'autre avec beaucoup d'animosité, je n'y voulu prendre aucune part ; La bonne réponse est **A**.

15. Mais, Mademoiselle ou vous avez joué de malheur, ou vous n'avez pas daigné donner toute votre attention : ces gens vulgaires, grossiers, etc., etc., étaient remarquables par quelque supériorité. La bonne réponse est **E**.

Sous-test 6 : Logique

Tableau des réponses

1	2	3	4	5	6	7	8	9	10	11	12	13	14	15
A	D	C	C	E	B	C	C	D	A	E	E	D	E	C

Réponses détaillées

1. La somme des chiffres de chaque nombre de la suite horizontale est égale à 4. Par ailleurs, la série verticale n'est constituée que de carrés parfaits. Vous devez donc retenir un carré parfait dont la somme des chiffres est égale à 4. Et la bonne réponse est **A**.

2. La série horizontale est constituée de cubes parfaits. La série verticale contient des nombres dont le chiffre du milieu est 1. Ainsi vous devez retenir un nombre qui soit un cube parfait avec un 4 au milieu. Soit 343. Et la bonne réponse est **D**.

3. La série horizontale contient des nombres dont la somme des chiffres augmente d'une unité à chaque étape. Le premier a une somme égale à 7, le deuxième une somme égale à 8, etc. Le nombre cherché doit donc avoir une somme égale à 9. La série verticale contient uniquement des multiples de 5. Ainsi la bonne réponse est 315 qui a une somme égale à 9 : $3 + 1 + 5 = 9$ et qui est multiple de 5 (se termine par 5). La bonne réponse est **C**.

4. La somme des premier et troisième chiffres de chaque nombre de la série horizontale est égale à la valeur du chiffre du milieu. La série verticale ne contient que des nombres constitués des chiffres 1, 2 et 3. La bonne réponse est **C**.

5. La série horizontale contient des nombres dont le premier chiffre décroit d'une unité à chaque étape. La série verticale est constituée de nombres dont le produit des deux premiers chiffres est égal au troisième. Ainsi la bonne réponse est **E**. En effet, le nombre 326 répond aux critères des deux suites : il commence par 3 qui est une unité en dessous du 4 et $3 \times 2 = 6$.

6. La suite horizontale est constituée de termes symétriques par rapport à celui du milieu. Vous devez donc retenir un terme symétrique. La série verticale est composée de termes dont la première lettre augmente d'un rang à chaque étape. Ainsi le terme cherché doit commencer par la lettre C (qui suit B dans l'alphabet). La bonne réponse **B**.

7. La série horizontale voit la première lettre de ses termes descendre d'un rang à chaque étape. Le terme cherché doit donc commencer par la lettre P. La série verticale est constituée de termes ayant Z pour lettre du milieu. Ainsi la bonne réponse est **C**.

8. La série horizontale voit sa première lettre augmenter d'un rang dans l'alphabet. Le terme cherché doit donc commencer par la lettre T. Les termes de la série verticale ne sont composés que des lettres T, D et A. Ainsi la bonne réponse est **C**.

9. La série horizontale contient des termes dont la dernière lettre diminue d'un rang à chaque étape. Le terme cherché doit donc se terminer par I. Les termes de la série verticale ont les deux premières lettres identiques et augmentent d'un rang à chaque étape. La bonne réponse est donc **D**.

10. Les termes de la série horizontale ont leurs deux dernières lettres qui se suivent dans l'ordre croissant de l'alphabet. Les deux premières lettres des termes de la série verticale ont deux lettres entre eux. Ainsi la bonne réponse est **A**.

11. Le chiffre situé à l'intérieur de chaque figure correspond à son nombre de côtés. Ainsi la bonne réponse est **E**. Il s'agit d'un quadrilatère, figure géométrique constituée de quatre côtés, avec le chiffre 4 à l'intérieur.

12. Vous remarquez que la figure située à l'intérieur du carré voit son nombre de côtés augmenter d'une unité à chaque étape. Vous devez donc retenir une figure à six côtés. Par ailleurs, chaque symbole est alternativement blanc ou gris à chaque étape. Ainsi la bonne réponse correspond à un hexagone blanc. La bonne réponse est donc **E**.

13. La droite située à l'intérieur du carré subit une rotation d'angle 45° dans le sens inverse des aiguilles d'une montre (appelé sens direct en mathématiques). La bonne réponse est **D**.

14. Les lettres se suivent dans l'ordre de l'alphabet et subissent une rotation dans le sens inverse des aiguilles d'une montre (sens direct en mathématiques). La lettre cherchée est donc P et se situe en bas à gauche de la figure. La bonne réponse est **E**.

15. Les voyelles se suivent selon leur ordre A E I O U Y et subissent une rotation dans le sens des aiguilles d'une montre (sens indirect en mathématiques). Ainsi la lettre cherchée est O et se situe en haut à droite de la figure. La bonne réponse est donc **C**.

Calculez votre score total !

Partie	Épreuve	Score par épreuve	Score par partie	Score total
1. Résolution de problèmes	Calcul	.../60	.../120	score 1 + score 2 + score 3 /6 x100
	Conditions minimales	.../60		
2. Aptitudes verbales	Compréhension	.../60	.../120	
	Expression	.../60		
3. Raisonnement logique	Logique	.../60	.../120	**.../600**
	Raisonnement	.../60		

Tage Mage blanc 4

Sous-test 1 : Compréhension de textes

20 mn

Consignes :

Cette épreuve comporte deux textes numérotés 1 et 2. Chacun de ces textes est suivi d'une série de questions. Chaque question vous présente cinq propositions qui peuvent porter sur différents niveaux de lecture :

- Informations « isolées » contenues dans le texte ;
- Idées principales, traitées dans un ou plusieurs paragraphes ;
- Position de l'auteur telle qu'elle se reflète dans le texte, etc.

Parmi les cinq propositions présentées dans le cadre de chaque question, certaines sont en contradiction flagrante avec le texte ; d'autres abordent des aspects qui n'y sont pas traités ; d'autres encore se rapprochent plus ou moins de ce qui est exprimé – directement ou indirectement – dans ce même texte.

La seule proposition considérée comme exacte est celle qui se rapproche le plus de ce qui est dit dans le texte. Les quatre autres propositions sont considérées comme fausses.

Attribution des points :

- 4 points par réponse juste
- – 1 point par réponse fausse
- 0 point par non réponse

Texte 1 : Extrait de *Histoire de la pensée économique*, Ghislain Deleplace et Christophe Lavialle, p. 9, Dunod

La division en Microéconomie et Macroéconomie

En 1936 fut publiée par John Maynard Keynes la *Théorie générale de l'emploi, de l'intérêt et de la monnaie*, qui constituait à la fois une critique de la théorie de l'équilibre global contenue dans le marginalisme et une démonstration de l'incapacité de l'économie de marché à assurer le plein emploi. Cette nouvelle théorie donna naissance à un courant, le keynésianisme, dont le modèle IS-LM présenté par John Hicks dès 1937 constitua le cadre d'exposition.

Après la découverte par Hicks en 1939 de la théorie de Walras, le champ de la science économique fut divisée en deux : la microéconomie, concernant l'allocation des ressources, les prix relatifs et la répartition des revenus, fondée sur l'équilibre général walrasien, et la macroéconomie concernant l'activité économique d'ensemble, l'emploi et la monnaie, fondée sur l'équilibre global keynésien. A cette division théorique correspondait une division pratique du travail, l'économie de marché étant chargée de l'égalisation des offres et des demandes par branches d'activité et l'Etat s'occupant de la régulation conjoncturel du niveau global d'activité. Dans les années 1950, cette vision de l'économie fut complétée par l'introduction de la dynamique, qui se fit, du côté de la microéconomie walrasienne, par Kenneth Arrow et Gérard Debreu, et, du côté de la macroéconomie keynésienne par Robert Solow.

Ce partage des tâches, qualifié de synthèse néoclassique et dont Paul Samuelson fut l'incarnation par son œuvre abondante dans les années 1940, juxtaposait plus qu'il intégrait les composantes micro et macro de la science économique, ainsi que la défense du marché et de l'intervention de l'Etat. Malgré cette faiblesse, il demeura jusqu'au milieu des années 1960, où il fut remis en cause de deux côtés.

Une première ligne de critiques résulta d'une tentative de convergence entre une conception plus radicale (dite post-keynésienne) de la croissance, illustrée entre autres par Joan Robinson et Nicholas Kaldor, et un rejet du marginalisme au profit d'un retour aux principes de la théorie ricardienne, initié en 1960 par Piero Sraffa. Une deuxième remise en cause vint de la théorie du déséquilibre qui, à la suite de Robert Clower (1965), s'efforça d'intégrer les idées de Walras et de Keynes en une théorie plus générale.

Mais le coup fatal fut porté par le monétarisme, défendu depuis les années 1950 par Milton Friedman, dont la critique des politiques monétaires orientée vers la recherche du plein emploi déboucha dans les années 1970 sur le rejet pur et simple de la macroéconomie keynésienne par les nouveaux classiques regroupés autour de Robert Lucas. Ce rejet suscita, à partir des années 1980, une réaction de nouveaux keynésiens visant à regrouper des résultats qualifiés de keynésiens à partir de fondements microéconomiques adaptés.

Bien que la microéconomie ait ainsi absorbé, d'une manière ou d'une autre, le pilier macroéconomique de la synthèse néoclassique, cela n'a pas cependant conduit à une unification de la discipline autour du paradigme walrasien. Au sein de la microéconomie elle-même, ce paradigme fondé sur la concurrence parfaite et l'équilibre général est, depuis les années 1980, délaissé au profit d'une « nouvelle microéconomie » de la concurrence imparfaite en équilibre partiel.

Cette absence d'unification théorique explique qu'à côté des nouveaux classiques et des nouveaux keynésiens, des nébuleuses non encore stabilisées connaissent aujourd'hui un intérêt croissant autour des théories néo-autrichiennes issues de John Schumpeter et Friedrich Hayek ou encore autour de l'approche institutionnaliste.

Question 1 : Qui a publié la *Théorie générale de l'emploi, de l'intérêt et de la monnaie* ?

A. Walras

B. Hicks

C. Debreu

D. Arrow

E. Keynes

Question 2 : Quel modèle a présenté John Hicks à partir de 1937 ?

A. Le modèle keynésien

B. Le modèle walrasien

C. Le modèle IS-LM

D. Le modèle LM-IS

E. Il n'a présenté aucun modèle

Question 3 : Le champ économique a été divisé en deux composantes, quelles sont-elles ?

A. La microéconomie et la macroéconomie

B. IS et LM

C. Le keynésianisme et le modèle de Walras

D. Les revenus et l'emploi

E. L'emploi et la monnaie

Question 4 : Autour de quel économiste sont regroupés les nouveaux classiques ?

A. Keynes

B. Walras

C. Robert Lucas

D. Robert Clower

E. Nocholas Kaldor

Question 5 : Que signifie le mot « paradigme » (situé dans l'avant-dernier paragraphe du texte) ?

A. Théorie

B. Modèle

C. Thèse

D. Antithèse

E. Figure de style

Texte 2 : Une fable de Jean de Lafontaine

Le Coq et la Perle

Un jour un coq détourna
Une Perle qu'il donna
Au beau premier Lapidaire.
« Je la crois fine, dit-il ;
Mais le moindre grain de mil
Serait bien mieux mon affaire. »

Un ignorant hérita
D'un manuscrit qu'il porta
Chez son voisin le Libraire.
« Je crois dit-il, qu'il est bon ;
Mais le moindre ducaton
Serait bien mieux mon affaire. »

Question 6 : Que signifie le terme « Lapidaire » ?

A. Il s'agit d'un nom propre

B. Désigne quelqu'un qui exerce une profession qui consiste à travailler des pierres précieuses

C. Désigne quelqu'un qui exerce une profession destinée à protéger les bijoutiers

D. Spécialiste des perles
E. Aucune de ces propositions n'est correcte

Question 7 : Qu'est-ce qu'un ducaton ?
A. Une pierre précieuse
B. Une monnaie ancienne
C. Un trésor
D. Un manuscrit précieux
E. Aucune de ces propositions n'est correcte

Question 8 : Chaque strophe est un ...
A. Hexasyllabe
B. Sizain
C. Monostiche
D. Distique
E. Décasyllabe

Question 9 : Chaque vers est un ...
A. Alexandrin
B. Strophe
C. Sonnet
D. Distique
E. Heptasyllabe

Question 10 : Qu'est-ce que le mil ?
A. Une sorte de céréale
B. Un objet sans valeur
C. Un objet d'une grande valeur
D. Une abréviation de terme monétaire ancien
E. Un objet ancien

Texte 3 : Extrait de *La pollution de l'air, Sources, Effets et prévention*, Christian Elichegaray, p. 56-57, Dunod

Les agents destructeurs de l'ozone

Les composés contenant du chlore

Il s'agit essentiellement des chlorofluorocarbures (CFC), dont il existe une vingtaine d'espèces. Ce sont des hydrocarbures chlorés et fluorés. D'autres composés chlorés, comme le tétrachlorure de carbone, contribuent dans une moindre mesure à la destruction de l'ozone.

Les CFC ne sont ni toxiques, ni inflammables. (...) Ils sont utilisés dans les systèmes de réfrigération et de climatisation (centres commerciaux, bureaux, voitures, etc.), comme agent de gonflement pour les mousses isolantes, comme propulseurs d'aérosols ou comme solvants et nettoyants industriels.

A la différence de la plupart des produits chimiques, les CFC ne se décomposent pas dans la troposphère. Ils montent lentement et, au bout de 6 à 8 ans, ils atteignent la stratosphère. A ce niveau, ils se décomposent sous l'action de la lumière et le chlore ainsi libéré peut s'attaquer à la molécule d'ozone.

Les atomes de chlore libérés par la décomposition d'une molécule de CFC ont une durée de vie pouvant aller jusqu'à 100 ans. Cette longue durée de vie permet à chaque atome de chlore de détruire plusieurs milliers de molécules d'ozone avant d'être inactivé.

Les composés contenant du brome

Le brome a le même type d'action sur l'ozone que le chlore. Il provient essentiellement des halons, gaz utilisés dans la lutte contre les incendies. Il est également utilisé, surtout en agriculture tropicale, sous forme de bromure de méthyle qui est un gaz pesticide. Le brome est un agent destructeur de l'ozone plus redoutable que le chlore mais son effet global est moindre du fait de sa plus faible diffusion dans l'atmosphère. Il participe à environ 20 % à la destruction de l'ozone au-dessus des pôles.

Question 11 : Quels sont les principaux destructeurs de l'ozone ?

- **A.** Les composés contenant du chlore et les composés contenant du brome
- **B.** Les composés contenant des gaz à effet de serre
- **C.** Les composés contenant du bromure
- **D.** Les composés contenant de l'azote
- **E.** Les composés contenant de l'iode

Question 12 : Le tétrachlorure de carbone est un ...

- **A.** Gaz rare
- **B.** Alcane
- **C.** Composé chloré
- **D.** Gaz à effet de serre
- **E.** Halogène

Question 13 : Quels sont les domaines d'utilisation des CFC ?

- **A.** Climatisation
- **B.** Produit de beauté
- **C.** Lutte contre les incendies
- **D.** Décomposition de certains déchets
- **E.** Nettoyage de vêtements

Question 14 : Quelle est l'affirmation exacte ?

- **A.** Les CFC sont inflammables
- **B.** Les CFC sont toxiques
- **C.** Les CFC s'attaquent à la molécule d'ozone immédiatement
- **D.** Les CFC sont des pesticides
- **E.** Les CFC ne se décomposent pas dans la troposphère

Question 15 : Les composés contenant du brome sont...

- **A.** Des détergents
- **B.** Des nettoyants
- **C.** Des outils pour lutter contre le froid
- **D.** Issus des halons, gaz utilisé pour la lutte contre les incendies
- **E.** Aucune de ces affirmations n'est exacte

Sous-test 2 : Calcul

20 mn

Consignes :

Cette épreuve est constituée de 15 questions pour lesquelles vous disposez de 20 minutes. Les questions ne sont pas classées par ordre de difficulté.

L'utilisation de la calculatrice n'est pas autorisée.

Attribution des points :

- 4 points par réponse juste
- – 1 point par réponse fausse
- 0 point par non réponse

Question 1 : En un mois composé de trente jours, combien y a-t-il de secondes ?

A. 2 592 000
B. 3 600
C. 24
D. 60
E. 2 692 000

Question 2 : La note médiane dans une classe est 12/20. Cela signifie :

A. La moyenne de la classe est égale à 12/20
B. Il n'y a que des 12/20
C. Il y a autant de notes supérieures à 12/20 que de notes inférieures à 12/20
D. La variance est égale 12/20
E. La meilleure note est 12/20

Question 3 : Vanessa travaille 35 heures par semaine. Elle effectue un stage de six mois. En admettant qu'un mois comporte quatre semaines, quelle est la durée de son stage en semaines ?

A. 4
B. 24
C. 140
D. 210
E. 840

Question 4 : Calculer la masse surfacique d'un objet sachant qu'il pèse 10 kg et qu'il a la forme d'un disque de rayon 1 mètre.

Donnée : La masse surfacique est le rapport de sa masse en kg sur sa surface en m^2. Elle s'exprime en kg/m^2

A. Environ 0,133 kg/m^2
B. 75 kg/m^2
C. 10 kg/m^2
D. 30 kg/m^2
E. Environ 3,183 kg/m^2

Question 5 : Francesca est perdue dans un labyrinthe. Pour sortir, elle doit franchir deux étapes comportant chacune cinq portes. Un seul chemin permet de sortir du labyrinthe. Combien de possibilités s'offrent à elle ?

A. 5
B. 10
C. 20
D. 25
E. 50

Question 6 : En musique, une portée comporte cinq lignes et quatre interlignes. Combien y a-t-il de possibilités de placer une note qui ne soit pas en dehors de la portée (en incluant les lignes supérieures et inférieures).

A. 4
B. 5
C. 7
D. 8
E. 9

Question 7 : Jessica lit un livre en 5 heures. Il comporte 190 pages de 38 lignes de 10 mots. En combien de temps lit-elle un mot ?

A. 0,25 seconde environ
B. 4 secondes environ
C. 5 secondes
D. 18 secondes
E. 20 secondes

Question 8 : La machine à café verse une boisson en 12 secondes. Sachant qu'un gobelet peut-être assimilée à un cylindre de 8 cm de hauteur et de diamètre 6 cm. Quel est le débit en litres par seconde (l/s) de la machine à café ? Par commodité, vous admettrez que $\pi \approx 3$.

A. 0,216
B. 1,8
C. 18
D. 2,16
E. 0,018

Question 9 : Jessica a oublié le numéro de téléphone (à 10 chiffres) de sa meilleure amie. Elle se souvient uniquement des deux premiers numéros. Combien a-t-elle de possibilités de numéros sachant que le même chiffre peut apparaître plusieurs fois ?

A. 8^8
B. $\binom{10}{8}$
C. 10 !
D. A_{10}^{8}
E. On ne peut calculer le nombre de possibilités

Question 10 : Jacques place 100 € sur un compte qui lui rapporte chaque mois 10 % de sa mise de départ. Au bout de combien de temps verra t il son capital triplé ?

A. 10 mois

B. 1 an et 8 mois

C. 1 an et 10 mois

D. 18 mois

E. 1 an

Question 11 : Cathy va à la gym. Elle a le choix entre deux formules à l'année :

Formule A : elle paie un abonnement de 100 € à l'année plus 10 € à chaque séance hebdomadaire.

Formule B : elle paie 12 € à chaque séance hebdomadaire.

Par commodité dans les calculs on admettra qu'une année comporte 52 semaines

Quelle est la formule la plus avantageuse ?

A. Formule A à 620 €

B. Formule B à 620 €

C. Formule A à 520 €

D. Formule B à 544 €

E. Les deux formules sont équivalentes

Question 12 : Alexandre joue aux dés. Il lance deux dés. Il gagne 10 € s'il obtient un produit multiple de trois sinon il perd 10 €. Il n'y a pas mise de départ. Quelle est l'affirmation exacte ?

A. Le jeu est défavorable à Alexandre

B. Le jeu est favorable à Alexandre

C. Le jeu est équitable

D. La moyenne est nulle

E. La moyenne est négative

Question 13 : Un train part à 12 h 03 de Paris en direction d'une ville distante de 120 km. Son trajet dure en tout 2 h 50. Sachant qu'il y a eu 10 minutes d'arrêt, quelle est la vitesse du train ?

A. 0,75 km/h

B. 45 km/h

C. Environ 42 km/h

D. Environ 40 km/h

E. On ne peut pas calculer la vitesse du train.

Question 14 : Quel est le nombre dont la racine cubique est 8 ?

A. 2

B. 4

C. 8

D. 64

E. 512

Question 15 : Francesca pratique l'équitation. Elle s'entraîne au pas en parcourant le manège. On assimile sa trajectoire à un cercle de 100 mètres de diamètre. Elle parcourt en tout 20 km. Combien a-t-elle fait de tours ?

Par commodité on admettra que $\pi \approx 3$

A. Environ 128

B. Environ 100

C. Environ 67

D. Environ 20

E. Environ 3

Sous-test 3 : Raisonnement argumentation

20 mn

Consignes :

L'épreuve Raisonnement est constituée de 15 questions pour chacune desquelles le candidat doit analyser une situation-problème qui lui est présentée dans un petit paragraphe, avant de répondre à une question. Il s'agit d'une épreuve de raisonnement logique qui ne nécessite pas de connaissance approfondie des principes fondamentaux de la logique formelle.

Les deux formes de raisonnement, inductif et déductif, sont évaluées. Les situations-problèmes présentent des contextes problématiques parfois relativement flous et pour lesquels deux types de bonnes réponses sont proposés. Pour le premier type, la bonne réponse est explicitement unique. Pour le deuxième type – ce qui constitue une situation de prise de décision fréquente dans la vie quotidienne –, plusieurs réponses sont possibles et le candidat doit alors choisir celle qui convient le mieux.

Attribution des points :

- 4 points par réponse juste
- – 1 point par réponse fausse
- 0 point par non réponse

Question 1 : « Verre » et « vert » sont des...

A. Synonymes

B. Paronymes

C. Homonymes

D. Hétéronymes

E. Antonymes

Question 2 : Combien y a-t-il d'anagrammes du mot JOIE ?

A. 8

B. 16

C. 24

D. 40

E. 128

Question 3 : Pierre est plus grand que son petit frère mais est aussi plus grand que son frère aîné. Qui est plus petit de la famille ?

A. Pierre
B. Le cadet
C. Le puîné
D. L'aîné
E. On ne peut pas répondre à la question

Question 4 : Il a dit : « S'il n'y a pas de confiture, je ne prendrai pas de petit déjeuner chez Clément ». Cette phrase signifie :

A. S'il n'y a pas de confiture, il prendra son petit déjeuner chez Clément
B. S'il n'y a pas de confiture, il prendra son petit déjeuner dans un autre endroit que chez Clément
C. S'il y a de la confiture, il prendra son petit déjeuner chez Clément
D. S'il y a de la confiture, il est possible qu'il prenne son petit déjeuner chez Clément
E. Aucune de ces propositions n'est correcte

Question 5 : Pauline participe à un jeu télévisé. Elle remporte le premier prix, à savoir des bons d'achats pour faire du shopping, si elle répond correctement aux 10 questions. Les 10 questions ont chacune 5 choix possibles, dont un seul est correct. Quelle est la bonne réponse ?

A. Pauline n'a aucune chance de remporter le cadeau
B. Pauline a une chance sur 5 de répondre correctement à chaque question
C. Pauline est sûre de remporter le premier prix
D. Pauline remporte le cadeau avec une probabilité de 0,2
E. Aucune de ces affirmations n'est correcte

Question 6 : Jacques veut se faire un café. Pour cela il a le choix parmi cinq couleurs différentes dans un récipient contenant des capsules. Seules deux couleurs sont à son goût. Quelle est la probabilité qu'il soit satisfait ?

A. 0,05
B. 0,02
C. 0,01
D. $0{,}05^2$
E. On ne peut pas répondre à la question

Question 7 : Que signifie le proverbe suivant : « Tel est pris qui croyait prendre ».

A. Il ne faut pas être trop envieux
B. Il s'est fait prendre à son propre piège
C. Il s'est fait prendre la main dans le sac
D. Il ne faut pas trop espérer
E. Aucune des propositions n'est correcte

Question 8 : Extrait de *Cinna*, Corneille

« Lui céder, c'est ta gloire, et le vaincre, ta honte ; »

Acte I scène 1 Emilie

Ce vers signifie :

A. Céder est honteux et vaincre est glorieux

B. Il ne faut pas céder

C. Il ne faut pas vaincre

D. Céder est glorieux et vaincre honteux

E. Aucune proposition n'est correcte

Question 9 : Jean joue au tiercé. Combien a-t-il de possibilités de choisir les trois chevaux dans leur ordre d'arrivée ? Il y a en tout 10 chevaux.

A. 10

B. 3

C. 10×9

D. 720

E. Impossible à déterminer

Question 10 : Que signifie la citation suivante de Sophocle ?
« De tous les maux, les plus douloureux sont ceux que l'on s'est infligés à soi-même. »

A. On se crée ses problèmes

B. On ne se crée jamais de problème

C. On est responsable de sa douleur

D. On n'est pas responsable de sa douleur

E. Aucune des propositions n'est correcte

Question 11 : Que signifie la citation suivante de Voltaire ?
« L'éducation développe les facultés, mais ne les crée pas. »

A. L'éducation permet de révéler ses facultés déjà présentes

B. L'éducation empêche les facultés de s'exprimer

C. L'éducation empêche toute créativité

D. L'éducation crée les facultés

E. Aucune des propositions n'est correcte

Question 12 : Que signifie la citation suivante d'Aristote ?
« Qui chérit à l'excès sait haïr à l'excès. »

A. On aime ce que l'on hait

B. Celui qui sait chérir excessivement, sait aussi haïr de manière démesurée

C. On n'aime pas ce que l'on hait

D. On fuit ce que l'on chérit et ce que l'on hait

E. Aucune de ces propositions n'est correcte

Question 13 : Dans un club de sport les participants peuvent pratiquer un ou deux sports parmi le foot et le volley. Sachant qu'il y a 1000 membres, que 500 pratiquent exclusivement le foot et 250 pratiquent exclusivement le volley. Enfin 250 pratiquent les deux sports. Vous pouvez en déduire que :

A. Aucun ne pratique aucun sport

B. 250 ne pratiquent aucun sport

C. 500 pratiquent le volley
D. 250 pratiquent un seul sport
E. 750 pratiquent deux sports

Question 14 : Que signifie la phrase suivante ?
« Ils ne sont pas sans avoir quelques problèmes »

A. Ils ont quelques problèmes
B. Ils n'ont aucun problème
C. Ils n'ont que des problèmes
D. Ils n'ont qu'un seul problème
E. Aucune de ces propositions n'est correcte

Question 15 : Un article de journal est composé de vingt mille signes. Sachant qu'un feuillet contient 1 500 signes, combien y a-t-il de feuillets dans cet article ?

A. 1500
B. 20 000
C. 13
D. Environ 13, 33
E. Environ 15, 33

Sous-test 4 : Conditions minimales

20 mn

Consignes :

Cette épreuve vise à contrôler la capacité d'analyse de la pertinence d'informations en vue de la résolution d'un problème. Ce sous-test repose sur le même champ de compétence que l'épreuve de Calcul.

Chacun des énoncés de cette épreuve comprend généralement des informations initiales (qui à elles seules ne permettent pas de répondre à la question), et deux informations notées (1) et (2) correspondant chacune d'elles à une information complémentaire.

Le candidat doit décider si l'une des propositions (1) ou (2), ou les deux combinées fournissent des informations suffisantes pour répondre à la question. Plus précisément, le candidat doit choisir l'une des 5 réponses **A**, **B**, **C**, **D** ou **E** définies comme suit :

A. Si l'information (1) permet à elle seule de répondre à la question, et si l'information (2) à elle seule ne permet pas de répondre à la question.

B. Si l'information (2) permet à elle seule de répondre à la question, et si l'information (1) à elle seule ne permet pas de répondre à la question.

C. Si les deux informations (1) et (2) ensemble permettent de répondre à la question, et aucune séparément ne le peut.

D. Si chaque information permet séparément de répondre à la question.

E. Si les deux informations ensemble ne permettent pas de répondre à la question.

REMARQUE

S'il s'agit d'un énoncé de géométrie comportant une figure, alors cette dernière ne tiendra compte que des informations contenues dans l'énoncé proprement dit, compte non tenu des informations (1) et (2).

Attribution des points :

- 4 points par réponse juste
- – 1 point par réponse fausse
- 0 point par non réponse

Question 1 : Combien y a-t-il de signes dans l'article de Claude ?

(1) Son article contient 10 feuillets

(2) Un feuillet est égal à 1 500 signes

Question 2 : Combien y a-t-il de possibilités pour Alexandre de piocher 4 cartes ?

(1) Il pioche 4 cartes sans remise

(2) Il souhaite avoir les 4 rois

Question 3 : Quelle est l'unité de la grandeur évoquée ?

(1) La masse volumique est le rapport du volume sur la masse

(2) La masse s'exprime en kg et le volume en mètres cube.

Question 4 : Quelle est l'image de 2 par f ?

(1) $f(x) = x^2 + 2x + 2$

(2) f est un polynôme de degré 2

Question 5 : Quel est l'antécédent de 2 par f ?

(1) $f(3) = 4$

(2) $f(1) = 2$

Question 6 : Quelle est la vitesse du train A ?

(1) Deux trains A et B se croisent à une vitesse de 120 km/h

(2) Le train B roule à une vitesse constante de 65 km/h

Question 7 : Quel est la surface de l'appartement de Stéphanie ?

(1) L'appartement de Stéphanie est un studio

(2) Le volume de son appartement est de 20 mètres cube

Question 8 : Quel est le plus grand entier impair vérifiant :

(1) La somme de trois entiers impair consécutifs est égale à 303

(2) Le plus petit de ces entiers consécutifs est 99

Question 9 : Déterminez les réels x et y :

(1) x est égal au quadruple de y

(2) x est positif et y est strictement positif

Question 10 : Déterminez le 2e terme de la suite définie par :

(1) U_n est arithmétique de raison 3

(2) Le premier terme de la suite est donné par $U_0 = 1$

Question 11 : Quel est le prix du sac de Vanessa ?

(1) Le sac de Vanessa est en toile

(2) Le sac de Vanessa coûte en euros le carré de la racine cubique de 1 728

Question 12 : Combien y a-t-il de possibilités de réussir le test ?

(1) Pour réussir le test, il faut répondre correctement à au moins trois questions sur cinq

(2) Il y a quatre réponses possibles par question dont une seule est correcte

Question 13 : Quel est le nombre cherché ?

(1) Le nombre cherché est un nombre pair

(2) Il est égal au quadruple du carré de 2

Question 14 : Combien y a-t-il de pieds dans le restaurant ?

(1) Le restaurant a 25 chaises de quatre pieds

(2) Le restaurant a 12 tables de trois pieds

Question 15 : Quelle est la longueur de la hauteur du triangle ABC ?

(1) ABC est isocèle en A

(2) ABC a ses deux côtés égaux à 4

Sous-test 5 : Expression

20 mn

Consignes :

Cette épreuve comporte différents types d'exercices :

- Évaluer le degré de synonymie dans les reformulations.
- Choisir la formulation qui reprend le mieux (correction et clarté) l'énoncé initial.
- Choisir les mots qui assurent la cohérence du texte.

Attribution des points :

- 4 points par réponse juste
- – 1 point par réponse fausse
- 0 point par non réponse

1. Recherche de synonymie

Questions 1 à 5 : Trouvez la formule la plus proche des mots ou groupes de mots soulignés.

Question 1 : Extrait de *Les rayons et les Ombres*, « La statue », Victor Hugo

Et, sans froisser d'un mot son oreille blessée, (...)

Ce vers signifie :

A. Être délicat dans les paroles choisies pour ne pas blesser davantage la personne à qui on s'adresse

B. Ne pas chiffoner davantage l'oreille blessée

C. Ne pas adresser à la parole

D. Oser parler à la personne

E. Ne pas faire de bruit

Question 2 : Extrait de *Cinna*, Corneille

« Les honneurs sont vendus aux plus ambitieux,
L'autorité livrée aux plus séditieux. »

A. Lâches

B. Provocateurs

C. Soumis

D. Introvertis

E. Extravertis

Question 3 : Afin de réaliser une étude les statisticiens avaient besoin d'un échantillon exhaustif.

A. Pour réaliser cette étude, les statisticiens avaient besoin d'un petit échantillon.

B. Pour réaliser cette étude, les statisticiens avaient besoin d'un échantillon de petite taille.

C. Pour réaliser cette étude, les statisticiens avaient besoin d'un échantillon complet.

D. Pour réaliser cette étude, les statisticiens avaient besoin d'un échantillon incomplet.

E. Pour réaliser cette étude, les statisticiens avaient besoin d'un échantillon représentatif.

Question 4 : Elle n'est pas très à l'écoute de ses amis malgré sa grande empathie

A. Autosatisfaction

B. Sans gêne

C. Gentillesse

D. Compassion

E. Sympathie

Question 5 : Il s'exprime avec un ton élégiaque.

A. Il s'exprime haut et fort

B. Il s'exprime de manière joyeuse

C. Il s'exprime de manière agressive

D. Il s'exprime doucement

E. Il s'exprime tristement

2. Correction d'expressions incorrectes

Questions 6 à 10 : Corriger les phrases soulignées en choisissant la formulation correcte parmi les cinq proposées.

Question 6 : Jean a amené des livres et apporté sa sœur au dîner de Pierre.

A. Jean a apporté des livres et amené sa sœur au dîner à Pierre.
B. Jean a apporté des livres et amené sa sœur au dîner de Pierre.
C. Jean a amené des livres et apporté sa sœur au dîner à Pierre.
D. Jean a amené des livres et apporté sa sœur au dîner de Pierre.
E. Jean a apporté des livres et apporté sa sœur au dîner à Pierre.

Question 7 : Il dut revenir passer son examen. Il en fut décontenancé.

A. Il dût revenir passer son examen. Il en fut décontenancé.
B. Il dû revenir passer son examen. Il en fût décontenancé.
C. Il dut revenir passer son examen. Il en fût décontenancé.
D. Il dû revenir passer son examen. Il en fut décontennancé.
E. Il dut revenir passer son examen. Il en fut décontenancé.

Question 8 : Les amours de jeunesse sont belles. Elles sont une source d'inspiration à de nombreux poètes et écrivains.

A. Les amours de jeunesse sont belles. Elles sont une source d'inspiration pour de nombreux poètes et écrivains.
B. Les amours de jeunesse sont beaux. Ils sont une source d'inspiration de nombreux poètes est écrivains.
C. Les amours de jeunesse sont belles. Elles sont une source d'inspiration à de nombreux poètes est écrivains.
D. Les amours de jeunesses sont belles. Elles sont une source d'inspiration pour de nombreux poètes est écrivain.
E. Les amours de jeunesse sont beaux. Ils sont une source d'inspiration pour de nombreux poètes et écrivains.

Question 9 : La capitale de l'Australie est Canberra. Il est possible d'y voir des kangourous

A. La capitale de l'Australie est Camberra. Il est possible d'y voir des kangourous
B. La capitale de l'Australie est Canberra. Il est possible d'y voir des kangourous
C. La capital de l'Australie est Canberra. Il est possible d'y voir des kangourous
D. La capitale de l'Australie est Canberra. Il est possible d'y voire des kangourous
E. La capital de l'Australie est Camberra. Il est possible d'y voire des kangourous

Question 10 : Repasse ton juste au corps pour être impeccable lors de ta représentation.

A. Repasses ton juste au corps pour être impecable lors de ta représentation.
B. Repasses ton justaucorps pour être impecable lors de ta représentation.
C. Repasse ton justaucorps pour être impeccable lors de ta représentation.
D. Repasse ton juste au corps pour être impeccable lors de ta représentation.
E. Repasses ton juste-au-corps pour être impeccable lors de ta représentation.

3. Textes à compléter avec cohérence

Question 11 : « Aucun bonheur n'est possible dans l'ignorance, la certitude ... fait la vie calme. » Émile Zola.

A. Seule
B. Première
C. Fière
D. Fidèle
E. Grande

Question 12 : Qui aime bien ... bien

A. Châtie
B. Haït
C. Trahi
D. Délaisse
E. Méprise

Question 13 : « C'est le privilège du vrai génie, et surtout du génie, qui ouvre une carrière de faire impunément de grandes... », Voltaire

A. Gloires
B. Réussites
C. Choses
D. Joies
E. Fautes

Question 14 : Malgré leur ... de l'autre jour, ils se sont réconciliés.

A. Querelle
B. Problèmes
C. Empathie
D. Courtoisie
E. Gentillesse

Question 15 : Il pioche ... des boules. Les tirages sont donc non indépendants.

A. Avec remise
B. Sans remise
C. Simultanément
D. Instantanément
E. Régulièrement

Sous-test 6 : Logique

20 mn

Question 1 : Complétez la série suivante

121
196
118 – 234 – ? – 102 – 207
289
225

A. 144
B. 405
C. 651
D. 324
E. 678

Question 2 : Complétez la série suivante

144
121
343 – 512 – ? – 125 – 216
225
196

A. 729
B. 125
C. 625
D. 1
E. 234

Question 3 : Complétez la série suivante

225
125
423 – 424 – ? – 426 – 227
285
245

A. 125
B. 425
C. 315
D. 324
E. 121

Question 4 : Complétez la série suivante

108
120
100 – 121 – ? – 169 – 196
288
132

A. 484
B. 156
C. 225
D. 321
E. 144

Question 5 : Complétez la série suivante

154
231
400 – 220 – ? – 202 – 112
242
253

A. 121
B. 234
C. 324
D. 352
E. 326

Question 6 : Complétez la série suivante

AZL
FNZ
FMN – LMW – ? – ETM – NZW
MWK
MWM

A. ZXE
B. ZFW
C. WZL
D. LKH
E. TZX

Question 7 : Complétez la série suivante

AZE
TZR
RFG – SYR – ? – UYO – VRT
UZI
PZT

A. YZT
B. TRZ
C. RED
D. TZA
E. CZS

Question 8 : Complétez la série suivante

OUA
UOA
AEY – AUE – ? – AOI – AEO
OAU
AOU

A. AEU
B. UIA

C. AEO
D. AOU
E. UAO

Question 9 : Complétez la série suivante

ADF
BGT
ABK – BCL – ? – DEN – EFO
DRT
EIO

A. CDM
B. ABM
C. DFR
D. MKJ
E. DRF

Question 10 : Complétez la série suivante

ABG
KLY
RFS – KTL – ? – WSX – NLO
RSD
GHY

A. FHT
B. VXG
C. TUZ
D. ZZG
E. ABB

Question 11 : Complétez la série de symboles

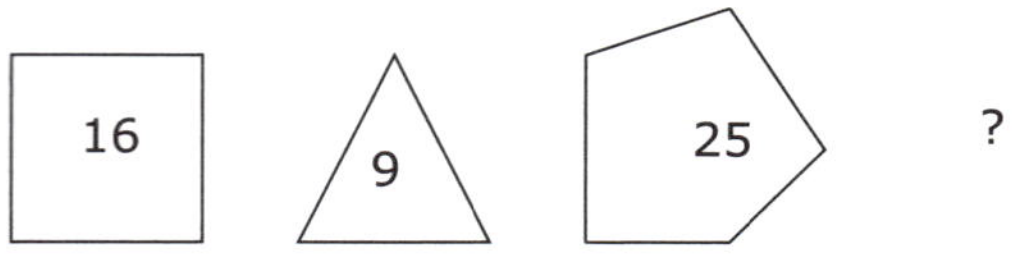

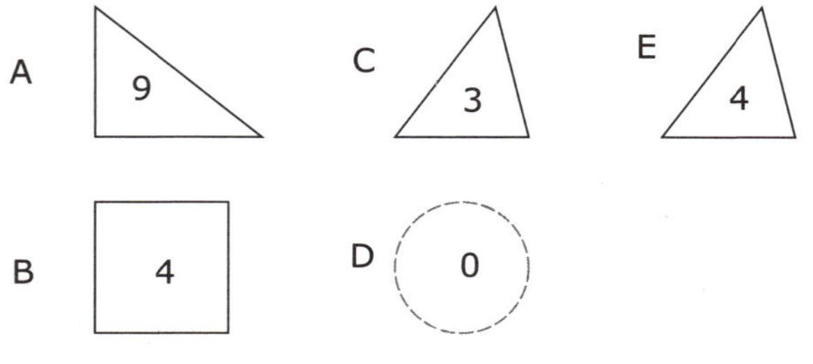

Question 12 : Complétez la série de symboles

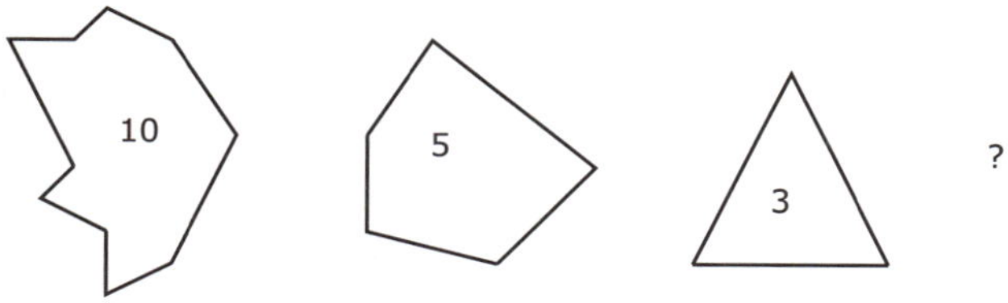

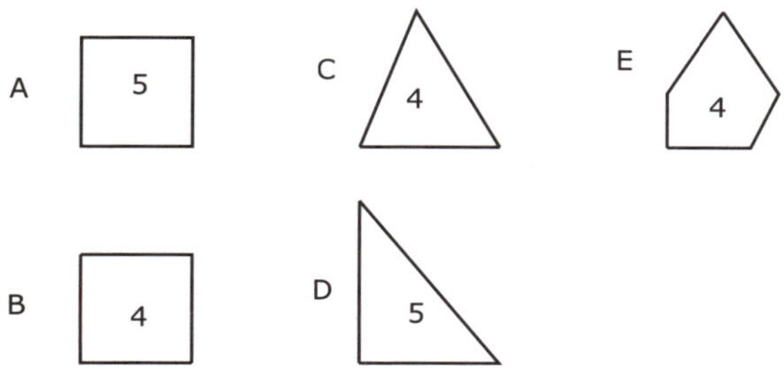

Question 13 : Complétez la série de symboles

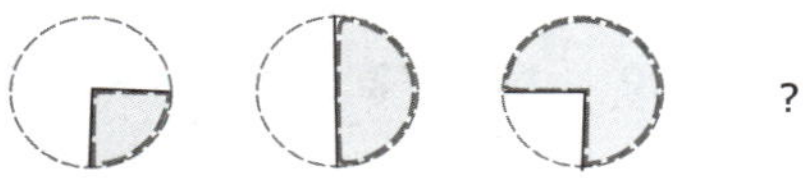

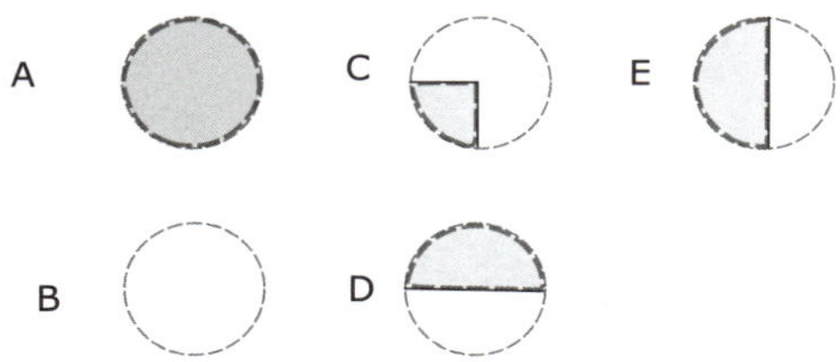

Question 14 : Complétez la série de symboles

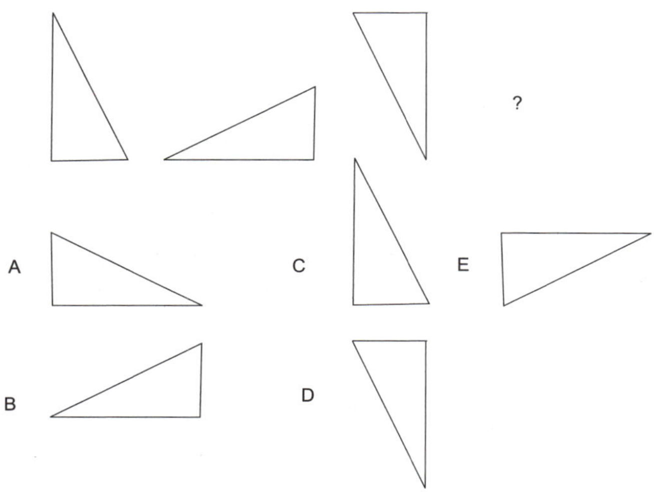

Question 15 : Complétez la série de symboles

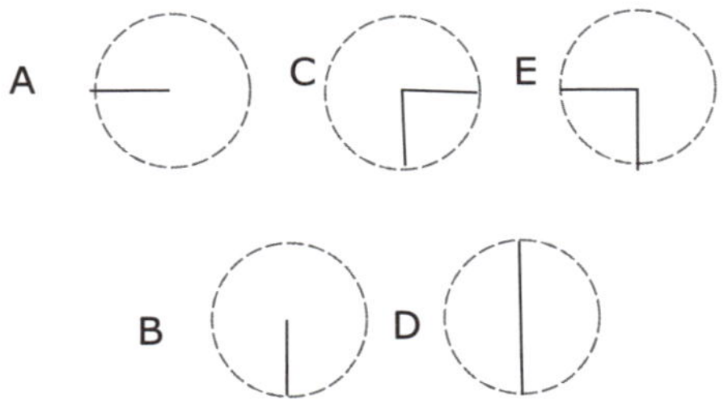

Corrigés

Sous-test 1 : Compréhension de textes

Tableau des réponses

1	2	3	4	5	6	7	8	9	10	11	12	13	14	15
E	C	A	C	B	B	B	B	E	A	A	C	A	E	D

Score entre – 15 et 60 : .../60

Réponses détaillées

1. Keynes a publié la *Théorie générale de l'emploi, de l'intérêt et de la monnaie*. La bonne réponse est **E**.
2. John Hicks a présenté le modèle IS-LM dès 1937. La bonne réponse est **C**.
3. Le champ économique a été divisé en deux composantes : la microéconomie et la macroéconomie. La bonne réponse est **A**.
4. Les nouveaux classiques sont regroupés autour de Robert Lucas. La bonne réponse est **C**.
5. Un paradigme est un modèle. La bonne réponse est **B**.
6. Le terme « Lapidaire » est employé pour désigner un professionnel du travail de pierres précieuses. La bonne réponse est **B**.
7. Un ducaton est une ancienne monnaie. La bonne réponse est **B**.
8. Chaque strophe est composée de six vers. Il s'agit donc de sizains. La bonne réponse est **B**.
9. Chaque vers est composé de sept syllabes ou pieds. Ce sont donc des heptasyllabes. La bonne réponse est **E**.
10. Le mil est une sorte de céréale. La bonne réponse est **A**.
11. Les principaux destructeurs de l'ozone sont les composés contenant du chlore et les composés contenant du brome. La bonne réponse est **A**.

12. Le tétrachlorure de carbone est un composé chloré. La bonne réponse est **C**.

13. Les CFC sont utilisés dans les dispositifs de climatisation. La bonne réponse est **A**.

14. Le CFC ne se décomposent pas dans la troposphère. La bonne réponse est **E**.

15. Les composés contenant du brome sont issus du halon, gaz utilisé pour la lutte contre les incendies. La bonne réponse est **D**.

Sous-test 2 : Calcul

Tableau des réponses

1	2	3	4	5	6	7	8	9	10	11	12	13	14	15
A	C	B	E	D	E	A	E	A	B	A	B	B	E	C

Score entre – 15 et 60 : .../60

Réponses détaillées

1. En un mois composé de 30 jours, il y a $30 \times 24 \times 3600 = 2\,592\,000$ secondes. La bonne réponse est **A**.

2. La note médiane est 12/20 signifie qu'il y a autant de notes supérieures que de notes inférieures à 12/20. La bonne réponse est **C**.

3. Le stage de Vanessa dure en semaines $6 \times 4 = 24$ semaines. La bonne réponse est **B**.

4. L'aire d'un disque de rayon 1 mètre est égale à $\pi \times 1^2 = \pi$ m^2. La masse surfacique est donc égale à $\frac{10}{\pi} \approx 3{,}183$ kg/m^2. La bonne réponse est **E**.

5. Pour la première étape, Francesca a cinq possibilités car il y a cinq portes. Pour la seconde étape, elle a aussi cinq possibilités. Ainsi elle a en tout $5 \times 5 = 25$ possibilités de chemins. La bonne réponse est donc **D**.

6. En incluant les lignes supérieures et inférieures, il y a neuf possibilités de placer une note sur une portée. La bonne réponse est **E**.

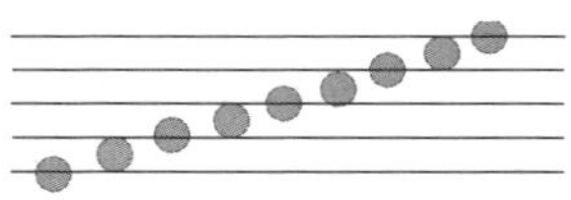

7. Le livre comporte $190 \times 38 \times 10 = 72\,200$ mots. Jessica a donc mis 5 h pour lire 72 200 mots. Elle lit donc un mot en $5 \div 72\,200 \times 3600 = 0{,}25$ secondes environ. Il ne faut pas oublier de convertir les heures en secondes, d'où la multiplication par 3600. La bonne réponse est donc **A**.

8. Le volume d'un cylindre est donné par la formule : V = Aire de base $\times$ hauteur = $\pi R^2 \times$ hauteur. Ainsi le volume d'un gobelet est égal à $3^2\pi \times 8 = 216$ cm^3 en admettant $\pi = 3$. Le débit est égal au quotient $\frac{\text{débit}}{\text{temps}} = \frac{0{,}216}{12} = 0{,}018$ litres par seconde. La bonne réponse est donc **E**.

9. Jessica a donc huit chiffres à découvrir. Pour cela elle a 8 possibilités à chaque fois car le même chiffre peut apparaître plusieurs fois. Elle a donc 8^8 possibilités de numéros. La bonne réponse est donc **A**.

10. Chaque mois Jacques perçoit 10 % de sa mise de départ. Il reçoit donc 10 euros par mois. Il aura triplé sa mise lorsqu'il aura 300 euros sur son compte. En notant m le nombre de mois nécessaires pour tripler son capital, vous avez la relation : $10m + 100 = 300$, ce qui donne $m = 20$. Jacques aura triplé son capital dans 20 mois, c'est-à-dire dans 1 an et 8 mois. La bonne réponse est donc **B**.

11. Cathy paie en optant pour la formule A un montant de $100 + 10 \times 52 = 100 + 520 = 620$ euros. Elle paie $12 \times 52 = 624$ euros en choisissant la formule B. La formule la plus avantageuse est donc la formule A avec un tarif à l'année de 620 euros. La bonne réponse est **A**.

12. Multiples de 3 possibles en effectuant le produit des deux chiffres obtenus :

$1 \times 3 = 3 \rightarrow$ 2 possibilités (1 en 1er et 3 en 2e ou 3 en 1er et 1 en 2e)

$1 \times 6 = 6 \rightarrow$ 2 possibilités

$2 \times 3 = 6 \rightarrow$ 2 possibilités

$2 \times 6 = 12 \rightarrow$ 2 possibilités

$3 \times 3 = 9 \rightarrow$ 1 possibilité

$3 \times 4 = 12 \rightarrow$ 2 possibilités

$3 \times 5 = 15 \rightarrow$ 2 possibilités

$3 \times 6 = 18 \rightarrow$ 2 possibilités

$4 \times 6 = 24 \rightarrow$ 2 possibilités

$5 \times 6 = 30 \rightarrow$ 2 possibilités

$6 \times 6 = 36 \rightarrow$ 1 possibilités

En tout Alexandre a 20 possibilités d'avoir un multiple de 3 en effectuant le produit des numéros obtenus.

Ainsi en notant X la variable aléatoire de Bernoulli égale à 1 si Alexandre obtient un multiple de 3 et 0 sinon, vous obtenez :

X	**0**	**1**
$P(X = x)$	$\frac{16}{36} = \frac{8}{18} = \frac{4}{9}$	$\frac{20}{36} = \frac{10}{18} = \frac{5}{9}$

$$E(X) = 0 \times \frac{4}{9} + 1 \times \frac{5}{9} = \frac{5}{9}$$

En notant G le gain d'Alexandre, vous avez de manière évidente la loi de G :

G	**−10**	**10**
$P(G = x)$	$\frac{4}{9}$	$\frac{5}{9}$

$E(G) = -10 \times \frac{4}{9} + 10 \times \frac{5}{9} = \frac{-40}{9} + \frac{50}{9} = \frac{10}{9} > 0$ donc le jeu est favorable à Alexandre.

La bonne réponse est donc **B**.

13. Le train roule pendant 2h50 moins les 10 minutes d'arrêt, soit 2h40. Soit 2h + $\frac{2}{3}$ h $= \frac{8}{3}$ h. Pour avoir la vitesse, il vous suffit de diviser la distance par la durée, soit : $120 \div \frac{8}{3} = 120 \times 3 \div 8 = 360 \div 8 = 45$ km/h. La bonne réponse est donc **B**.

14. Le cube de 8 est égal à 512. Ainsi la bonne réponse est **E**.

15. La circonférence d'un cercle est égale à 2πR, où R = rayon du cercle. Dans cet exercice le rayon = 100 ÷ 2 = 50 mètres. Ainsi Francesca parcourt 100π ≈ 300 mètres par tour en admettant que π ≈ 3. Le nombre de tours est égal au quotient $\frac{20000}{300} \approx 67$ tours. La bonne réponse est **C**.

Sous-test 3 : Raisonnement / Argumentation

Tableau des réponses

1	2	3	4	5	6	7	8	9	10	11	12	13	14	15
C	C	E	E	B	E	B	D	D	A	A	B	A	A	D

Score entre – 15 et 60 : .../60

Réponses détaillées

1. « Verre » et « vert » sont des homonymes. Ils se prononcent de la même manière mais n'ont ni le même sens ni la même orthographe. La bonne réponse est **C**.

2. Le mot JOIE a 4 × 3 × 2 × 1 = 24 anagrammes. La bonne réponse est **C**.

3. À partir de l'énoncé, vous pouvez seulement déduire que Pierre est le plus grand de la famille. Vous ne pouvez rien conclure en ce qui concerne le plus petit de la fratrie en taille. La bonne réponse est **E**.

4. Aucune des propositions n'est correcte. Ainsi la bonne réponse est **E**.

5. Pauline a une chance sur cinq de bien répondre à chaque question. Ainsi la seule bonne réponse est **B**. La probabilité qu'elle réponde correctement aux 10 questions est $0{,}2^{10}$. Donc seule la réponse **B** est correcte.

6. Vous n'avez pas le nombre total de capsules dans le récipient. Vous ne pouvez donc pas en déduire la probabilité demandée. La bonne réponse est **E**.

7. « Tel est pris qui croyait prendre » signifie qu'il s'est fait prendre à son propre piège. La bonne réponse est **B**.

8. Le vers « Lui céder, c'est ta gloire, et le vaincre, ta honte » signifie que céder est glorieux et vaincre est honteux. La bonne réponse est **D**.

9. Jean a $A_{10}^{3} = \frac{10!}{(10-3)!}\frac{10!}{7!} = 10 \times 9 \times 8 = 720$ possibilités de tiercés. La bonne réponse est **D**.

10. La citation de Sophocle signifie que l'on se crée bien souvent des maux ou des problèmes. La bonne réponse est donc **A**.

11. La citation de Voltaire signifie que l'éducation permet de mettre en valeur des facultés ou des dons déjà présents chez l'individu. Mais elle ne permet pas d'en créer. La bonne réponse est donc **A**.

12. La citation d'Aristote signifie que celui qui est excessif dans son amour l'est aussi dans sa haine. La bonne réponse est ainsi **B**.

13. Il est clair qu'il n'y a aucun membre du club qui ne pratique aucun sport. La bonne réponse est donc **A**.

14. Ils ne sont pas sans avoir quelques problèmes signifie qu'ils ont quelques problèmes. La bonne réponse est **A**.

15. Pour obtenir le nombre de feuillets, il vous suffit d'effectuer le calcul suivant : $20\,000 \div 1\,500 \approx 13{,}33$. La bonne réponse est **D**.

Sous-test 4 : Conditions minimales

Tableau des réponses

1	2	3	4	5	6	7	8	9	10	11	12	13	14	15
C	E	C	A	B	C	E	D	E	C	B	E	B	C	E

Score entre – 15 et 60 : .../60

Réponses détaillées

1. L'article de Claude a $10 \times 1500 = 15\,000$ signes. Les deux conditions ensemble permettent de répondre à la question. La bonne réponse est **C**.

2. Vous n'avez pas aussi de données pour répondre à la question. Il manque le nombre de cartes contenues dans le jeu. La bonne réponse est **E**.

3. La masse volumique est égale au rapport de la masse en kg sur le volume en mètres cube. Elle s'exprime donc en $kg.m^{-3}$. Les deux conditions ensemble permettent de répondre à la question. La bonne réponse est **C**.

4. L'image de 2 par *f* est obtenue par la première condition. Cela donne $f(2) = 2^2 + 2 \times 2 + 2 = 10$. La seconde information ne vous permet pas de répondre à la question. La bonne réponse est **A**.

5. L'antécédent de 2 par *f* est 1. Vous l'obtenez avec la seconde information. La bonne réponse est **B**.

6. En notant vA et vB les vitesses respectives des trains A et B vous obtenez : la première condition vous donne vA + vB = 120 et la seconde vous permet d'écrire vB = 65 km/h. La vitesse du train A s'obtient avec les deux conditions ensemble. Vous avez ainsi vA = 120 – 65 = 55 km/h. La bonne réponse est **C**.

7. Vous n'avez ni la surface au sol ni la hauteur de l'appartement de Stéphanie. Vous ne pouvez donc pas obtenir la surface du studio. La bonne réponse est **E**.

8. Les deux conditions séparément permettent de répondre à la question. La bonne réponse est **D**.

9. Les deux conditions seules ou séparément ne permettent pas de répondre à la question. La bonne réponse est **E**.

10. U_n est arithmétique de raison 3 et son premier terme $U_0 = 1$. Vous en déduisez le deuxième terme $U_1 = 1 + 3 = 4$. Les deux conditions sont nécessaires pour répondre à la question. La bonne réponse est **C**.

11. La seconde condition permet d'obtenir le prix du sac de Vanessa. Il coûte $(\sqrt[3]{1728})^2 = 12^2 = 144$ euros. La bonne réponse est **B**.

12. Les deux conditions combinées ne permettent pas de répondre à la question. La bonne réponse est **E**. Il vous manque le nombre total de questions.

13. La seconde condition permet de déterminer le nombre cherché : il est égal à $4 \times 2^2 = 16$. La bonne réponse est **B**.

14. Les deux conditions sont nécessaires pour répondre à la question. Le nombre de pieds est égal à $4 \times 25 + 3 \times 12 = 100 + 36 = 136$. La bonne réponse est **C**.

15. Il vous manque la longueur du troisième côté pour répondre à la question. Aucune des propositions ne vous permet de répondre à la question. La bonne réponse est **E**.

Sous-test 5 : Expression

Tableau des réponses

1	2	3	4	5	6	7	8	9	10	11	12	13	14	15
A	B	C	D	E	B	E	A	B	C	A	A	E	A	B

Score entre – 15 et 60 : .../60

Réponses détaillées

1. « Et, sans froisser d'un mot son oreille blessée » signifie qu'il faut être délicat si on s'adresse à cette personne car elle est déjà blessée intérieurement. La bonne réponse est **A**.

2. « Séditieux » signifie provocateur, perturbateur, émeutier. La bonne réponse est **B**.

3. Un échantillon exhaustif signifie un échantillon complet. La bonne réponse est **C**.

4. Une personne empathique est une personne qui peut faire preuve de compassion. La bonne réponse est **D**.

5. Un ton élégiaque signifie un ton mélancolique, plaintif. La bonne réponse est **E**.

6. Il est d'usage de dire amener une personne et non apporter une personne. Apporter se rapporte aux objets tandis qu'amener se rapporte aux personnes. Il est d'usage de dire le dîner de Pierre et non le dîner à Pierre. La bonne réponse est donc **B**.

7. Il dut revenir passer son examen. Il en fut décontenancé. La conjugaison au passé simple et à la troisième personne du singulier du verbe devoir donne « dut » et celle du verbe être donne « fut ». La bonne réponse est donc **E**.

8. Les amours de jeunesse sont belles. Elles sont une source d'inspiration pour de nombreux poètes et écrivains. « Amour » est masculin au singulier et féminin au pluriel. La bonne réponse est **A**.

9. La capitale de l'Australie est Canberra. Il est possible d'y voir des kangourous. La bonne réponse est **B**.

10. Repasse ton justaucorps pour être impeccable lors de la représentation. À l'impératif, disparition du « s » final de la deuxième personne pour tous les verbes du 1er groupe. La bonne réponse est **C**.

11. Aucun bonheur n'est possible dans l'ignorance, la certitude seule fait la vie calme. Cette phrase signifie que l'on ne peut trouver le bonheur que dans la certitude, et pas dans l'ignorance. La bonne réponse est **A**.

12. Qui aime bien châtie bien. Cela signifie que c'est une preuve d'affection que d'être dur avec quelqu'un. La bonne réponse est **A**.

13. C'est le privilège du vrai génie, et surtout du génie qui ouvre une carrière de faire impunément de grandes fautes. La bonne réponse est **E**.

14. Malgré leur querelle de l'autre jour, ils se sont réconciliés. Querelle signifie dispute. Pour qu'il y ait réconciliation, il faut d'abord qu'il ait dispute. La bonne réponse est **A**.

15. Il pioche sans remise des boules. Les tirages sont donc non indépendants. La bonne réponse est **B**.

Sous-test 6 : Logique

Tableau des réponses

1	2	3	4	5	6	7	8	9	10	11	12	13	14	15
A	D	B	E	A	B	D	D	A	E	A	B	A	E	C

Score entre – 15 et 60 : .../60

Réponses détaillées

1. Les nombres de la série horizontale sont des multiples de 3. Ceux qui composent la série verticale sont tous des carrés parfaits. Le nombre cherché doit être à la fois un multiple de trois et un carré. La bonne réponse est **A**.

2. La série horizontale n'est composée que de cubes et la série verticale que de carrés parfaits. Vous devez retenir un nombre qui soit à la fois un carré et un cube. Seul 1 vérifie cette propriété parmi les propositions. La bonne réponse est **D**.

3. La série horizontale est une suite croissante de nombres qui augmentent d'une unité à chaque étape. La série verticale n'est composée que de multiples de 5. La bonne réponse est **B**.

4. La série horizontale est une suite de nombres entiers consécutifs élevés au carré. $100 = 10^2$, $121 = 11^2$, etc. La série verticale n'est composée que de multiples de 12. Ainsi le nombre cherché est 144 qui est le carré de 12 et qui est donc aussi un multiple de 12. La bonne réponse est **E**.

5. La somme des chiffres des groupes de la série horizontale est égale à 4. La somme du 1er et du 3e chiffre de chaque terme de la série verticale est égale à son chiffre du milieu. La bonne réponse est **A**.

6. La somme des barres des termes de la série horizontale est égale à 10. La somme des barres des groupes de la série verticale augmente d'une unité à chaque étape. Ainsi le terme cherché doit avoir la somme de ses barres égale à 10. Le terme cherché est ZFW. La bonne réponse est donc **B**.

7. À chaque étape la 1re lettre de chaque terme de la série horizontale augmente d'un rang. Le groupe cherché doit commencer par T. Les termes de la série verticale ont tous un Z comme terme du milieu. La bonne réponse est donc **D**.

8. Les termes de la série horizontale commencent tous par la lettre A et ne sont composés que de voyelles. Les groupes de la série verticale ne contiennent que les trois lettres AOU. La bonne réponse est donc **D**.

9. Chaque lettre augmente d'un rang d'un terme à l'autre dans la série horizontale. La 1re lettre de chaque terme de la série verticale augmente d'un rang à chaque étape. La bonne réponse est **A**.

10. La 1re et la 3e lettre de chaque groupe se suivent d'un rang dans l'alphabet pour la série horizontale. Dans la série verticale, ce sont les 1re et 2e lettres qui sont consécutives. La bonne réponse est **E**.

11. Chaque symbole est contient un nombre à l'intérieur. Il s'agit du nombre de côtés de la figure élevé au carré. Ainsi la figure cherchée est le triangle avec 9 à l'intérieur. En effet un triangle a trois côtés et $3^2 = 9$. La bonne réponse est **A**.

12. Chaque figure comprend un nombre correspondant à son nombre de côtés. Le seul symbole qui convient est le quadrilatère avec 4 à l'intérieur. La bonne réponse est **B**.

13. La partie colorée augmente d'un quartier suivant une rotation d'angle 90° dans le sens inverse des aiguilles d'une montre (sens direct en mathématiques) à chaque étape. La bonne réponse est **A**.

14. La figure reste identique mais subit une rotation d'angle 90° dans le sens inverse des aiguilles d'une montre (sens direct en mathématiques). La bonne réponse est **E**.

15. Une aiguille de la figure subit une rotation d'angle 90° dans le sens inverse des aiguilles d'une montre (sens direct en mathématiques), tandis que l'autre reste immobile. La bonne réponse est **C**.

Calculez votre score total !

Partie	Épreuve	Score par épreuve	Score par partie	Score total
1. Résolution de problèmes	Calcul	.../60	.../120	score 1 + score 2 + score 3 /6 x100
	Conditions minimales	.../60		
2. Aptitudes verbales	Compréhension	.../60	.../120	
	Expression	.../60		
3. Raisonnement logique	Logique	.../60	.../120	**.../600**
	Raisonnement	.../60		

Tage Mage blanc 5

Sous-test 1 : Compréhension de textes

20 mn

Consignes :

Cette épreuve comporte deux textes numérotés 1 et 2. Chacun de ces textes est suivi d'une série de questions. Chaque question vous présente cinq propositions qui peuvent porter sur différents niveaux de lecture :

- Informations « isolées » contenues dans le texte ;
- Idées principales, traitées dans un ou plusieurs paragraphes ;
- Position de l'auteur telle qu'elle se reflète dans le texte, etc.

Parmi les cinq propositions présentées dans le cadre de chaque question, certaines sont en contradiction flagrante avec le texte ; d'autres abordent des aspects qui n'y sont pas traités ; d'autres encore se rapprochent plus ou moins de ce qui est exprimé – directement ou indirectement – dans ce même texte.

La seule proposition considérée comme exacte est celle qui se rapproche le plus de ce qui est dit dans le texte. Les quatre autres propositions sont considérées comme fausses.

Attribution des points :

- 4 points par réponse juste
- – 1 point par réponse fausse
- 0 point par non réponse

Texte 1 : Extrait de *Sciences Economiques*, Bertrand Blancheton, p. 182-183, Dunod

Le triangle des incompatibilités

Le triangle des incompatibilités développé par R. Mundell puis par T. Padao-schioppa stipule qu'en économie, on ne peut pas avoir simultanément :

- une parfaite intégration financière internationale ;
- une parfaite stabilité du cours de change ;
- une parfaite autonomie de la politique monétaire.

Ainsi dans un environnement de parfaite mobilité internationale des capitaux, le maintien de la stabilité du change contraint les responsables à sacrifier l'autonomie monétaire. Ils doivent se tenir prêts à relever le taux d'intérêt pour attirer les capitaux et préserver les cours de change.

À l'inverse, un gouvernement qui souhaite concilier stabilité du change et marge de manœuvre de politique monétaire doit tenter de contrôler les mouvements de capitaux.

Visualisation

Seules les combinaisons de régime de change, de mobilité des capitaux et de politique monétaire situées à l'intérieur du triangle ACF sont viables.

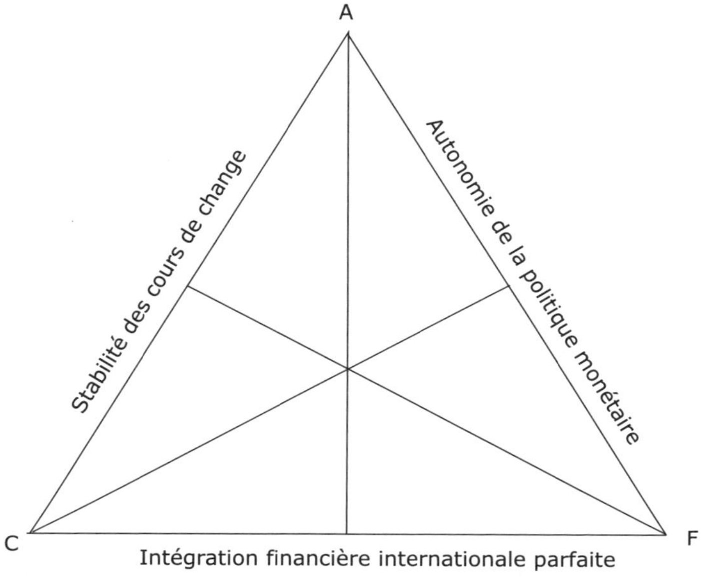

En tout point de la droite CF, l'intégration financière est parfaite. Plus on avance à l'intérieur du triangle, moins les capitaux sont mobiles jusqu'au point A qui représente une situation d'autarcie financière.

En tout point de la droite AC, la stabilité de change est totale. Plus on avance à l'intérieur du triangle, moins la fixité est forte jusqu'au point F qui représente une situation de flottement pur.

En tout point de la droite AF, l'autonomie de la politique monétaire est pleine et entière. Plus on avance dans le triangle, moins l'autonomie est grande jusqu'au point C qui traduit un renoncement à toute marge de manœuvre de politique monétaire.

Analyse historique des systèmes monétaires internationaux

Le triangle des incompatibilités offre un cadre d'analyse pour mettre en perspective historique les évolutions du système monétaire international.

L'histoire du système monétaire international peut être caractérisée par un enchaînement de sacrifices :

- En étalon-or, l'autonomie de la politique monétaire est sacrifiée. Ce régime se caractérise par la fixité des cours de change dans un environnement de très forte intégration financière internationale.
- Durant l'entre-deux-guerres, la stabilité du taux de change paraît abandonnée, sans pour autant que les autorités utilisent correctement les marges de politique monétaire offertes à l'époque.

De nombreuses erreurs sont commises dans la conduite de la politique monétaire : déflation anglaise dans les années 1920, hyperinflation allemande dans les années 1922-1923, stratégie de la Fed face à la crise de 1929 aux États-Unis...

- Sous Bretton Woods, les mouvements internationaux de capitaux sont contrôlés. Le système se caractérise par la coexistence d'un régime de changes fixes ajustables et la possibilité pour les autorités d'exploiter des marges de manœuvre de politique monétaire.
- Au cours de la période contemporaine, l'intégration financière est une donnée qui contraint les autorités à choisir entre deux solutions dites de coin en référence au triangle ; il faut soit se situer en flottement pur (point F), soit en complète fixité et renoncer à l'autonomie de la politique monétaire (point E).

Chacun des systèmes peut être situé au sein du triangle comme le montre le graphique ci-dessous.

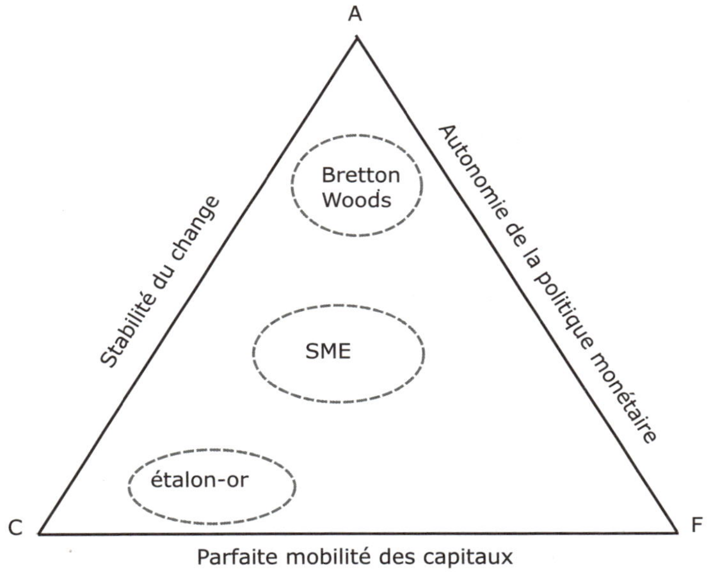

Question 1 : Qui a développé le *Triangle des incompatibilités* ?

A. R. Mundell
B. T. Padoa-Schioppa
C. Keynes
D. Walras
E. Bretton Woods

Question 2 : Quelle observation peut-on faire sur la droite AC du triangle ACF ?

A. Il y a une intégration financière internationale parfaite.
B. Il y a une stabilité des cours de change.
C. Il y a une autonomie de la politique financière.
D. Il y a une mobilité des capitaux maximale.
E. Il y a un équilibre du marché.

Question 3 : Qu'offre le triangle des incompatibilités ?

A. Un cadre d'analyse de l'évolution du système monétaire international.
B. La vision des différentes incompatibilités.
C. Des solutions aux crises économiques.
D. Une vision des revenus et de l'emploi.
E. Une analyse cadrée de l'évolution des politiques monétaires.

Question 4 : Qu'observe-t-on sous Bretton Woods ?

A. La stabilité des marchés est abandonnée.
B. Le marché est en équilibre parfait.
C. Les mouvements internationaux de capitaux sont contrôlés.
D. La stabilité du change paraît abandonnée.
E. L'économie est en flottement pur.

Question 5 : Que signifie le mot « autarcie » ?

A. Théorie
B. Exemple
C. Dépendance
D. Économie
E. Autosuffisance

Texte 2 : *Dom Juan*, Molière
Acte I, scène 2

Dom Juan

Quoi ! Tu veux qu'on se lie à demeurer au premier objet qui nous prend, qu'on renonce au monde pour lui, et qu'on n'ait plus d'yeux pour personne ? La belle chose de vouloir se piquer d'un faux honneur d'être fidèle, de s'ensevelir pour toujours dans une passion, et d'être mort dès sa jeunesse à toutes les autres beautés qui nous peuvent frapper les yeux ! Non, non : la constance n'est bonne que pour des ridicules, toutes les belles ont droit de nous charmer, et l'avantage d'être rencontrée la première ne doit point dérober aux autres les justes prétentions qu'elles ont toutes sur nos cœurs. Pour moi, la beauté me ravit partout où je la trouve, et je cède facilement à cette douce violence dont elle nous entraîne. J'ai beau être engagé, l'amour que j'ai pour une belle n'engage point mon âme à faire injustice aux autres ; je conserve des yeux pour voir le mérite de toutes, et rends à chacune les hommages et les tributs où la nature nous oblige. Quoi qu'il en soit, je ne puis refuser mon cœur à tout ce que je vois d'aimable, et dès qu'un beau visage me le demande, si j'en avais dix mille, je les donnerais tous. Les inclinations naissantes, après tout, ont des charmes inexplicables, et tout le plaisir de l'amour est dans le changement. On goûte une douceur extrême à réduire, par cent hommages, le cœur d'une jeune beauté, à voir de jour en jour les petits progrès qu'on y fait, à combattre par des transports, des larmes et des soupirs, l'innocente pudeur d'une âme qui a peine à rendre les armes, à forcer à pied toutes les petites résistances qu'elle nous oppose, à vaincre les scrupules dont elle se fait un honneur, et la mener doucement où nous avons envie de la faire venir. Mais, lorsqu'on en est maître une fois il n'y a plus rien à dire, ni rien à souhaiter ; tout le beau de la passion est fini et nous nous endormons dans la tranquillité d'un tel amour, si quelque objet nouveau ne vient réveiller nos désirs et présenter à notre cœur les charmes attrayants d'une conquête à faire. Enfin, il n'est rien de si doux que de triompher de la résistance d'une belle personne, et j'ai sur ce sujet l'ambition des conquérants, qui volent perpétuellement de victoire en victoire, et ne peuvent se résoudre à borner leurs souhaits. Il n'est rien qui puisse arrêter l'impétuosité de mes désirs : je me sens un cœur à aimer toute la terre ; et comme Alexandre, je souhaiterais qu'il y eût d'autres mondes, pour y pouvoir étendre mes conquêtes amoureuses.

Sganarelle

Vertu de ma vie, comme vous débitez ! Il semble que vous ayez appris cela par cœur, et vous parlez tout comme un livre.

Question 6 : Quelle est l'affirmation exacte ?

- **A.** Le texte est écrit en vers.
- **B.** Le texte comprend des alexandrins.
- **C.** Le texte est une fable.
- **D.** Le texte est écrit en prose.
- **E.** Aucune de ces propositions n'est correcte.

Question 7 : En quoi réside le plaisir de l'amour pour Dom Juan ?

- **A.** Dans le changement
- **B.** Dans la sincérité
- **C.** Dans la fidélité
- **D.** Dans la vertu
- **E.** Dans l'honneur

Question 8 : Comment Dom Juan définit-il la fidélité ?

- **A.** Un honneur
- **B.** Un ensevelissement
- **C.** Une vertu
- **D.** Une joie
- **E.** Un mode de vie agréable

Question 9 : Comment Dom Juan justifie-t-il son comportement ?

- **A.** Il faut s'amuser.
- **B.** Il faut bien choisir la femme de sa vie.
- **C.** Il ne faut pas donner l'avantage à la première conquête.
- **D.** Il n'a pas le temps de s'engager.
- **E.** Il ne se justifie pas.

Question 10 : Que signifie le terme « impétuosité » ?

- **A.** Douceur
- **B.** Gentillesse
- **C.** Égoïsme
- **D.** Fougue
- **E.** Empathie

Texte 3 : Extrait de *Les fleurs du mal*, Charles Baudelaire

LXXVI – Spleen

J'ai plus de souvenirs que si j'avais mille ans.

Un gros meuble à tiroirs encombré de bilans,
De vers, de billets doux, de procès, de romances,
Avec de lourds cheveux roulés dans des quittances,
Cache moins de secrets que mon triste cerveau.
C'est une pyramide, un immense caveau,
Qui contient plus de morts que la fosse commune.
– Je suis un cimetière abhorré de la lune,
Où comme des remords se traînent de longs vers
Qui s'acharnent toujours sur mes morts les plus chers.
Je suis un vieux boudoir plein de roses fanées,
Où gît tout un fouillis de modes surannées,
Où les pastels plaintifs et les pâles Boucher,
Seuls, respirent l'odeur d'un flacon débouché.

Rien n'égale en longueur les boiteuses journées,
Quand sous les lourds flocons des neigeuses années
L'ennui, fruit de la morne incuriosité,
Prend les proportions de l'immortalité.
– Désormais tu n'es plus, ô matière vivante !
Qu'un granit entouré d'une vague épouvante,
Assoupi dans le fond d'un Sahara brumeux ;
Un vieux sphinx ignoré du monde insoucieux,
Oublié sur la carte, et dont l'humeur farouche
Ne chante qu'aux rayons du soleil qui se couche.

Question 11 : Ce poème est écrit en...

A. Prose
B. Décasyllabes
C. Alexandrins
D. Octosyllabes
E. Neuvains

Question 12 : Ce poème est d'un ton ...

A. Joyeux
B. Jovial
C. Amoureux
D. Mélancolique
E. Neutre

Question 13 : Que signifie le terme « abhorré » ?

A. Détesté
B. Adoré
C. Idolâtré
D. Éclairé
E. Observé

Question 14 : Quelle est l'affirmation exacte ?

A. Le premier vers est un monostiche.
B. Le poème est composé de deux strophes.
C. Le poème est un sonnet.
D. Le poème contient un distique.
E. Aucune de ces affirmations n'est correcte.

Question 15 : Quelle est l'affirmation exacte ?

A. Le narrateur évoque ses amours.
B. Le narrateur évoque ses souvenirs.
C. Le narrateur évoque ses querelles.
D. Le narrateur décrit l'endroit où il se trouve.
E. Aucune de ces affirmations n'est exacte.

Sous-test 2 : Calcul

20 mn

Consignes :

Cette épreuve est constituée de 15 questions pour lesquelles vous disposez de 20 minutes. Les questions ne sont pas classées par ordre de difficulté.

L'utilisation de la calculatrice n'est pas autorisée.

Attribution des points :

- 4 points par réponse juste
- – 1 point par réponse fausse
- 0 point par non réponse

Question 1 : Le baladeur de Jean propose parmi ses fonctions, l'écoute aléatoire des morceaux. Sachant que l'appareil contient 512 chansons et que la même chanson ne peut pas être répétée, combien y a-t-il de possibilités de liste des morceaux de Jean ?

A. 512 !
B. 512
C. 512^{512}
D. 512×511
E. 1

Question 2 : Manon travaille 30 heures par semaine dans un magasin. Parmi ses heures, 25 sont rémunérées 9 € nets de l'heure et 5 le sont à raison de 20 % supplémentaires. Combien gagne-t-elle en une semaine ?

A. 544 € nets
B. 270 € nets
C. 225 € nets
D. 279 € nets
E. 171 € nets

Question 3 : Francesca fait les soldes. Elle achète un jean et un chemisier. Le jean coûte trois fois plus cher que le chemisier. Elle paie un tout un montant équivalent au quart de son loyer qui s'élève à 540 €. Quel est le prix du jean ?

A. 33,75 €
B. 101,25 €
C. 135 €
D. 270 €
E. 540 €

Question 4 : La somme de trois entiers consécutifs est égale à 315. Quel est le plus petit de ces entiers ?

A. 103
B. 104
C. 105
D. 106
E. 107

Question 5 : Michèle roule à une vitesse de 30 mètres par seconde. La vitesse sur l'autoroute est limitée à 110 km/h par temps de pluie et 130 km/h par beau temps. Aujourd'hui il pleut. Michèle est-elle en excès de vitesse ?

A. Oui et elle roule à 150 km/h.
B. Oui et elle roule à 130 km/h.
C. Non et elle roule à 110 km/h.
D. Non et elle roule à 108 km/h.
E. Il n'est pas possible de répondre à la question.

Question 6 : Stéphane compose un bref morceau de musique dont le refrain est constitué de cinq notes à choisir parmi do, ré, mi, fa, sol, la et si. On ne considère qu'un seul octave par commodité. Il s'est fixé une règle : ne pas utiliser la même note ! Combien a-t-il de possibilités de mélodies ?

A. 7
B. 8
C. 7^5
D. 5^7
E. $7 \times 6 \times 5 \times 4 \times 3$

Question 7 : François repeint les murs de son studio d'enregistrement. Il s'agit d'une pièce rectangulaire dont les murs mesurent 4 mètres par 3 mètres à l'exception du quatrième où se trouve la porte d'entrée qui est assimilée à un rectangle de 2,10 mètres par 90 cm. Quelle surface doit-il repeindre ?

A. 48 m^2

B. 46,11 m^2

C. 36 m^2

D. 10,11 m^2

E. 1,89 m^2

Question 8 : Vanessa fait du shopping et la note s'élève à 150 euros. Sachant qu'elle a une remise de 15 %, combien paie-t-elle au final ?

A. 127,50 euros

B. 150 euros

C. 172,50 euros

D. 22,50 euros

E. Vous ne pouvez pas le calculer.

Question 9 : Pierre qui travaille avec François décide de l'aider à repeindre son studio. Il va lui acheter de la peinture qui permet de peindre 12 m^2 avec un litre. Combien doit-il lui apporter de pots de 1,5 litre pour repeindre le studio ? (Reprenez les données de la question 7)

A. 1

B. 2

C. 3

D. 4

E. 5

Question 10 : La calculatrice de Jacques ne fonctionne pas très bien. À chaque opération il y a une chance sur dix pour que le résultat soit erroné. Jacques doit cependant réaliser sa comptabilité en effectuant une vingtaine d'opérations. Quelle est la probabilité qu'il ne fasse aucune erreur ?

A. $\left(\frac{9}{10}\right)^{20}$

B. $\left(\frac{1}{10}\right)^{20}$

C. $\frac{1}{2}$

D. $\frac{1}{20}$

E. $\left(\frac{1}{4}\right)^{20}$

Question 11 : Fanny joue aux cartes. Elle pioche simultanément 2 cartes dans un jeu en contenant 32. Quelle est la probabilité qu'elle ait exactement deux as ?

A. $\frac{1}{992}$

B. $\frac{56}{992}$

C. $\frac{12}{961}$

D. $\frac{803}{992}$

E. $\frac{813}{992}$

Question 12 : Pour faire un gâteau au chocolat, Sophie ne dispose que d'une recette avec les quantités exprimées en cups (unité de mesure américaine). Elle a un tableau de correspondance des cups en grammes suivant le type d'ingrédient. Pourriez-vous lui donner les quantités en grammes (dans l'ordre farine, sucre, beurre et cacao) ?

Ingrédients	Une cup en grammes
Farine	130g
Sucre	245g
Beurre	240g
Cacao	120g

Par ailleurs les quantités de la recette sont la suivante :

1 cup de farine

1/2 cup de sucre

1 cup de beurre

1 1/2 cup de cacao

A. 130 g, 122,5 g, 240 g, 180 g

B. 130 g, 245 g, 240 g, 120 g

C. 75 g, 245 g, 180 g, 180 g

D. 130 g, 122,5 g, 240 g, 60 g

E. 130 g, 122,5 g, 120 g, 60 g

Question 13 : Pour sa pièce de théâtre qui a lieu dans 7 mois et demi, Francesca doit se laisser pousser les cheveux pour pouvoir faire un chignon. Sachant que ses cheveux poussent de 0,75 cm par mois et qu'il lui manque 5,5 cm de longueurs, pourra-t-elle faire un beau chignon ?

A. Oui et elle aura juste la longueur qu'il faut

B. Oui et ses cheveux seront même un peu plus longs

C. Non et ses cheveux seront un peu trop courts

D. Oui et ses cheveux seront doublement plus longs

E. Il est impossible de savoir

Question 14 : L'ascenseur d'Angela est en panne. Elle habite au sixième étage (il y a des moments comme celui-ci où elle doit regretter ce choix !). Sachant qu'elle monte un étage en 25 secondes et que l'ensemble des étages représente 126 marches, en combien de temps gravit-elle une marche ?

A. environ 1,2 seconde

B. 84 centièmes de seconde

C. 84 dixièmes de secondes

D. 8,4 secondes

E. 840 secondes = 14 minutes

Question 15 : Manon doit avoir une moyenne de 12/20 pour valider son diplôme. Elle a obtenu 11/20 coefficient 2 au dernier contrôle et 13/20 à une interrogation coefficient 1. Combien au minimum doit-elle avoir à la dernière interrogation coefficient 1 pour valider son diplôme ?

A. 11

B. 12

C. 13

D. 14

E. 15

Sous-test 3 : Raisonnement argumentation

20 mn

Consignes :

L'épreuve Raisonnement est constituée de 15 questions pour chacune desquelles le candidat doit analyser une situation-problème qui lui est présentée dans un petit paragraphe, avant de répondre à une question. Il s'agit d'une épreuve de raisonnement logique qui ne nécessite pas de connaissance approfondie des principes fondamentaux de la logique formelle.

Les deux formes de raisonnement, inductif et déductif, sont évaluées. Les situations-problèmes présentent des contextes problématiques parfois relativement flous et pour lesquels deux types de bonnes réponses sont proposés. Pour le premier type, la bonne réponse est explicitement unique. Pour le deuxième type – ce qui constitue une situation de prise de décision fréquente dans la vie quotidienne –, plusieurs réponses sont possibles et le candidat doit alors choisir celle qui convient le mieux.

Attribution des points :

- 4 points par réponse juste
- – 1 point par réponse fausse
- 0 point par non réponse

Question 1 : Que signifie pente à 10 %, avec α l'angle que fait la pente avec l'horizontale ?

A. Tan α = 0,1

B. Tan α = 10

C. Tan $\alpha = 1$

D. Tan $\alpha = 100$

E. Tan $\alpha = 1,1$

Question 2 : Extrait de *Le Cid*, Corneille

« Le trop de confiance attire le danger. »

Ce vers signifie que :

A. L'excès de confiance amène le danger.

B. La confiance évite le danger.

C. Le danger évite la confiance.

D. Il n'y a pas de confiance sans danger.

E. Il n'y a pas de danger sans confiance.

Question 3 : La citation de Baudelaire « Ce qui est créé par l'esprit est plus vivant que la matière » signifie :

A. Les créations de l'esprit sont aussi vivantes que la matière.

B. Les créations de l'esprit sont plus vivantes que la matière.

C. Les créations de l'esprit sont moins vivantes que la matière.

D. Les créations de l'esprit donnent vie à la matière.

E. Les créations de l'esprit sont le reflet de la matière.

Question 4 : Dans une urne se trouvent trois boules indiscernables au toucher. Sur chacune d'elles est inscrit un mot. Sur l'une est écrit LES, sur une autre TROIS et sur la dernière MOUSQUETAIRES. Jean effectue un tirage avec remise de trois boules. Quelle est la probabilité qu'il obtienne le titre du fameux roman d'Alexandre Dumas, LES TROIS MOUSQUETAIRES ?

A. $\frac{1}{3}$

B. $\frac{1}{6}$

C. $\frac{1}{9}$

D. $\frac{1}{27}$

E. $\frac{1}{81}$

Question 5 : Dans une troupe de théâtre un bouquet de fleurs est arrivé, mais il n'y a pas de destinataire. Le seul renseignement est qu'il est adressé à une fille. La troupe est composée de six filles et de quatre garçons. Quelle est la bonne réponse ?

A. Chaque fille a une probabilité de $\frac{1}{10}$ d'être la destinataire du mystérieux inconnu.

B. Chaque fille a une probabilité de $\frac{1}{4}$ d'être la destinataire du mystérieux inconnu.

C. On ne peut pas connaître la probabilité d'être l'heureuse élue.

D. Chaque fille a une probabilité de $\frac{1}{6}$ d'être la destinataire du mystérieux inconnu.

E. Chaque garçon a une probabilité de $\frac{1}{4}$ d'être la destinataire du mystérieux inconnu.

Question 6 : La prof de maths de Clément doit préparer le sujet de son interrogation. Elle ne peut pas faire d'exercice sur les probabilités car ce thème n'a pas encore été traité en cours. Si elle est gentille, elle n'inclut pas les fonctions car ses élèves n'ont rien compris à ce chapitre. Le jour de l'interrogation, les élèves l'ont remerciée avec ironie. Quelle est la proposition exacte ?

A. L'interrogation comprenait au moins un exercice sur les fonctions.
B. La prof de maths est gentille.
C. L'interrogation comprenait au moins un exercice sur les probabilités.
D. Les élèves ont réussi l'interrogation.
E. Aucune réponse n'est valable.

Question 7 : Que signifie la citation de Balzac :

« L'amour n'est pas seulement un sentiment, il est un art aussi. ».

A. L'amour peut être considéré comme un art.
B. L'amour rejoint l'art.
C. L'amour n'est pas un sentiment.
D. L'amour n'est qu'un sentiment.
E. Aucune des propositions n'est correcte.

Question 8 : Que signifie la citation de Balzac :
« En toute chose, l'on reçoit qu'en raison de ce que l'on donne. »

Ce vers signifie :

A. On peut recevoir sans donner.
B. On reçoit en proportion de ce que l'on donne.
C. On peut donner sans recevoir.
D. On peut donner mais on doit recevoir.
E. Aucune des propositions n'est correcte.

Question 9 : Combien y a-t-il de manières de ranger des livres dans une bibliothèque pouvant en contenir 20 ?

A. 20 !
B. 20
C. 20^2
D. 10
E. On ne peut pas répondre.

Question 10 : Quelle est l'affirmation exacte portant sur la phrase :
« Si hier Jean a promené son chien, alors Pierre promènera le sien demain. »

A. Si Jean promène son chien, alors Pierre promène le sien.

B. Si Jean promène son chien aujourd'hui, alors Pierre promènera le sien après-demain.

C. Si Jean promène son chien aujourd'hui, alors Pierre promènera le sien demain.

D. Si Pierre promène son chien, alors Jean le promène.

E. Aucune des propositions n'est correcte.

Question 11 : Pauline apprend à écrire les chiffres. Elle fait encore quelques erreurs. Elle se trompe avec une probabilité de 0,4. Quelle est la probabilité qu'elle écrive les dix chiffres sans erreur ?

A. $10 \times 0{,}6$

B. 0,6

C. $0{,}6^{10}$

D. 0,25

E. Aucune des propositions n'est correcte.

Question 12 : Extrait de *Méditations métaphysiques*, Descartes

« Cependant je ne me saurais trop étonner, quand je considère combien mon esprit a de faiblesses, et de pente qui le porte insensiblement dans l'erreur. »

Quel est l'affirmation exacte à propos de l'auteur ?

A. Il ne s'étonne pas de commettre des erreurs.

B. Il est surpris des erreurs insensibles de son esprit.

C. Il n'est point surpris de ne commettre aucune erreur.

D. Il s'excuse de faire des erreurs.

E. Aucune de ces affirmations ne sont exactes.

Question 13 : Dans une classe de 30 élèves, la prof de maths interroge trois élèves. Alexandre n'a pas appris sa leçon. Quelle est la probabilité qu'il soit interrogé ?

A. 0,1

B. 0,3

C. 0,4

D. $\frac{1}{30}$

E. $\frac{6}{30 \times 29 \times 28}$

Question 14 : Que signifie la phrase suivante ?

« Elle n'est pas sans avoir quelques économies »

A. Elle n'a pas d'économie.

B. Elle n'a rien en termes d'économie.

C. Elle a beaucoup d'économie.

D. Elle a quelques économies.

E. Aucune de ces propositions n'est correcte.

Question 15 : Francesca part en vacances. Elle prend le train. Il part à 12 h 07 de Paris et arrive à Nice à 17 h 31. Il a marqué dix minutes d'arrêt. Combien de temps a duré le trajet en tout ?

A. 5 h 24
B. 5 h 14
C. 5 h 34
D. 5 h 31
E. 5 h 04

Sous-test 4 : Conditions minimales

20 mn

Consignes :

Cette épreuve vise à contrôler la capacité d'analyse de la pertinence d'informations en vue de la résolution d'un problème. Ce sous-test repose sur le même champ de compétence que l'épreuve de Calcul.

Chacun des énoncés de cette épreuve comprend généralement des informations initiales (qui à elles seules ne permettent pas de répondre à la question), et deux informations notées (1) et (2) correspondant chacune d'elles à une information complémentaire.

Le candidat doit décider si l'une des propositions (1) ou (2), ou les deux combinées fournissent des informations suffisantes pour répondre à la question. Plus précisément, le candidat doit choisir l'une des 5 réponses **A**, **B**, **C**, **D** ou **E** définies comme suit :

A. Si l'information (1) permet à elle seule de répondre à la question, et si l'information (2) à elle seule ne permet pas de répondre à la question.

B. Si l'information (2) permet à elle seule de répondre à la question, et si l'information (1) à elle seule ne permet pas de répondre à la question.

C. Si les deux informations (1) et (2) ensemble permettent de répondre à la question, et aucune séparément ne le peut.

D. Si chaque information permet séparément de répondre à la question.

E. Si les deux informations ensemble ne permettent pas de répondre à la question.

REMARQUE

S'il s'agit d'un énoncé de géométrie comportant une figure, alors cette dernière ne tiendra compte que des informations contenues dans l'énoncé proprement dit, compte non tenu des informations (1) et (2).

Attribution des points :

- 4 points par réponse juste
- – 1 point par réponse fausse
- 0 point par non réponse

Question 1 : Combien de mois Michèle doit-elle placer son argent pour quadrupler son capital ?

(1) Chaque mois elle perçoit 20 % de son capital initial.

(2) Elle place 1000 € au départ.

Question 2 : Combien y a-t-il de possibilités pour Alexandre de gagner son pari ?

(1) Alexandre gagne son pari s'il obtient un chiffre supérieur strictement à 4.

(2) Il lance un dé non pipé une seule fois.

Question 3 : Quelle est l'unité de la grandeur évoquée ?

(1) La masse surfacique est le rapport de la masse sur la surface.

(2) La masse s'exprime en kg et la surface en mètres carré.

Question 4 : Quelle est l'image de 0 par F ?

(1) F est une fonction paire.

(2) F est strictement croissante sur l'ensemble $]0, +\infty[$.

Question 5 : Quel est l'antécédent de 2 par G ?

(1) $G(3) = 5$

(2) $G(1) = 0$

Question 6 : Quelle est la vitesse minimale du camion ?

(1) Un camion ne peut pas rouler en-dessous d'une certaine vitesse pour grimper une côte.

(2) La côte correspond à une pente à 10 %.

Question 7 : Quelle note minimum doit obtenir Stéphanie à son contrôle pour valider son diplôme ?

(1) Stéphanie doit avoir 12/20 de moyenne générale pour valider son diplôme.

(2) Stéphanie a déjà eu les notes 14/20 et 10/20.

Question 8 : Quel entier vérifie les conditions suivantes :

(1) L'entier cherché ne peut pas être nul.

(2) Le cube de l'entier cherché est égal au carré de cet entier.

Question 9 : Déterminez le réel x :

(1) x est égal au quadruple de 12.

(2) x est égal au triple du carré de 4.

Question 10 : Déterminez le 2e terme de la suite définie par :

(1) U_n est géométrique de raison 2.

(2) Le premier terme de la suite est donné par $U_0 = 5$.

Question 11 : Quel est le prix du loyer de Sophie ?

(1) Sophie consacre le quart de son salaire net à son loyer.

(2) Le salaire net de Sophie a été augmenté de 20 %.

Question 12 : Combien Pierre a-t-il de possibilités de se rendre en cours ?

(1) Il a le choix dans un premier temps entre le train ou le métro.

(2) Il a ensuite le choix entre trois bus pour finir son trajet.

Question 13 : Quel est le plus petit entier vérifiant ?

(1) La somme de trois entiers consécutifs est égale à 51.

(2) L'entier cherché est pair.

Question 14 : Quel est le rayon du bassin ?

(1) Le bassin a une surface de 300 m^2.

(2) Pour le calcul, il est admis que $\pi = 3$.

Question 15 : Quelle est la longueur de BC ?

(1) ABC est rectangle et isocèle en A.

(2) ABC a ses deux côtés égaux à 4.

Sous-test 5 : Expression

20 mn

Consignes :

Cette épreuve comporte différents types d'exercices :

- Évaluer le degré de synonymie dans les reformulations.
- Choisir la formulation qui reprend le mieux (correction et clarté) l'énoncé initial.
- Choisir les mots qui assurent la cohérence du texte.

Attribution des points :

- 4 points par réponse juste
- – 1 point par réponse fausse
- 0 point par non réponse

1. Recherche de synonymie

Questions 1 à 5 : Trouver la formule la plus proche des mots ou groupes de mots soulignés.

Question 1 : Elle chantait d'une voie moribonde

A. Elle chantait d'une voix joyeuse.

B. Elle chantait d'une voix triste.

C. Elle chantait d'une voix généreuse.

D. Elle chantait d'une voix mourante.

E. Elle chantait d'une voix mélancolique.

Question 2 : Extrait des *Fleurs du mal*, Baudelaire

« La sottise, l'erreur, le péché, la lésine,
Occupent nos esprits et travaillent nos corps, (...) »

A. L'épargne

B. L'avarice

C. L'envie

D. La méchanceté

E. La jalousie

Question 3 : Les mathématiciens de cette université travaillent sur la topologie.

A. Les mathématiciens de cette université travaillent sur une théorie des mathématiques.

B. Les mathématiciens de cette université travaillent sur une autre discipline.

C. Les mathématiciens de cette université travaillent sur la construction d'espaces industriels.

D. Les mathématiciens de cette université travaillent sur la construction de nouveaux bâtiments.

E. Les mathématiciens de cette université travaillent sur l'analyse probabiliste.

Question 4 : « C'est un plaisir que d'être riche ; mais ce n'est pas une gloire hormis pour les sots. » Marivaux

A. Riche est agréable et c'est une gloire.

B. Riche est agréable et ce n'est pas une gloire pour les sots.

C. Riche est agréable et ce n'est pas une gloire sauf pour les sots.

D. Les riches sont heureux.

E. Les riches sont glorieux.

Question 5 : Il l'a vilipendée avec une telle hargne qu'elle fut tout abasourdie.

A. Il l'a tellement rabaissée qu'elle a été très choquée.

B. Il l'a tellement gâtée qu'elle en fut choquée.

C. Il l'a tellement rassurée qu'elle fut décontenancée.

D. Il l'a repoussée tellement violemment qu'elle a eu du mal à reprendre ses esprits.

E. Plus il la repousse, plus elle revient vers lui.

2. Correction d'expressions incorrectes

Questions 6 à 10 : Corriger les phrases soulignées en choisissant la formulation correcte parmi les cinq proposées.

Question 6 : Jean l'a raccompagnée chez elle puis est rentré chez lui.

A. Jean la raccompagnée chez elle puis est rentrer chez lui.

B. Jean l'a raccompagné chez elle puis est rentré chez lui.

C. Jean la raccompagné chez elle puis est rentré chez lui.

D. Jean l'a raccompagné chez elle puis est rentrer chez lui.

E. Jean l'a raccompagnée chez elle puis est rentré chez lui.

Question 7 : Il a soutenu l'auteur lors de la relecture de la morasse.

A. Il a soutenut l'auteur lors de la relecture de la morace.

B. Il a soutenue l'auteur lors de la relecture de la morasse.

C. Il a soutenu l'auteur lors de la relecture de la morace.

D. Il a soutenu l'auteur lors de la relecture de la morasse.

E. Il a soutenue l'auteur lors de la relecture de la morasse.

Question 8 : L'alpiniste a planté sa tente dans un désert naturel. Il fut abasourdi par la magnificence du paysage.

A. L'alpiniste a planté sa tente dans un désert naturel. Il fut abasourdi par la magnificence du paysage.

B. L'alpiniste a plantée sa tente dans un désert naturel. Il fut abasourdie par la magnificence du paysage.

C. L'alpiniste a planté sa tante dans un désert naturel. Il fut abassourdi par la magnifiçance du paysage.

D. L'alpiniste a planté sa tante dans un désert naturel. Il fut abasourdi par la magnificence du paysage.

E. L'alpiniste a planté sa tente dans un désert naturel. Il fut abassourdi par la magnifissance du paysage.

Question 9 : « Vous vous plaignez d'un joug imposé dès longtemps. »
Phèdre Acte IV scène 6

A. Vous vous plaignez d'un jougs imposé dès longtemps.

B. Vous vous plainiez d'un joue imposé dès longtemps.

C. Vous vous plaignez d'un joue imposée dès longtemps.

D. Vous vous plaignez d'un joug imposé dés longtemps.

E. Vous vous plaignez d'un joug imposé dès longtemps.

Question 10 : La révolution française a eu lieu en l'an mille sept cent quatre vingt neuf.

A. La révolution française a eu lieu en l'an mile sept cent quatre vingt neuf.

B. La révolution française a eu lieu en l'an mille sept cent quatre-vingt-neuf.

C. La révolution française a eu lieu en l'an mille setp cent quatre vingt neuf.

D. La révolution française a eu lieu en l'an mille sept cents quatre vingts neuf.

E. La révolution française a eu lieu en l'an mille sept cents quatre-vingt neuf.

3. Textes à compléter avec cohérence

Question 11 : « Bien écouter, c'est presque ... », Marivaux

A. Dire

B. Répondre

C. Ne rien faire

D. Être passif

E. Être empathique

Question 12 : « La beauté n'est que la ... du Bonheur. » Stendhal

A. Résultat

B. Haine

C. Trahison

D. Aboutissement

E. Promesse

Question 13 : « C'est n'être ... à rien de n'être bon qu'à soi. » Voltaire

A. Joyeux

B. Réussi

C. Joie
D. Beau
E. Bon

Question 14 : « Ce n'est pas ... qu'il fallait peindre aveugle, c'est l'amour-propre », Voltaire

A. L'amour
B. Les problèmes
C. Les beautés
D. Le paysage
E. La gentillesse

Question 15 : Il pioche ... des boules. Les tirages sont donc indépendants.

A. Avec remise
B. Sans remise
C. Simultanément
D. Instantanément
E. Régulièrement

Sous-test 6 : Logique

20 mn

Question 1 : Complétez la série suivante

144
196
143 – 132 – ? – 264 – 275
289
225

A. 144
B. 121
C. 196
D. 225
E. 400

Question 2 : Complétez la série suivante

144
232
729 – 512 – ? – 125 – 216
457
532

A. 729
B. 125
C. 625
D. 343
E. 234

Question 3 : Complétez la série suivante

```
              225
              125
401 - 230 -    ?   - 122 - 221
              285
              245
```

A. 125
B. 425
C. 500
D. 324
E. 121

Question 4 : Complétez la série suivante

```
              208
              127
125 - 216 -    ?   - 512 - 729
              280
              532
```

A. 343
B. 125
C. 124
D. 625
E. 244

Question 5 : Complétez la série suivante

```
              229
              231
404 - 224 -    ?   - 242 - 152
              235
              237
```

A. 121
B. 234
C. 324
D. 332
E. 233

Question 6 : Complétez la série suivante

```
              JTC
              NBR
ALF - LTM -    ?   - LTM - NZT
              ARQ
              BTO
```

A. ATN
B. ZFW
C. WZL

D. LKH
E. TZX

Question 7 : Complétez la série suivante

ABE
TBR
ART – CFG – ? – GTK- IRT
KBI
PBT

A. ESC
B. EBL
C. RTY
D. TEZ
E. CAS

Question 8 : Complétez la série suivante

PBB
DBN
DRT – DFC – ? – DNH – DLM
GCJ
BEM

A. DEA
B. DRT
C. DFJ
D. DTL
E. UAO

Question 9 : Complétez la série suivante

VFG
UGF
VUF – UTE – ? – SRC – RQB
SDR
RDC

A. TDC
B. TRD
C. DFR
D. TSD
E. DRF

Question 10 : Complétez la série suivante

AAG
KKY
RFR – LBL – ? – WSW – NLN
SSD
GGY

A. FFT
B. VXV
C. TUT
D. ZZG
E. RRR

Question 11 : compléter la série de symboles

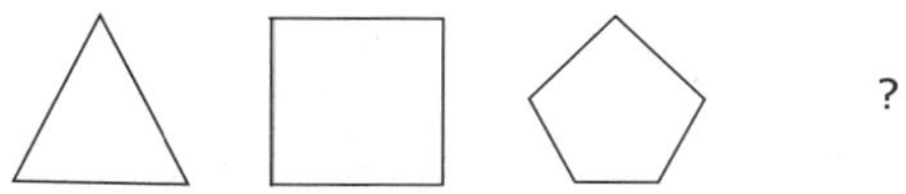

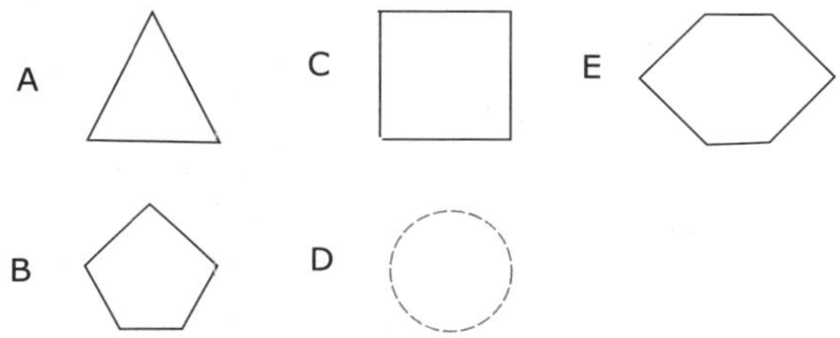

Question 12 : compléter la série de symboles

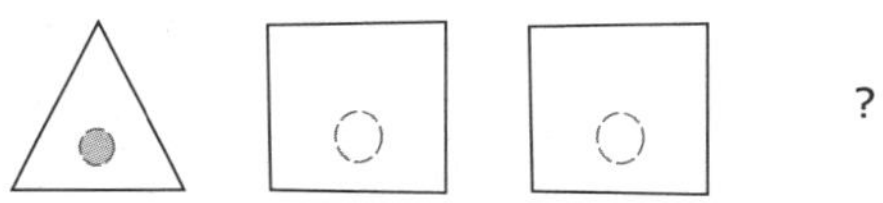

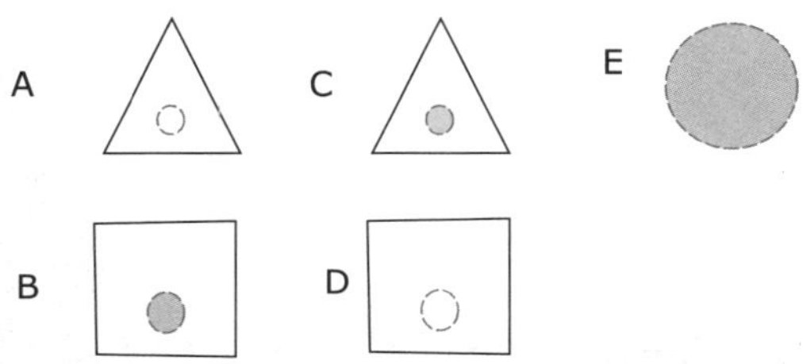

Question 13 : compléter la série de symboles

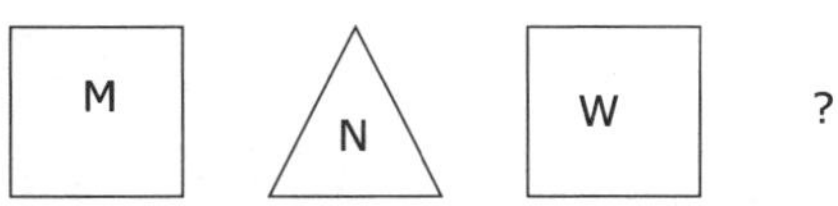

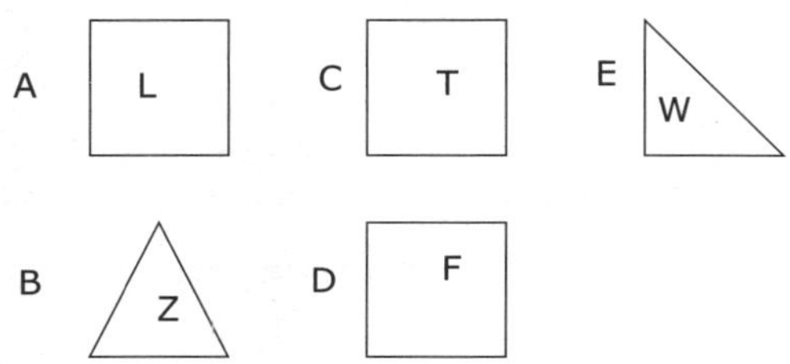

Question 14 : compléter la série de symboles

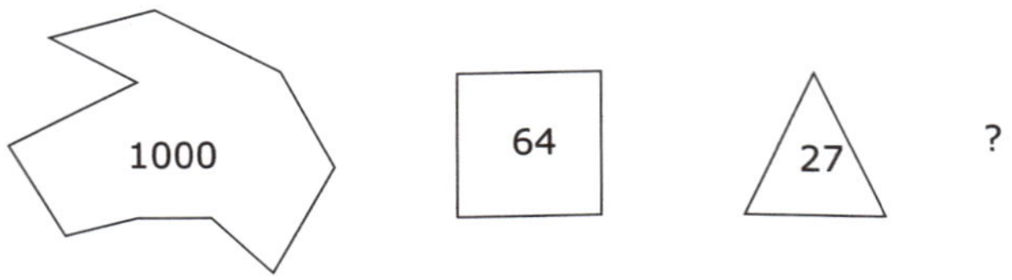

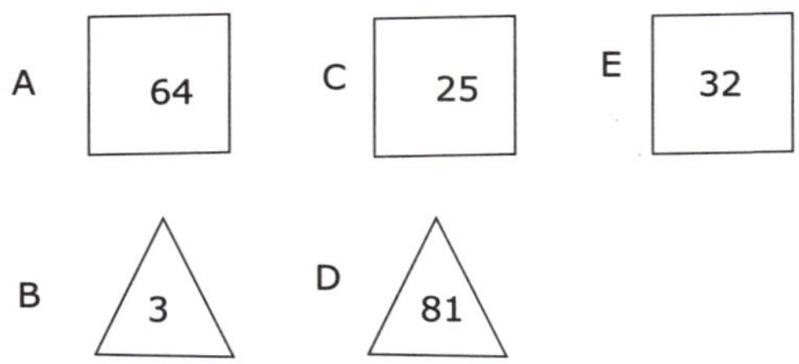

Question 15 : compléter la série de symboles

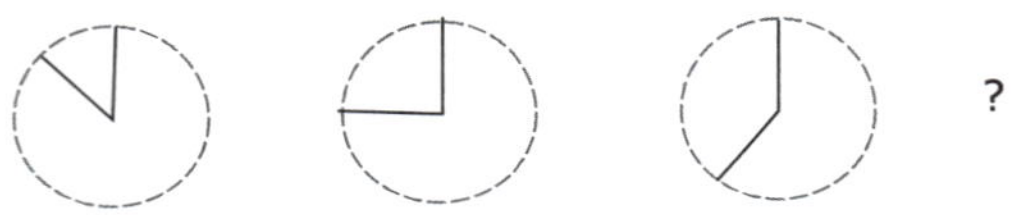

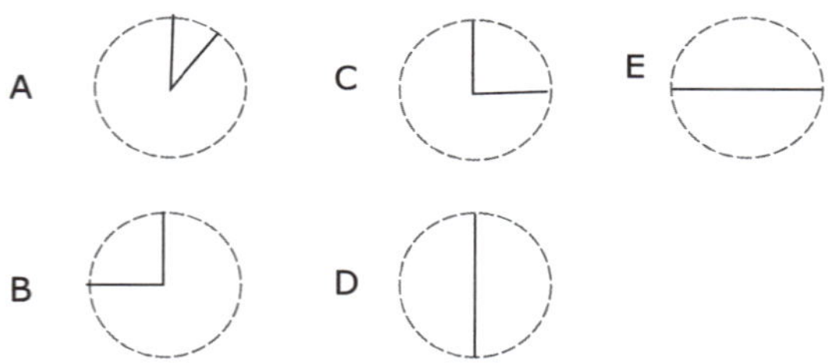

Corrigés

Sous-test 1 : Compréhension de textes

Tableau des réponses

1	2	3	4	5	6	7	8	9	10	11	12	13	14	15
A	B	A	C	E	D	A	B	C	D	C	D	A	A	B

Score entre – 15 et 60 : .../60

1. R. Mundell a développé le triangle des incompatibilités. La bonne réponse est **A**.

2. Sur la droite AC du triangle ACF, il y a une stabilité des cours de change. La bonne réponse est **B**.

3. Le triangle des incompatibilités offre un cadre d'analyse de l'évolution du système monétaire international. La bonne réponse est **A**.

4. Les mouvements internationaux de capitaux sont contrôlés sous Bretton Woods. La bonne réponse est **C**.

5. Une autarcie est une autosuffisance. La bonne réponse est **E**.

6. Le texte est écrit en prose. La bonne réponse est **D**.

7. Le plaisir de l'amour réside dans le changement pour Dom Juan. La bonne réponse est **A**.

8. La fidélité est un ensevelissement selon Dom Juan. La bonne réponse est **B**.

9. Selon Dom Juan il ne faut pas donner l'avantage à la première conquête. Il refuse de s'engager. La bonne réponse est **C**.

10. Impétuosité signifie fougue, bouillonnement, violence, véhémence, emportement, etc. La bonne réponse est **D**.

11. Ce poème ne comporte que des vers de douze syllabes ou pieds. Ce sont des alexandrins. La bonne réponse est **C**.

12. Le poème est d'un ton mélancolique. La bonne réponse est **D**.

13. Abhorré signifie détesté. La bonne réponse est **A**.

14. Le premier vers constitue à lui seul une strophe. Il s'agit donc d'un monostiche. La bonne réponse est **A**.

15. Le narrateur évoque ses douloureux souvenirs. La bonne réponse est **B**.

Sous-test 2 : Calcul

Tableau des réponses

1	2	3	4	5	6	7	8	9	10	11	12	13	14	15
A	D	B	B	D	E	B	A	D	A	C	A	B	A	C

Score entre – 15 et 60 : .../60

Réponses détaillées

1. Il y a 512 possibilités pour la première chanson, puis 511 pour la deuxième, puis 510 pour le troisième, et ainsi de suite. Il y a ainsi $512 \times 511 \times 510 \times \ldots \times 2 \times 1 = 512\,!$ possibilités de liste de morceaux. La bonne réponse est **A**.

2. Manon gagne en une semaine : $25 \times 9 + 5 \times 9 \times (1 + 0,2) = 225 + 45 \times 1,2 = 225 + 54 = 279$ € nets. La bonne réponse est **D**.

3. Vous pouvez résumer le problème sous la forme d'un système en notant j le prix du jean et c celui du chemisier : $\begin{cases} j = 3c \\ j + c = \frac{1}{4} \times 540 \end{cases} \leftrightarrow \begin{cases} j = 3c \\ j + c = 135 \end{cases} \leftrightarrow \begin{cases} j = 3c \\ 4c = 135 \end{cases} \leftrightarrow \begin{cases} j = 3c \\ c = \frac{135}{4} \end{cases} \leftrightarrow j = 3c$ et $c = 33,75 \leftrightarrow j = 3 \times 33,75$ et $c = 33,75 \leftrightarrow j = 101,25$ et $c = 33,75$. La bonne réponse est **B**.

4. En notant $(n - 1)$, n et $(n + 1)$ les trois entiers, vous obtenez $(n - 1) + n + (n + 1) = 315$, ce qui équivaut à $3n = 315$, soit $n = 105$. Le plus petit des trois entiers est $n - 1 = 105 - 1 = 104$. La bonne réponse est donc **B**.

5. Michèle roule à une vitesse de 30 mètres par seconde, ce qui équivaut à $30 \times 3600 \div 1000 = 30 \times 3{,}6 = 108$ km/h. Elle n'est donc pas en excès de vitesse car en temps de pluie, la vitesse est limitée à 110 km/h. La bonne réponse est **D**.

6. Stéphane a 7 possibilités pour la première note, puis 6 pour la deuxième, puis 5 pour la troisième, et ainsi de suite. Il a en tout $7 \times 6 \times 5 \times 4 \times 3$. La bonne réponse est donc **E**.

7. La surface à peindre est donnée par la formule : $3 \times 4 \times 3 + 3 \times 4 - 2{,}1 \times 0{,}9 = 36 + 12 - 1{,}89 = 46{,}11$. La bonne réponse est donc **B**.

8. $150 \times (1 - 0{,}15) = 150 \times 0{,}85 = 127{,}5$ €. La bonne réponse est donc **A**.

9. Un pot permet de peindre 12 m^2, donc 4 pots $12 \times 4 = 48$ m^2. Il faut 4 pots de peinture et il restera un peu. Avec 3 pots François ne peut peindre que $12 \times 3 = 36$ m^2. La bonne réponse est donc **D**.

10. A chaque opération, Jacques a neuf chances sur 10 d'avoir le bon résultat. Pour 20 calculs, il a donc $\left(\frac{9}{10}\right)^{20}$ de ne pas se tromper. La bonne réponse est **A**.

11. Pour obtenir 2 as exactement, Fanny a 12 possibilités. Elle a aussi $32 \times 31 = 992$ possibilités de piocher deux cartes sans remise parmi les 32. La probabilité qu'elle obtienne deux as exactement est donc : $\frac{4}{32} \times \frac{3}{31} = \frac{12}{992}$

La bonne réponse est donc **C**.

12. Les proportions sont 130g de farine, $245 \div 2 = 122{,}5$g de sucre, 240g de beurre et $120 \times 3 \div 2 = 180$g de cacao. La bonne réponse est donc **A**.

13. Dans 7 mois et demi, Francesca aura $7{,}5 \times 0{,}75$ de longueurs supplémentaires, soit 5,625 cm de cheveux en plus. Elle aura les cheveux assez longs et même un peu plus longs ! Ainsi la bonne réponse est **B**.

14. Angela monte les six étages en $25 \times 6 = 150$ secondes. Elle monte donc une marche en $150 \div 126 \approx 1{,}2$ seconde. Soit 1,2 seconde. La bonne réponse est **A**.

15. Soit x la note cherchée. Elle doit vérifier : $\frac{2 \times 11 + 13 + x}{4} = 12 \leftrightarrow 22 + 13 + x = 48 \leftrightarrow x = 48 - 35 \leftrightarrow x = 13$. Manon doit avoir au minimum 13 pour valider son diplôme. La bonne réponse est **C**.

Sous-test 3 : Raisonnement / Argumentation

Tableau des réponses

1	2	3	4	5	6	7	8	9	10	11	12	13	14	15
A	A	B	D	D	A	A	B	E	B	C	A	E	D	A

Score entre – 15 et 60 : .../60

Réponses détaillées

1. Une pente de 10 % signifie que la tangente de l'angle α (angle que fait la pente avec l'horizontale) est égale à 0,1. La bonne réponse est **A**.

2. « Le trop de confiance attire le danger » signifie que l'excès de confiance peut amener le danger. La bonne réponse est **A**.

3. La citation de Baudelaire signifie que les créations de l'esprit sont plus vivantes que la matière. La bonne réponse est **B**.

4. À chaque tirage, Alexandre a une chance sur trois de tirer la boule qui correspond au mot voulu. La probabilité qu'il obtienne LES TROIS MOUSQUETAIRES est donc $\frac{1}{3} \times \frac{1}{3} \times \frac{1}{3} = \frac{1}{27}$. La bonne réponse est **D**.

5. Le bouquet de fleurs ne s'adresse qu'aux filles. Ainsi il y a une chance sur six pour chaque fille d'être l'heureuse élue. La bonne réponse est **D**.

6. Les élèves ont remercié la prof avec ironie. Cela signifie que le sujet ne leur a pas plu et que la prof n'a pas été « gentille », c'est-à-dire qu'elle a inclus au moins un exercice sur les fonctions dans le sujet. La bonne réponse est **A**.

7. La citation de Balzac signifie que l'amour peut-être considéré comme un art. La bonne réponse est **A**.

8. La citation de Balzac signifie que l'on reçoit en proportion de ce que l'on donne. La bonne réponse est **B**.

9. Vous ne pouvez pas répondre à la question étant donné que vous ne connaissez pas le nombre de livres à ranger. La bonne réponse est **E**.

10. Si Jean promène son chien aujourd'hui, alors Pierre promènera le sien deux jours plus tard, soit après-demain. La bonne réponse est **B**.

11. La probabilité que Pauline ne fasse pas d'erreur sur un chiffre est de 0,6. Ainsi la probabilité qu'elle ne fasse aucune erreur est de $0{,}6^{10}$. La bonne réponse est **C**.

12. Le passage signifie que l'auteur ne s'étonne pas de commettre des erreurs. La bonne réponse est **A**.

13. La probabilité qu'Alexandre soit interrogé est de $\frac{3}{30} \times \frac{2}{29} \times \frac{1}{28} = \frac{6}{30 \times 29 \times 28}$. La bonne réponse est **E**.

14. La phrase signifie qu'elle a quelques économies. La bonne réponse est **D**.

15. La durée du trajet est de 5 h 24 en comptant les 10 minutes d'arrêt. La bonne réponse est **A**.

Sous-test 4 : Conditions minimales

Tableau des réponses

1	2	3	4	5	6	7	8	9	10	11	12	13	14	15
C	C	C	E	E	E	E	C	D	C	E	C	A	C	C

Score entre – 15 et 60 : .../60

Réponses détaillées

1. Vous avez besoin des deux conditions ensembles pour répondre à la question. Vous concluez ainsi qu'au bout de 15 mois, Michèle aura un capital de 4 000 €. La bonne réponse est **C**.

2. Vous avez besoin des deux conditions pour répondre à la question. La probabilité qu'Alexandre gagne son pari est de $\frac{2}{6} = \frac{1}{3}$. La bonne réponse est **C**.

3. Vous avez besoin des deux conditions pour répondre à la question. À partir des deux informations, vous déduisez que la masse surfacique s'exprime en kg/m^2. La bonne réponse est **C**.

4. Vous ne pouvez pas déterminer l'image de 2 par *F* car vous n'avez pas assez d'informations. La bonne réponse est **E**.

5. Vous ne pouvez pas déterminer l'antécédent de 2 par *G* car vous n'avez pas assez d'informations pour répondre à la question. La bonne réponse est **E**.

6. Vous ne pouvez pas répondre à la question car vous n'avez pas assez d'informations. La bonne réponse est **E**.

7. Vous ne pouvez pas répondre à la question car il vous manque des éléments d'informations. Vous ne pouvez pas déterminer la note que Stéphanie doit avoir car vous n'avez pas les coefficients. Il faudrait pour pouvoir résoudre le problème que les notes soient affectées du coefficient 1, mais en dehors de toute précision, vous ne pouvez rien conclure. La bonne réponse est **E**.

8. L'entier doit vérifier $x \neq 0$ et $x^2 = x^3$. La seule solution possible est $x = 1$. Vous avez besoin des deux conditions pour répondre à la question. La bonne réponse est **C**.

9. Les deux conditions séparément permettent de répondre à la question. Vous obtenez $x = 48$. La bonne réponse est **D**.

10. U_n est une suite géométrique de raison 2 et de premier terme 5. Ainsi son deuxième terme est : $U_1 = 2 \times U_0 = 2 \times 5 = 10$. Vous avez besoin des deux conditions pour résoudre le problème. La bonne réponse est **C**.

11. Vous ne pouvez pas répondre à la question car vous ne disposez pas d'assez de données pour connaître le montant du loyer de Sophie. La bonne réponse est **E**.

12. Pierre a deux possibilités avec le train ou le métro, puis trois possibilités avec les bus. Il a donc $2 \times 3 = 6$ possibilités de se rendre en cours. Vous avez besoin des deux conditions pour répondre à la question. La bonne réponse est **C**.

13. Seule la première condition vous permet de répondre à la question. Vous obtenez 16. La seconde condition ne vous permet pas de répondre à la question. La bonne réponse est **A**.

14. Vous avez besoin des deux conditions car la seconde vous permet d'utiliser l'approximation de $\pi = 3$. Vous obtenez ainsi rayon$^2 = 100$, d'où rayon $= 10$. En ne tenant pas compte de la seconde information, vous auriez également pu déterminer le rayon, mais vous auriez trouvé une valeur légèrement différente. La bonne réponse est **C**.

15. Vous avez besoin des deux conditions pour répondre à la question. Vous obtenez $BC^2 = AB^2 + AC^2$ d'après le théorème de Pythagore. Ainsi $BC^2 = 4^2 + 4^2 = 16 + 16 = 32$. $BC = \sqrt{32} = 4\sqrt{2}$. La bonne réponse est **C**.

Sous-test 5 : Expression

Tableau des réponses

1	2	3	4	5	6	7	8	9	10	11	12	13	14	15
D	B	A	C	A	E	D	A	E	B	B	E	E	A	A

Score entre – 15 et 60 : .../60

Réponses détaillées

1. Une voix moribonde est une voix mourante. La bonne réponse est **D**.

2. La lésine est une épargne sordide, qui consiste à tout garder pour soi. L'avarice est le terme le plus proche de la lésine. La bonne réponse est **B**.

3. La topologie est une discipline des mathématiques. La bonne réponse est **A**.

4. « C'est un plaisir que d'être riche ; mais ce n'est pas une gloire hormis pour les sots ». Cette citation se rapproche le plus de la proposition **C**. La bonne réponse est donc **C**.

5. La phrase soulignée signifie qu'il l'a rabaissée avec violence et qu'elle a été très choquée. La bonne réponse est **A**.

6. Jean l'a raccompagnée chez elle puis est rentré chez lui. La bonne réponse est donc **E**.

7. Il a soutenu l'auteur lors de la relecture de la morasse. La morasse est l'épreuve d'un texte avant sa publication. La bonne réponse est donc **D**.

8. L'alpiniste a planté sa tente dans un désert naturel. Il fut abasourdi par la magnificence du paysage. La bonne réponse est **A**.

9. Vous vous plaignez d'un joug imposé dès longtemps. La bonne réponse est **E**.

10. La révolution française a eu lieu en l'an mille sept cent quatre-vingt-neuf. La bonne réponse est **B**.

11. Bien écouter, c'est presque répondre. La bonne réponse est **B**.

12. La beauté n'est que la promesse du bonheur. La bonne réponse est **E**.

13. C'est n'être bon à rien de n'être bon qu'à soi. La bonne réponse est **E**.

14. Ce n'est pas l'amour qu'il fallait peindre aveugle, c'est l'amour-propre. La bonne réponse est **A**.

15. Il pioche avec remise des boules. Les tirages sont donc indépendants. La bonne réponse est **A**.

Sous-test 6 : Logique

Tableau des réponses

1	2	3	4	5	6	7	8	9	10	11	12	13	14	15
B	D	C	A	E	A	B	C	D	E	E	C	B	A	D

Score entre – 15 et 60 : .../60

Réponses détaillées

1. Les nombres de la série horizontale sont des multiples de 11. Ceux qui composent la série verticale sont tous des carrés parfaits. Le nombre cherché doit être à la fois un multiple de 11 et un carré. Vous retenez donc 121. La bonne réponse est **B**.

2. La série horizontale n'est composée que de cubes et la série verticale que de nombres dont le 1er chiffre augmente d'une unité. Seul 343 obéit à ces logiques. La bonne réponse est **D**.

3. La série horizontale est composée de nombres dont la somme des chiffres est égale à 5. La série verticale n'est composée que de multiples de 5. 500 est bien un multiple de 5 et la somme de ses chiffre est bien égale à 5. La bonne réponse est **C**.

4. La série horizontale est une suite de nombres entiers consécutifs élevés au cube. $125 = 5^3$, $216 = 6^3$, etc. La série verticale est composée de nombres dont la somme des chiffres est égale à 10. Ainsi le nombre cherché est 343 : c'est le cube de 7 et la somme de ses chiffres est égale à 10. La bonne réponse est **A**.

5. La somme des chiffres des groupes de la série horizontale est égale à 8. Chaque terme de la série verticale augmente de deux unités à chaque étape. La bonne réponse est **E**.

6. La somme des barres des termes de la série horizontale est égale à 8. La somme des rangs des lettres composant les groupes de la série verticale augmente d'une unité à chaque étape. Ainsi le terme cherché doit avoir la somme de ses barres égale à 8 et la somme des rangs des lettres égale à 35. Le terme cherché est ATN : la somme des barres est égale à $3 + 2 + 3 = 8$ et la somme des rangs des lettres est égale à $1 + 20 + 14 = 35$. La bonne réponse est donc **A**.

7. À chaque étape la 1re lettre de chaque terme de la série horizontale augmente de deux rangs. Le groupe cherché doit commencer par E. Les termes de la série verticale ont tous un B comme terme du milieu. La bonne réponse est donc **B**.

8. Les termes de la série horizontale commencent tous par la lettre D et ne sont composés que de consonnes. Les groupes de la série verticale ont des lettres dont la somme des rangs est égale à 20. Seul le groupe DFJ convient. En effet la somme des rangs de ses lettres est égale à 20 : $4 + 6 + 10 = 20$ et il commence par la lettre D. La bonne réponse est donc **C**.

9. Chaque lettre recule d'un rang d'un terme à l'autre dans la série horizontale. La 1re lettre de chaque terme de la série verticale recule d'un rang à chaque étape. La bonne réponse est **D**.

10. La 1re et la 3e lettre de chaque groupe sont identiques pour la série horizontale. Dans la série verticale, ce sont les 1re et 2e lettres qui sont identiques. Vous devez retenir un terme dont les trois lettres sont identiques pour répondre aux deux logiques. La bonne réponse est **E**.

11. Chaque symbole gagne un côté supplémentaire à chaque étape. Ainsi la figure cherchée doit être un hexagone (figure géométrique à 6 côtés). La bonne réponse est **E**.

12. Vous remarquez une symétrie axiale entre les 2e et 3e figures. Ainsi la figure cherchée doit obéir à la logique symétrique. La bonne réponse est **C**.

13. Chaque symbole comprend une lettre dont le nombre de barres correspond au nombre de côtés de la figure. La bonne réponse est **B**.

14. Chaque symbole contient un nombre correspondant à son nombre de côtés élevé au cube. La bonne réponse est **A**.

15. Une aiguille de la figure subit une rotation d'angle 45° dans le sens inverse des aiguilles d'une montre (sens direct en mathématiques), tandis que l'autre reste immobile. La bonne réponse est **D**.

Calculez votre score total !

Partie	Épreuve	Score par épreuve	Score par partie	Score total
1. Résolution de problèmes	Calcul	.../60	.../120	score 1 + score 2 + score 3 /6 x100
	Conditions minimales	.../60		
2. Aptitudes verbales	Compréhension	.../60	.../120	
	Expression	.../60		
3. Raisonnement logique	Logique	.../60	.../120	**.../600**
	Raisonnement	.../60		

Grilles de réponses

Tage Mage Blanc n°1

Sous-test 1 : Compréhension de textes

	A	B	C	D	E
Question 1					
Question 2					
Question 3					
Question 4					
Question 5					
Question 6					
Question 7					
Question 8					
Question 9					
Question 10					
Question 11					
Question 12					
Question 13					
Question 14					
Question 15					

Sous-test 2 : Calcul

	A	B	C	D	E
Question 1					
Question 2					
Question 3					
Question 4					
Question 5					
Question 6					
Question 7					
Question 8					
Question 9					
Question 10					
Question 11					
Question 12					
Question 13					
Question 14					
Question 15					

Sous-test 3 : Raisonnement argumentation

	A	B	C	D	E
Question 1					
Question 2					
Question 3					
Question 4					
Question 5					
Question 6					
Question 7					
Question 8					
Question 9					
Question 10					
Question 11					
Question 12					
Question 13					
Question 14					
Question 15					

Sous-test 4 : Conditions minimales

	A	B	C	D	E
Question 1					
Question 2					
Question 3					
Question 4					
Question 5					
Question 6					
Question 7					
Question 8					
Question 9					
Question 10					
Question 11					
Question 12					
Question 13					
Question 14					
Question 15					

Sous-test 5 : Expression

	A	B	C	D	E
Question 1					
Question 2					
Question 3					
Question 4					
Question 5					
Question 6					
Question 7					
Question 8					
Question 9					
Question 10					
Question 11					
Question 12					
Question 13					
Question 14					
Question 15					

Sous-test 6 : Logique

	A	B	C	D	E
Question 1					
Question 2					
Question 3					
Question 4					
Question 5					
Question 6					
Question 7					
Question 8					
Question 9					
Question 10					
Question 11					
Question 12					
Question 13					
Question 14					
Question 15					

Tage Mage Blanc n°2

Sous-test 1 : Compréhension de textes

	A	B	C	D	E
Question 1					
Question 2					
Question 3					
Question 4					
Question 5					
Question 6					
Question 7					
Question 8					
Question 9					
Question 10					
Question 11					
Question 12					
Question 13					
Question 14					
Question 15					

Sous-test 2 : Calcul

	A	B	C	D	E
Question 1					
Question 2					
Question 3					
Question 4					
Question 5					
Question 6					
Question 7					
Question 8					
Question 9					
Question 10					
Question 11					
Question 12					
Question 13					
Question 14					
Question 15					

Sous-test 3 : Raisonnement argumentation

	A	B	C	D	E
Question 1					
Question 2					
Question 3					
Question 4					
Question 5					
Question 6					
Question 7					
Question 8					
Question 9					
Question 10					
Question 11					
Question 12					
Question 13					
Question 14					
Question 15					

Sous-test 4 : Conditions minimales

	A	B	C	D	E
Question 1					
Question 2					
Question 3					
Question 4					
Question 5					
Question 6					
Question 7					
Question 8					
Question 9					
Question 10					
Question 11					
Question 12					
Question 13					
Question 14					
Question 15					

Sous-test 5 : Expression

	A	B	C	D	E
Question 1					
Question 2					
Question 3					
Question 4					
Question 5					
Question 6					
Question 7					
Question 8					
Question 9					
Question 10					
Question 11					
Question 12					
Question 13					
Question 14					
Question 15					

Sous-test 6 : Logique

	A	B	C	D	E
Question 1					
Question 2					
Question 3					
Question 4					
Question 5					
Question 6					
Question 7					
Question 8					
Question 9					
Question 10					
Question 11					
Question 12					
Question 13					
Question 14					
Question 15					

Tage Mage Blanc n°3

Sous-test 1 : Compréhension de textes

	A	B	C	D	E
Question 1					
Question 2					
Question 3					
Question 4					
Question 5					
Question 6					
Question 7					
Question 8					
Question 9					
Question 10					
Question 11					
Question 12					
Question 13					
Question 14					
Question 15					

Sous-test 2 : Calcul

	A	B	C	D	E
Question 1					
Question 2					
Question 3					
Question 4					
Question 5					
Question 6					
Question 7					
Question 8					
Question 9					
Question 10					
Question 11					
Question 12					
Question 13					
Question 14					
Question 15					

Sous-test 3 : Raisonnement argumentation

	A	B	C	D	E
Question 1					
Question 2					
Question 3					
Question 4					
Question 5					
Question 6					
Question 7					
Question 8					
Question 9					
Question 10					
Question 11					
Question 12					
Question 13					
Question 14					
Question 15					

Sous-test 4 : Conditions minimales

	A	B	C	D	E
Question 1					
Question 2					
Question 3					
Question 4					
Question 5					
Question 6					
Question 7					
Question 8					
Question 9					
Question 10					
Question 11					
Question 12					
Question 13					
Question 14					
Question 15					

Sous-test 5 : Expression

	A	B	C	D	E
Question 1					
Question 2					
Question 3					
Question 4					
Question 5					
Question 6					
Question 7					
Question 8					
Question 9					
Question 10					
Question 11					
Question 12					
Question 13					
Question 14					
Question 15					

Sous-test 6 : Logique

	A	B	C	D	E
Question 1					
Question 2					
Question 3					
Question 4					
Question 5					
Question 6					
Question 7					
Question 8					
Question 9					
Question 10					
Question 11					
Question 12					
Question 13					
Question 14					
Question 15					

Tage Mage Blanc n°4

Sous-test 1 : Compréhension de textes

	A	B	C	D	E
Question 1					
Question 2					
Question 3					
Question 4					
Question 5					
Question 6					
Question 7					
Question 8					
Question 9					
Question 10					
Question 11					
Question 12					
Question 13					
Question 14					
Question 15					

Sous-test 2 : Calcul

	A	B	C	D	E
Question 1					
Question 2					
Question 3					
Question 4					
Question 5					
Question 6					
Question 7					
Question 8					
Question 9					
Question 10					
Question 11					
Question 12					
Question 13					
Question 14					
Question 15					

Sous-test 3 : Raisonnement argumentation

	A	B	C	D	E
Question 1					
Question 2					
Question 3					
Question 4					
Question 5					
Question 6					
Question 7					
Question 8					
Question 9					
Question 10					
Question 11					
Question 12					
Question 13					
Question 14					
Question 15					

Sous-test 4 : Conditions minimales

	A	B	C	D	E
Question 1					
Question 2					
Question 3					
Question 4					
Question 5					
Question 6					
Question 7					
Question 8					
Question 9					
Question 10					
Question 11					
Question 12					
Question 13					
Question 14					
Question 15					

Sous-test 5 : Expression

	A	B	C	D	E
Question 1					
Question 2					
Question 3					
Question 4					
Question 5					
Question 6					
Question 7					
Question 8					
Question 9					
Question 10					
Question 11					
Question 12					
Question 13					
Question 14					
Question 15					

Sous-test 6 : Logique

	A	B	C	D	E
Question 1					
Question 2					
Question 3					
Question 4					
Question 5					
Question 6					
Question 7					
Question 8					
Question 9					
Question 10					
Question 11					
Question 12					
Question 13					
Question 14					
Question 15					

Tage Mage Blanc n°5

Sous-test 1 : Compréhension de textes

	A	B	C	D	E
Question 1					
Question 2					
Question 3					
Question 4					
Question 5					
Question 6					
Question 7					
Question 8					
Question 9					
Question 10					
Question 11					
Question 12					
Question 13					
Question 14					
Question 15					

Sous-test 2 : Calcul

	A	B	C	D	E
Question 1					
Question 2					
Question 3					
Question 4					
Question 5					
Question 6					
Question 7					
Question 8					
Question 9					
Question 10					
Question 11					
Question 12					
Question 13					
Question 14					
Question 15					

Sous-test 3 : Raisonnement argumentation

	A	B	C	D	E
Question 1					
Question 2					
Question 3					
Question 4					
Question 5					
Question 6					
Question 7					
Question 8					
Question 9					
Question 10					
Question 11					
Question 12					
Question 13					
Question 14					
Question 15					

Sous-test 4 : Conditions minimales

	A	B	C	D	E
Question 1					
Question 2					
Question 3					
Question 4					
Question 5					
Question 6					
Question 7					
Question 8					
Question 9					
Question 10					
Question 11					
Question 12					
Question 13					
Question 14					
Question 15					

Sous-test 5 : Expression

	A	B	C	D	E
Question 1					
Question 2					
Question 3					
Question 4					
Question 5					
Question 6					
Question 7					
Question 8					
Question 9					
Question 10					
Question 11					
Question 12					
Question 13					
Question 14					
Question 15					

Sous-test 6 : Logique

	A	B	C	D	E
Question 1					
Question 2					
Question 3					
Question 4					
Question 5					
Question 6					
Question 7					
Question 8					
Question 9					
Question 10					
Question 11					
Question 12					
Question 13					
Question 14					
Question 15					

57377 - (I) - (2,5) - OSB 80° - 356 - LAS - API
Imprimerie CHIRAT - 42540 Saint-Just-la-Pendue
Dépôt légal : janvier 2012
N° 201112.0350

Imprimé en France